公诉标准研究

Research on Prosecution Standards

李 斌 著

方志出版社
Publishing House of Local Records

图书在版编目（CIP）数据

公诉标准研究 / 李斌著 .-- 北京：方志出版社，2019.3

ISBN 978-7-5144-3688-4

Ⅰ. ①公… Ⅱ. ①李… Ⅲ. ①公诉—研究—中国 Ⅳ. ① D925.04

中国版本图书馆 CIP 数据核字（2019）第 059772 号

公诉标准研究

著　　者：李　斌
责任编辑：陈　效

出 版 者：方志出版社
地址　北京市朝阳区潘家园东里 9 号（国家方志馆 4 层）
邮编　100021
网址　http://www.fzph.org
发　　行：方志出版社图书经销中心
电话　（010）67110500
经　　销：各地新华书店
排　　版：北京纺印图文设计制作有限公司
印　　刷：廊坊市晶艺印务有限公司

开　　本：700 × 1000　　1/16
印　　张：16.25
字　　数：258 千字
版　　次：2019 年 3 月第 1 版　　2019 年 3 月第 1 次印刷

ISBN 978-7-5144-3688-4　　**定价**：69.80 元

第七批《中国社会科学博士后文库》编委会及编辑部成员名单

序　言

博士后制度在我国落地生根已逾30年，已经成为国家人才体系建设中的重要一环。30多年来，博士后制度对推动我国人事人才体制机制改革、促进科技创新和经济社会发展发挥了重要的作用，也培养了一批国家急需的高层次创新型人才。

自1986年1月开始招收第一名博士后研究人员起，截至目前，国家已累计招收14万余名博士后研究人员，已经出站的博士后大多成为各领域的科研骨干和学术带头人。这其中，已有50余位博士后当选两院院士；众多博士后入选各类人才计划，其中，国家百千万人才工程年入选率达34.36%，国家杰出青年科学基金入选率平均达21.04%，教育部“长江学者”入选率平均达10%左右。

2015年底，国务院办公厅出台《关于改革完善博士后制度的意见》，要求各地各部门各设站单位按照党中央、国务院决策部署，牢固树立并切实贯彻创新、协调、绿色、开放、共享的发展理念，深入实施创新驱动发展战略和人才优先发展战略，完善体制机制，健全服务体系，推动博士后事业科学发展。这为我国博士后事业的进一步发展指明了方向，也为哲学社会科学领域博士后工作提出了新的研究方向。

习近平总书记在2016年5月17日全国哲学社会科学工作座谈会上发表重要讲话指出：一个国家的发展水平，既取决于自然科学发展水平，也取决于哲学社会科学发展水平。一个没有发达的自然科学的国家不可能走在世界前列，一个没有繁荣的哲学社会科学的国家也不可能走在世界前列。坚持和发展中国特色社会主义，需要不断在实践和理论上进行探索、用发展着的理论指导发展着的实践。在这个过程中，哲学社会科学具有不可替代的重要地位，哲学社会科学工作者具有不可替代的重要作用。这是党和国家领导人对包括哲学社会科学博士后在内的所有哲学社会科学领域的研究者、工作者提出的殷切希望！

中国社会科学院是中央直属的国家哲学社会科学研究机构，在哲学社会科学博士后工作领域处于领军地位。为充分调动哲学社会科学博士后研究人员科研创新积极性，展示哲学社会科学领域博士后优秀成果，提高我国哲学社会科学发展整体水平，中国社会科学院和全国博士后管理委员会于2012年联合推出了《中国社会科学博士后文库》（以下简称《文库》），每年在全国范围内择优出版博士后成果。经过多年的发展，《文库》已经成为集中、系统、全面反映我国哲学社会科学博士后优秀成果的高端学术平台，学术影响力和社会影响力逐年提高。

下一步，做好哲学社会科学博士后工作，做好《文库》工作，要认真学习领会习近平总书记系列重要讲话精神，自觉肩负起新的时代使命，锐意创新、发奋进取。为此，需做到：

第一，始终坚持马克思主义的指导地位。哲学社会科学研究离不开正确的世界观、方法论的指导。习近平总书记深刻指出：坚持以马克思主义为指导，是当代中国哲学社会科学区别于其他哲学社会科学的根本标志，必须旗帜鲜明加以坚持。马克思主义揭示了事物的本质、内在联系及发展规律，是“伟大的认识工具”，是人们观察世界、分析问题的有力思想武器。马克思主义尽管诞生在一个半多世纪之前，但在当今时代，马克思主义与新的时代实践结合起来，愈来愈显示出更加强大的生命力。哲学社会科学博士后研究人员应该更加自觉坚持马克思主义在科研工作中的指导地位，继续推进马克思主义中国化、时代化、大众化，继续发展21世纪马克思主义、当代中国马克思主义。要继续把《文库》建设成为马克思主义中国化最新理论成果的宣传、展示、交流的平台，为中国特色社会主义建设提供强有力的理论支撑。

第二，逐步树立智库意识和品牌意识。哲学社会科学肩负着回答时代命题、规划未来道路的使命。当前中央对哲学社会科学愈发重视，尤其是提出要发挥哲学社会科学在治国理政、提高改革决策水平、推进国家治理体系和治理能力现代化中的作用。从2015年开始，中央已启动了国家高端智库的建设，这对哲学社会科学博士后工作提出了更高的针对性要求，也为哲学社会科学博士后研究提供了更为广阔的应用空间。《文库》依托中国社会科学院，面向全国哲学社会科学领域博士后科研流动站、工作站的博士后征集优秀成果，入选出版的著作也代表了哲学社会科学博士后最高的学术研究水平。因此，要善于把中国社会科学院服务党和国家决策的大智库功能与《文库》的小智库功能结合起来，进而以智库意识推动品牌意识建设，最终树立《文库》的智库意识和品牌意识。

第三，积极推动中国特色哲学社会科学学术体系和话语体系建设。改革开放30多年来，我国在经济建设、政治建设、文化建设、社会建设、生态文明建设和党的建设各个领域都取得了举世瞩目的成就，比历史上任何时期都更接近中华民族伟大复兴的目标。但正如习近平总书记所指出的那样：在解读中国实践、构建中国理论上，我们应该最有发言权，但实际上我国哲学社会科学在国际上的声音还比较小，还处于有理说不出、说了传不开的境地。这里问题的实质，就是中国特色、中国特质的哲学社会科学学术体系和话语体系的缺失和建设问题。具有中国特色、中国特质的学术体系和话语体系必然是由具有中国特色、中国特质的概念、范畴和学科等组成。这一切不是凭空想象得来的，而是在中国化的马克思主义指导下，在参考我们民族特质、历史智慧的基础上再创造出来的。在这一过程中，积极吸纳儒、释、道、墨、名、法、农、杂、兵等各家学说的精髓，无疑是保持中国特色、中国特质的重要保证。换言之，不能站在历史、文化虚无主义立场搞研究。要通过《文库》积极引导哲学社会科学博士后研究人员：一方面，要积极吸收古今中外各种学术资源，坚持古为今用、洋为中用。另一方面，要以中国自己的实践为研究定位，围绕中国自己的问题，坚持问题导向，努力探索具备中国特色、中国特质的概念、范畴与理论体系，在体现继承性和民族性，体现原创性和时代性，体现系统性和专业性方面，不断加强和深化中国特色学术体系和话语体系建设。

新形势下，我国哲学社会科学地位更加重要、任务更加繁重。衷心希望广大哲学社会科学博士后工作者和博士后们，以《文库》系列著作的出版为契机，以习近平总书记在全国哲学社会科学座谈会上的讲话为根本遵循，将自身的研究工作与时代的需求结合起来，将自身的研究工作与国家和人民的召唤结合起来，以深厚的学识修养赢得尊重，以高尚的人格魅力引领风气，在为祖国、为人民立德立功立言中，在实现中华民族伟大复兴中国梦征程中，成就自我、实现价值。

是为序。

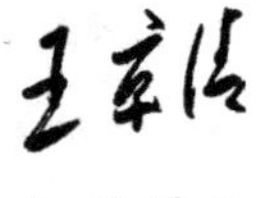

中国社会科学院副院长

中国社会科学院博士后管理委员会主任

2016 年 12 月 1 日

摘　要

本书遵循司法现状—原因分析—理论证成的研究思路，从司法实践中公诉权行使的问题出发，分析实践中公诉标准过宽或者过窄所导致的公诉职能未能妥当发挥的问题，提出只强调构成要件符合性（忽视犯罪的法益侵害性）、只强调公诉成功率（忽视对追诉必要性的考量）的积极公诉观，是造成不起诉率低、轻刑率高的内因，而积极公诉观的成因与检察裁量权适用萎缩、配合优先的三机关关系、司法的非独立性密不可分。同时，消极公诉观在实践中也大有市场，由此导致补充侦查和存疑不起诉的双高、被稀释的无罪判决率，这种消极公诉观的形成，与公诉证据标准与定罪标准趋同、各种不合理考核指标以及错案追究制度有直接关系。在对积极公诉观、消极公诉观的表现与内因进行分析的基础上，提出公诉标准的设定，事关公诉权的妥当行使，事关刑罚权的妥当运用，在当今社会背景下，更是关乎法治中国建设、审判中心主义诉讼制度构建的一个核心问题。

接下来本书对英国、美国、德国、法国、日本以及中国香港、台湾地区的公诉标准设定及实施效果进行实证考察，运用原文资料，通过对目前可查的最新司法数据进行分析，尽量还原上述各国家、地区公诉标准设定的原则和具体内容，分析其公诉标准设定的原理和效果。

然后结合检察官的客观公正义务，对积极公诉观、消极公诉观与客观公正义务之间的冲突和矛盾进行了分析，主张应当对公诉标准进行合理的界定，吸收大陆法系和英美法系对于公诉标准、公诉权发动条件的有益经验，提炼出公诉标准设定的共同点。在此基础上，将公诉标准分为刚性（必须遵守）、弹性（可以遵守，一般也要遵守）两个方面。刚性标准是犯罪嫌疑人被指控行为达到刑法罪状要求，其核心内容是公诉的证明标准问题，主张对现有的“事实清楚，证据确实、充分”的公诉证据标准进行改造，强调公诉证据标准应建立在检察官自由心证基础上，提出以“检察机关认为证据充分、有定罪的极大可能”作为公诉证据标准。弹性标准是并非满足了犯罪构成的案件都必须被提起公诉，案件还应具备公诉的必要性，强调公诉裁量权的行使应秉承重重轻轻，尊重主体选择、尊重审判中心主义所要求的诉讼分流机制，并对公共利益进行衡量。对公诉标准两个维度之间的关系、两个维度的具体内容展开论证。

最后，提炼出公诉标准适用的普遍规则，对轻微刑事案件、重罪类案件、死刑案件等不同案件类型中公诉标准设定的具体规则加以分析论证。

关键词：公诉标准；客观公正；审判中心主义；证据标准；公诉裁量

Abstract

This book followed the research ideas of "Judicial Situation—Cause Analysis—Theoretical Demonstration", taking the execution of prosecution power in the judicial practice as the starting point, analyzed the problems of inappropriate exertion of prosecution function caused with too wide or too narrow prosecution standard in the practice, pointed out that the positive prosecution concept, which was caused with atrophy of procuratorial discretion power, prior relationship of cooperation among three departments and non-independence of justice, emphasizing the match of component which ignored the legal interest violation by crime and the success rate of prosecution which ignored the necessity of prosecution, was the cause for low rate of non-prosecution and high rate of light punishment. Meanwhile, negative prosecution concept, which was directly involved with advolution of evidence prosecution standard and conviction standard, various unreasonable index of examination and system of looking into responsibility for wrongful conviction, also had big market in the practice and led to two high rates of supplementary investigation and non-prosecution with doubt and diluted rate of not-guilty verdict. On the basis of analysis on the performance and causes of positive and negative prosecution concepts, this book pointed out that the setup of standard of prosecution was concerned with the appropriate exertion of prosecution power and the power of criminal punishment, and under the current social background, it was a core issue on construction of Rule of Law in China and the building of litigation system of trial centralism.

Then, this book carried out empirical investigation on the setup of standard of prosecution and its implementing effect in Britain, The United States, Germany, France, Japan, Hong Kong China and Taiwan China. With original materials, this book analyzed the latest judicial data which can be found, to restore the principle and specific context of the setup of prosecution standard in the above countries and judicial areas and to analyze the principle and effect of their setups of Prosecution Standard.

After that, combined with the prosecutor's objective and impartial duty, this book analyzed the conflicts among the positive prosecution concept, negative prosecution concept and objective and impartial duty, claimed that the prosecution standard should be reasonably defined, absorbing the advanced experiences of prosecution standard and starting conditions of prosecution power in continental legal system and Anglo-American legal system, and refined the common point of the setup of prosecution standard. Above that, this book divided the prosecution standard into inflexibility which must be followed and flexibility which can be followed usually. In one aspect, the inflexible standard, the core issue of procuratorial proof standard, was that the suspect's activity matched the demand of crime fact in criminal law. This book claimed that the current procuratorial evidence standard, "clear facts, true and enough evidence" should be changed, emphasized the procuratorial evidence standard should be built on the basis of procurator's free evaluation of evidences, and proposed that "enough evidence and high possibility of conviction considered by procuratorial department" should be taken as the procuratorial evidence standard. In the other aspect, the flexible standard did not just means that the case which matched the constitution of a crime should be prosecuted, but it also should have the necessity of prosecution. This standard emphasized the exertion of prosecution discretion power should follow "aggravate the serious case, lighten the light case", respect the subject's choice and litigation division system under the trial centralism, and evaluate the public interest. Meanwhile, this book demonstrated and proved the relationship between prosecution standard's two aspects and their specific context.

At last, this book refined the normal rules of prosecution standard, analyzed and proved the specific rules on the setup of prosecution standards in light criminal cases, felony cases, capital cases and other different cases.

Key words: Prosecution Standard; Objective and Impartial; Trial Centralism; Evidence Standard; Prosecution Discretion

目　录

Contents

引　言

公诉人在审查案件过程中，需要对案件进行初步判断：能不能诉，即有没有提起公诉的可能。这是审查起诉工作的首要任务。而案件能不能诉，最重要的就是证据是否符合起诉、认定有罪的标准，其核心就是公诉证明标准的问题，如果公诉证明标准定得过高，就会导致大量的案件因为达不到证据要求，而不得不被排除在刑事审判程序之外；反之，如果标准定得过低，虽然能够使指控犯罪的职能得以充分实现，但也会造成大量不合格案件进入审判程序，不仅不利于人权保障，对司法资源也是一种浪费。公诉的证明标准是一道相对固定的门槛，只有能通过这个门槛的案件才具有继续在刑事诉讼程序中流转的资格，否则就得被分流出去，非罪化处理。案件能否起诉的问题解决后，也并不意味着全部案件一定要被提起公诉，那些情节轻微、危害不大或者提起公诉的必要性小于不起诉的案件，就要尽量让其流出诉讼程序之外，进行非诉讼化的处理。刑事诉讼法增加了刑事和解程序、被告人认罪从轻从宽处理程序等，都是为了强调轻轻重重的刑事诉讼处理原则，将最值得法庭审判的案件留给法庭审理，其他案件尽量不过多占用司法资源。这是在解决案件能不能起诉的基础上，接下来要判断的一个问题：该不该起诉？这些虽然构成犯罪的案件是否有必要提起诉讼，涉及检察官公诉裁量权的行使问题，既包括公诉裁量权的有无，又包括裁量权行使的限度、范围，相较于公诉证明标准的刚性，公诉裁量权的行使更具有弹性，往往会因人、因事、因时不同而有不同的行使方式。上述两个层面解决了案件能否起诉、应否起诉的问题，综合起来就是解决案件提起公诉的标准问题。本书所提出的公诉标准是指检察机关对侦查机关侦查终结的案件经过审查后、决定提起公诉时，所应达到的条件、门槛。公诉的提起，必须达到法定标准，未达到标准的不能擅自动用国家权力予以追究，否则就是对国家权力的滥用。公诉标准的设定，是基于对滥用国家权力、侵犯公民合法权益的担心，而对国家追诉的一种限制和制约，同时秉承权力制衡的原则，在创设权力的同时，又创设对其的制约。

公诉标准是检察机关行使公诉权的一把标尺。其中公诉的证据标准是第一层次的标准，即只有达到一定证据标准，具备相应证据的质和量的案件，才具备进入法庭审判的资格，否则就得存疑不诉之。公诉裁量标准是第二层次的标准，是检察机关对案件进行的再次过滤，将那些既能够诉、又需要诉的案件筛选出来，移送法院接受正式审判。公诉权的行使需要受到严格约束，公诉标准的设计就是为了给公诉权行使确定妥当的尺度，对于那些达到公诉标准的案件，检察机关应当提起公诉，这不仅是在行使权利，也是在履行职责；对于没有达到公诉标准的案件，检察机关应作出不起诉决定，将其排除于审判程序之外。达到公诉标准而不诉、没达到公诉标准而强行公诉，都是违反检察机关法定职责的行为。

积极公诉与消极指控（消极公诉）是公诉权的两种表现形式。积极公诉主要表现为检察官对被告人提起公诉或提出抗诉。消极指控则通常与不起诉相联系，即对证据不足的案件根据“存疑时有利于被告”的原则作除罪处理。两种不同的案件处理背后隐含着不同的理念：积极公诉更重视对违法行为的惩处，维持法律秩序，而消极指控则强调疑罪从无，捍卫人权与法治的根基，积极公诉与消极指控共同组成了检察权行使过程中客观公正的立场。二者如同两个半圆，相互依托，相互制约，形成张力，成为一个相对稳定的正圆形。这个正圆形就是客观公正维度。二者共同勾勒出公诉权的维度，并统一于检察官客观公正的义务。

通过对司法实践中公诉权运行的实际状态进行透视，发现这两种理念却均同时呈现出向彼此的极端逐渐扩张的趋势。在积极公诉方面，片面强调构罪即诉，忽视了对追诉必要性的考量，导致不起诉率超低而轻刑率超高。在消极指控方面，将公诉证明标准提升至审判有罪的证明标准，过于重视无罪判决的负面效应，忽视了公诉活动的过程性和追诉性，夸大公诉风险而消极不作为，导致大量案件存疑不起诉。当积极公诉与消极指控同时向两个方向不断膨胀时，将导致客观公正维度的扩张变形，如果这种膨胀不能被有效遏制，突破极限张力，最终将导致客观公正立场的撕裂（见图引 -1）。

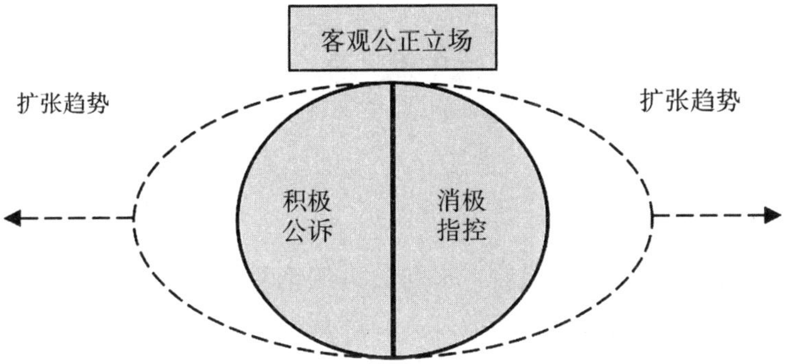

图引 -1　积极公诉与消极指控的扩张

第一章　积极公诉观透视

自从起诉便宜原则出现后，提起公诉的绝对性被打破，并且随着犯罪形势的变化、检察机关地位的提升，检察官们对案件是否公诉或者如何提起公诉有了越来越多、越来越大的权力。权力越大就容易不受束缚，这个过程中，检察机关、检察官们如何确定自身的职责和地位，与权力行使的方式和原则有密切关系，如果检察机关认为犯罪控制是自己的最高任务，往往会强调自己指控者的地位，倾向于把公诉权的行使最大化，甚至出现滥用、误用的可能。如在美国，有研究表明，从1963年至1999年，因为检察官隐藏无罪证据或者出示错误的证据，联邦最高法院最终撤销了至少381名被告人的杀人有罪判决。[①] 日本有学者在实证考察的基础上将公诉权的滥用概括为三种类型：一是无嫌疑而起诉，即在犯罪嫌疑不充分以致不符合起诉标准时予以起诉；二是基于目的性考虑，依照起诉裁量不该诉而诉，即违背起诉裁量权的立法精神，对应当免予起诉的案件予以起诉，如对于无可罚违法性的犯罪予以追诉或者起诉违反了平等保护原则；三是基于违法侦查的起诉，即通过违法的或不当的侦查手段获得证据进而提出的起诉。[②] 近年来，多件刑事错案的纠正，从佘祥林、赵作海到念斌、呼格，一个个刑事错案的产生离不开公检法流水作业的司法过程，其中检察机关作为承上启下、负有监督和指控双重职责的部门，未能把持住自己应有的角色，而是顺流而下，为错案的产生推波助澜，这种纠错功能的缺位既有现行司法体制、诉讼机制等方面的问题，更重要的是公诉机关在刑事诉讼中秉承的积极公诉理念，已经不能完全适应新时期、新形势下的社会纠纷、矛盾处理，因此，需要对这种积极公诉理念的形成进行剖析，查明其与当

---

① See Ken Armstrong & Maurice Possley, *The Verdict*: *Dishonor*, Chicago Tribune, 10 Jan. 1999, A1.

② 参见[日]田口守一:《刑事诉讼法》,刘迪等译,法律出版社2000年版,第117页。

下司法需求之间的差距，从而适时而变，使检察职能更好地为社会管理创新、社会矛盾化解服务。另外，违背司法规律的各种质量考核标准，束缚了检察官自由裁量权的行使，如公诉工作中的重要考核内容——不起诉率和法院改判率、无罪判决率，都是力图通过控制不起诉、起诉的滥用，从而达到提升公诉质量的目的。这一初衷是好的，但是这种互相矛盾的考核方式，往往将公诉机关陷于进退两难的境地：对于质量不高、无起诉必要的案件要进行分流，但不起诉率的限制堵住了出口，让大量的不符合起诉条件的案件流入了审判程序，导致的直接后果就是改判率、无罪率的上升。而解决这个困境的关键不是要通过提高抗诉率来强迫法院接受检察机关的指控，而是要如治水一样，宜疏不宜堵，只有对公诉阶段的案件进行妥当的分流，并根据刑事政策的需要，提出相应的指控，才能真正得到被法院认可、被民众认可的裁判结果。

在我国，一个人一旦有过被检察机关认定为涉嫌犯罪的经历，即便后来被不起诉、撤诉处理甚或被法院判决无罪，其生活都可能长期乃至终生处于公诉权的阴影之下，① 我们的检察机关并没有像《宪法》设定的那样，承担起在诉讼中侦查监督、审判监督，防止错判的作用，反而一个个错案的发生，不是在公诉阶段发生就是在公诉阶段发展，② 检察机关对错案的发现和纠正作用甚微。

第一节 显相：极低的不起诉率与超高的轻刑判决率

一、显相一：极低的不起诉率

2002—2016 年 15 年间，全国检察机关年均提起公诉 116 万余人，同期年均不起诉 4.1 万余人，不起诉率在 3% 左右浮动，至 2005 年、2006

① 参见周长军：《公诉权滥用论》，《法学家》2011 年第 3 期。

② 从郑州李某生、昆明王某冰等律师伪证案，到郑州殷某生记者诬告陷害案，再到阜阳“白宫”举报人案、曹县帖案等，检察机关对于律师、举报人、记者等人员的报复性起诉频繁见诸报端。

年跌至最低的0.7%左右，这与最高人民检察院对不起诉率的控制强弱有关。2007年之前，最高人民检察院要求各地不起诉率保持在2%以下。在落实宽严相济刑事政策的大背景下，最高人民检察院的领导者们也认识到了这种数字化管理的弊端。2007年6月，最高人民检察院公诉厅发布修订后的《人民检察院办理不起诉案件质量标准（试行)》，进一步明确了相对不起诉的适用范围，《人民检察院办理不起诉案件质量标准（试行)》规定，人民检察院对于犯罪情节轻微，依照刑法规定不需要判处刑罚或者免除刑罚的，经检察委员会讨论决定，可以作出不起诉决定。对符合上述条件，同时具有下列情形之一的，依法决定不起诉：（1）未成年犯罪嫌疑人、老年犯罪嫌疑人，主观恶性较小、社会危害不大的；（2）因亲友、邻里及同学、同事之间纠纷引发的轻微犯罪中的犯罪嫌疑人，认罪悔过、赔礼道歉、积极赔偿损失并得到被害人谅解或者双方达成和解并切实履行，社会危害不大的；（3）初次实施轻微犯罪的犯罪嫌疑人，主观恶性较小的；（4）因生活无着偶然实施盗窃等轻微犯罪的犯罪嫌疑人，人身危险性不大的；（5）群体性事件引起的刑事犯罪中的犯罪嫌疑人，属于一般参与者的。随后，最高人民检察院检察长贾春旺要求检察机关实施宽严相济的刑事司法政策时，加强不批捕、不起诉案件的答疑说理工作，同时不能人为控制不批捕率、不起诉率。自此，不起诉率不再成为各地考核的硬性指标，于是自2007年后不起诉率逐年缓慢上升，至2016年升至近年来的最高值5.76%。

表1-1　2002—2016年全国检察机关审查起诉情况统计表①

单位：人,%

年度	提起公诉	不起诉	不起诉率	起诉率
2002	854870	27654	3.13	96.87
2003	819216	27957	3.30	96.70
2004	897974	21225	2.31	97.69
2005	981009	7366	0.75	99.25

① 数据来源:《中国法律年鉴》(2003—2017年)及最高人民检察院2003—2017年工作报告。

续表 1-1

年度	提起公诉	不起诉	不起诉率	起诉率
2006	1029052	7204	0.70	99.30
2007	1113319	34433	3.00	97.00
2008	1177850	29871	2.47	97.53
2009	1168909	33048	2.75	97.25
2010	1148409	29898	2.54	97.46
2011	1201032	39754	3.20	96.80
2012	1435182	49353	3.32	96.68
2013	1369865	67820	4.72	95.28
2014	1391225	75487	5.15	94.85
2015	1434714	76565	5.07	94.93
2016	1440535	88063	5.76	94.24

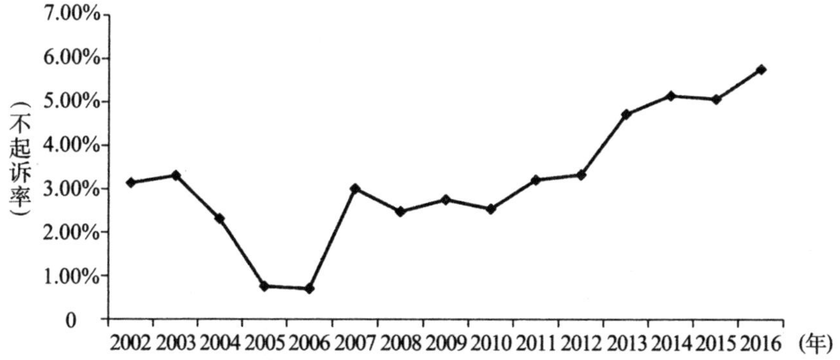

图 1-1 2002—2016 全国检察机关不起诉变化情况图

二、显相二：超高的轻刑判决率

不起诉率一直受到严格的控制，意味着检察机关的裁量不诉权未能充分发挥，这一点从法院的有罪判决中也可以看出来。根据 2002—2016 年的统计数据显示，近 15 年间，年均起诉 116 万余人，当年作出生效判决年均 99 万余人，其中被判五年以上有期徒刑至死刑的年均只有 14.4 万人，重刑率只有 15.2%，大量的案件被判处徒刑以下刑罚。如，定罪免刑的年均 1.6 万余人；适用拘役、管制、单处附加刑的年均 12.5 万余人；适用缓刑的 26.1 万余人。上述徒刑以下刑罚的判处占当年生效裁判的 48%左右。将近一半的被起诉案件最终只是判处了拘役、管制、单处附加刑、缓刑甚至定罪免罚，公诉案件的效果可见一斑。

以 2016 年的数据为例，当年起诉 1440535 人，法院同期作出生效判决 1220645 人，其中判处 5 年以上有期徒刑至死刑的 97816 人，重刑率不足一成，只有 8.01%；5 年以下有期徒刑的 536983 人，占同期生效判决的 43.99%；无罪 1076 人，免予刑事处罚 19966 人；判处拘役 165161 人、管制 9463 人，单处附加刑 23859 人，有期徒刑、拘役缓刑 366321 人，上述轻罪、无罪案件占同期生效判决的 47.99%。上述轻重罪的标准是以有期徒刑以上为界线，如果以 5 年以上徒刑作为重罪的标准，则九成的判决案件都未达到此标准。

总体上看，经过检察机关审查后，由于不起诉率极低，超过九成的案件被移送至法院提起公诉。而最终公诉机关起诉的绝大部分案件都是只能适用徒刑以下刑罚的案件。公诉机关耗费了数月之久、审判机关也经历开庭审判的复杂程序后，其法律效果并不突出，反而造成了司法资源的浪费。公诉权对起诉必要性的把握已经失之偏颇，构罪即诉的司法惯性主宰了整个公诉流程。

表 1-2 2002—2016 年全国检察机关审判情况统计表 [①]

单位：人，%

年度	提起公诉	生效判决人数	无罪	免刑	给予刑事处罚	五年以上至死刑	五年以下有期徒刑	拘役、管制、单处附加刑	有期徒刑、拘役缓刑	拘役	管制	单处附加刑	有期徒刑以上占起诉案件比例	有期徒刑以上占生效判决人数	轻罪、无罪人数	轻罪、无罪占生效判决比例	无罪、五年以下徒刑人数	无罪、五年以下徒刑人数占生效判决比例	有期徒刑以下人数	有期徒刑以下占生效判决比例
2002	854870	706707	4935	11266	573228	160324	345351	67553	117278	—	—	—	59.15%	71.55%	201032	28.45%	546383	77.31%	196097	27.75%
2003	819216	747096	4835	11906	651480	158562	357991	78875	134927	—	—	—	63.05%	69.14%	230543	30.86%	588534	78.78%	225708	30.21%
2004	897974	767951	3365	12345	597812	146237	363012	88563	154429	—	—	—	56.71%	66.31%	258702	33.69%	621714	80.96%	255337	33.25%
2005	981009	844717	2162	13317	644872	150878	395139	98855	184366	—	—	—	55.66%	64.64%	298700	35.36%	693839	82.14%	296538	35.11%
2006	1029052	890755	1713	15196	667305	153724	409571	104010	206541	—	—	—	54.74%	63.24%	327460	36.76%	737031	82.74%	325747	36.57%
2007	1113319	933156	2294	15129	688651	151378	430110	107163	227959	—	—	—	52.23%	62.31%	351668	37.69%	781778	83.78%	349374	37.44%
2008	1177850	1008677	1373	17312	989992	159020	463166	118695	249111	73183	18065	27447	52.82%	61.68%	386491	38.32%	849657	84.23%	385118	38.18%
2009	1168909	997872	1206	17223	979443	162675	459621	106512	250635	66125	16833	23554	53.24%	62.36%	375576	37.64%	835197	83.70%	374370	37.52%
2010	1148409	1007419	999	17957	988463	159261	461523	102449	265230	63848	16171	22430	54.06%	61.62%	386635	38.38%	848158	84.19%	385636	38.28%
2011	1201032	1051638	891	18281	723169	149452	460080	113637	309297	76683	14829	22125	25.00%	28.55%	751403	71.45%	902186	85.79%	750512	71.37%
2012	1435182	1174133	727	18974	1154432	158296	491613	149221	355302	112766	12853	23602	45.28%	55.35%	524224	44.65%	1015837	86.52%	523497	44.59%
2013	1369865	1158609	825	19231	1138553	125015	484511	172504	356523	133044	14641	24819	44.50%	52.61%	549083	47.39%	1033594	89.21%	548258	47.32%
2014	1391225	1184562	778	19253	1164531	111658	503481	181263	368129	145086	12226	23951	42.78%	51.93%	569423	48.07%	1072904	90.57%	568645	48.00%
2015	1434714	1232695	1039	18020	1213636	115464	541913	192742	363517	157915	11768	23059	45.82%	53.33%	575318	46.67%	1117231	90.63%	574279	46.59%
2016	1440535	1220645	1076	19966	1199603	97816	536983	198483	366321	165161	9463	23859	44.07%	52.01%	585846	47.99%	1122829	91.99%	584770	47.91%

① 数据来源：《中国法律年鉴》、最高人民法院网站及最高人民法院工作报告、最高人民检察院工作报告。

第二节　内因：积极公诉观

出现上述问题的根源就是检察机关对指控标准把握过宽，同时不起诉裁量权的适用范围过窄，而这背后就是构罪即诉的积极指控理念在支撑。具体体现在如下方面。

一、只强调构成要件符合性，忽视犯罪的法益侵害性

刑法的功能是保护法益，但是在司法实践中，很多场合都只强调行为符合构成要件，忽视了法益侵害性这一基础的犯罪构成要素，将没有法益侵害可能性的行为评价为犯罪行为，也是机械司法的一种表现。例如，根据《刑法》第196条的规定，“恶意透支信用卡”的行为属于信用卡诈骗行为。《公安机关管辖的刑事案件立案追诉标准的规定(二)》中进一步明确了“恶意透支信用卡”行为的要件要素。[①] 在对这一规定的理解与应用过程中，必须注重案件中的民事法律关系，否则有可能得出错误结论。例如，在实践中，有的持卡人虽然经过发卡行的两次催收后3个月仍未归还超额欠款，但是不归还的原因在于与发卡行就还款方式存在异议。部分司法机关将这种行为也不加区分地评价为“恶意透支行为”，进而追究持卡人的刑事责任。此类司法裁判既未关注宏观的经济形势，也未注重微观的民事合同关系，造成刑罚权的不当扩张。应当看到，前述情况在小微企业负责人办理大额透支信用卡的使用过程中时有发生。在当前我国的信贷市场中，小微企业融资渠道少，限制多，门槛高，导致小微企业融资困难。在这种形势下，小微企业的负责人遂以个人名义办理大额透支的信用卡作为企业融资的手段，即将个人信用卡中的信用资金支付材料、工资等用于企业生产

---

① 《公安机关管辖的刑事案件立案追诉标准的规定(二)》第54条规定，持卡人以非法占有为目的，超过规定限额或者规定期限透支，并且经发卡银行两次催收后超过三个月仍不归还的行为属于“恶意透支信用卡”。

经营的费用。这种做法的风险是，一旦资金链出现断裂，持卡人将难以在规定的还款日期内将透支款项还清。易言之，此种情形下的超期不归还行为欠缺“非法占有目的”。进一步从民事法律关系角度审视，持卡人与发卡行签订的信用卡使用合同过程中，信用卡使用申请人只要如实提供了信用证明，发卡行就应当对申请人的信用进行评估，履行审慎的审查义务。在合同履行过程中，发卡行也有义务对持卡人信用卡的使用情况进行监控评估。然而，实践中很多发卡行提供信用卡时，并未认真审查申请人的资质而提供大额透支信用卡。对于部分还款记录不佳的持卡人，发卡行不但不对其信用减等，反而进一步提高其信用额度。发卡行的这些行为，在民事法律关系中属承诺行为，承诺即达成合同。由于信贷合同属于风险性合同，只要对方持卡人不存在欺诈的情况下，持卡人不能归还欠款的风险就属于合同风险中的一部分，即发卡行应当为其民事权利的行使承担相应的责任。最后，从刑法谦抑性角度审视，在上述情形中依靠民事手段完全可以解决纠纷，不必动用刑法手段。在持卡人不能按时归还欠款且没有逃匿的情形下，发卡行可以通过民事诉讼的方式对持卡人进行追偿。

二、只强调公诉的成功率，忽视对追诉必要的考量

一直以来，检察机关都是以批捕数、起诉数作为自己的工作业绩，而对不起诉等非诉转处措施的适用情况只作为创新、例外的手段，认为不是公诉工作的重点；将公诉的有罪判决率作为工作业绩，而对有罪判决中的轻刑之多视而不见。这种片面强调公诉的惩罚犯罪效果，而忽视其人权保障作用的做法，也可以视为过去“严打”思想的延续，导致相当部分案件“当宽不宽”，最终引起法院纠正。例如，一起非法侵入住宅案中，被告人因与同居者出现矛盾，趁对方出国期间，擅自进入其房间，对其部分物品私自处理，并把房间提供给其公婆居住。公诉机关认为被告人的行为严重干扰了被害人的个人生活，侵犯了其隐私权，故构成非法侵入住宅罪，依法提起公诉。一审法院则认为该行为情节显著轻微，对社会的危害性不大，不应被认为是犯罪，故宣告其无罪。一审公诉机关还进行了抗诉，最终抗诉被撤回。该案中，当事人双方均熟识，被告

人虽然强行占据被害人房间并实际居住，对被害人生活造成一定不便，但这完全可以通过民事诉讼，以侵权纠纷解决，动辄动用刑事手段解决问题，是“刑法万能”思想的表现，面对无罪判决不考虑其裁判的正当性而一概反对、抗诉之，也是对公诉裁量权、追诉必要性考虑不够的一种简单公诉做法。

第三节　积极公诉理念成因分析

这种积极公诉的理念是如何形成的？为何承担法律监督职责的检察官，仍不能摆脱控方角色的局限性，甚至更加盲目、积极地追求对被告人的定罪、处刑？

一、构罪即诉，检察裁量权适用的萎缩化

虽然刑事诉讼法赋予了检察机关斟酌起诉的权力，但实践中检察官们对这项重要权力行使并不热衷，究其原因，与不起诉标准不统一、不起诉适用程序烦琐、对不起诉制度的价值把握不够、不起诉后的惩戒程序不足等因素密切相关。

（一）适用范围不统一，导致司法不平衡

各个司法机关由于不同的司法习惯，适用不起诉的范围、适用标准不尽相同，容易导致司法不平衡现象。例如，在审理交通肇事案件中，很多地区对赔偿且有一定可恕情节的交通肇事案件予以不起诉，但个别地区没有此类判例。另外，众多“可以不作为犯罪处理”的司法解释如何理解和把握，各地做法也不一致。例如，江苏靖江就交通肇事等 19 种常见刑事案件，出台了《刑事案件相对不起诉参考标准》，规范行使不起诉权；宁夏检察机关也出台有关规定，明确贪污贿赂案件相对不起诉条件；重庆检察机关就未成年不起诉标准也有具体规定。因此，各级司法机关有必要通过相关信息的了解和沟通，保障在案件基本事实、基本情节相同的情况下，尽可能使执法结果相对统一。

（二）不起诉制度适用程序中存在流程不畅

不起诉案件的一般办理程序是（在未实行主任检察官制度的情况下）：承办人提出不起诉意见，向处室负责人、主管检察长逐级汇报，如果主管检察长认为有不起诉的必要，就要提交检察委员会讨论通过。而检察委员会并非定期召开，召开时间具有随机性、不确定性，容易导致案件非正常拖延。检察委员会作出决定后，还需要向被不起诉人公开宣布，被不起诉人在押的还要办理释放手续。这还没有结束，不起诉决定履行完毕后数日内还向上级检察机关提交结案报告、复查表、不起诉决定书等多种备案材料，导致承办人办案负担加重，诉讼周期拖延。这与不起诉制度分流案件、节约诉讼资源的初衷并不一致。虽然2012年《刑事诉讼法》将法定不起诉的决定权赋予了检察长，但实践中提交检察委员会作出决定的仍很常见。

（三）未能正确理解不起诉制度的价值，人为地对不起诉的适用限定条件

1979年《刑事诉讼法》赋予检察机关的免予起诉权对于分流案件起到了重要作用，但是由于实践中滥用现象严重，为人所诟病，导致1996年《刑事诉讼法》修订时，免诉权被取消，代之以三种不诉权。为了避免不诉权出现同样的厄运，上级机关致力于控制不起诉权的适用。虽然各地多次强调“各类不起诉案件的适用重在质量而非数量”，但根据2012年通过的《刑事诉讼规则（试行）》的规定，除对绝对不起诉由检察长决定之外，相对不起诉、存疑不起诉均由检察委员会讨论决定。而且为防止检察机关滥用不起诉权，最高人民检察院甚至还曾硬性规定了不超过2%的不起诉率，对于职务犯罪案件还采取了上报一级审批的限制方式，并要求人民监督员听证的方式加以监督。但这种控制使不起诉偏离了其正常价值，适用范围狭窄、审批决定程序烦琐，导致基层司法机关在适用时缺乏主动性。调查中，大部分司法人员都表示认同不起诉制度可以达到法律效果、社会效果相结合的效果，但在具体适用上则普遍存在受政策因素、上级领导意思的影响，避嫌心理也限制了其主动适用不诉的可能。例如，某检察人员就曾谈起自己因为接连提起数个不起诉建议，而遭到老同志的善意提醒，让其反思是否得当。司法人员素质有待提高，社会公众对于司法腐败如临大敌，都导致司法人员适用不起诉

时唯恐被扣上徇私的罪名。对可诉可不诉的案件宁可提起公诉，也不愿费时费力作出不起诉，对不起诉裁量权讳莫如深，不敢扩大甚至合法适用。对可诉可不诉案件一概诉之的做法，只考虑了结案率，忽视了对被害人、犯罪嫌疑人人权保护这一根本的司法价值。

（四）适用不起诉后，缺乏其他转处方式，容易造成轻纵犯罪，削弱了不起诉的政策意义

2012 年《刑事诉讼法》规定了附条件不起诉制度，对于拟作不起诉处理的案件，可以要求未成年嫌疑人接受公益劳动、戒瘾治疗等矫治和教育，如果在考察期内能完成矫治任务的，才可以作不起诉处理，同时刑事和解程序中也规定了对犯罪嫌疑人与被害人达成和解协议，对被害人进行赔偿、赔礼道歉、被害人予以谅解的，可以对嫌疑人作出不起诉处理。但上述两种程序对案件类型有限制，并不适用全部案件，尤其是附条件不起诉程序只适用于被告人系未成年人的案件，适用范围窄，同时适用起来，时间长、手续烦琐（需多次提交检察委员会），而且由于缺乏实际操作规范，上述规定的实际运行并不理想。虽然有相当部分的一线办案人员认为应当在不起诉的同时适用非刑罚方法，但在具体案例调查中，几乎没有发现卷宗中体现有适用情况。由于缺乏公开的刑罚替代措施，容易使公众对司法公正产生猜疑，也不利于犯罪特殊预防目的的实现。

二、配合优先的三机关关系，流水作业的诉讼模式

刑事诉讼法对公检法三家机关的关系规定为分工负责，互相配合，互相制约。但实践中，由于公检法三家机关属性的高度一致性，三家的配合意识往往大于制约意识。如，检察机关为了形成一种良好的检警关系，以便在某些案件之中通过公安机关来保障自己的利益，一般都会在具体的刑事程序中考虑或者是照顾公安机关的利益。由于公安机关在刑事诉讼中基本的利益之一是起诉的人数，这样检察机关往往都会在审查起诉的过程中有意或无意地“考虑”公安机关起诉犯罪嫌疑人的愿望。结果就是检察机关着重于从犯罪嫌疑人是否构成犯罪来决定是否起诉，忽视对起诉必要性的考察，构罪即诉。另外，“一荣俱荣”的检察机关内

部关系进一步催化了积极公诉观。由于批捕、起诉往往由同一检察机关行使，[①] 造成检察机关在考核的压力下，对未严格达标的捕后案件仍予起诉，以防止捕后不诉的产生。但这种互相迁就的工作模式，也导致了大量的不合格案件被起诉到法院，不但最终被判处无罪、撤回起诉，相当部分适用定罪免刑的案件也反映了公诉质量不高、对起诉必要性未能严格把关。在西方，虽然检察官有“世界上最客观公正官署”之说，我国也要求检察官“以事实为依据，以法律为准绳”，保持客观公正之义务。但无论是普通法国家还是成文法国家，在对抗制诉讼环境下，检察官都曾因积极追求胜诉而不愿主动排除非法证据。应当说，“角色超载”并不一定导致“角色冲突”，但是在“从快、从严、从重打击恶性犯罪”的语境下，保障人权与追诉职能之间一直存在着一种难以消弭的紧张关系。在近些年曝光的部分冤错案件中，许多犯罪嫌疑人已经向检察官提出其受到过刑讯逼供的辩解，但是却未得到深入的核实，检察人员仍然将有罪供述作为起诉依据。

三、司法的非独立性，地方意志的如影随形

中共十八届四中全会提出：“各级党政机关和领导干部要支持法院、检察院依法独立公正行使职权。”检察机关依法独立行使检察权与党对政法工作的领导是我国司法权运行的根本原则。实践中，如何正确理解二者之间的相互关系至关重要。个别检察人员由于未能正确认识这一关系，在案件办理过程中受到“维稳”等来自属地行政机关的“压力”，不能做到根据事实与法律运用检察权，人为扩大公诉权的行使范围，这也是积极公诉观产生的一个深层次的原因，即政治对司法的深度渗透和影响。主要表现在：一方面，对于那些涉及地方经济利益或者影响地方稳定、民愤极大的案件，往往是地方党委与政府高度重视的地方，而对维稳的重视，往往就会将检察机关的审查起诉作为实现社会控制的手段，因此部分案件的起诉往往掺杂了政治影响的因素；另一方面，各种专项斗争

① 2018 年 3 月前，职务犯罪、诽谤等案件是由上级检察机关进行批捕，基层检察机关批捕的无期徒刑以上的案件，也要由上级检察机关审查起诉。但除此之外，绝大多数案件都是由同一检察机关批捕、起诉。

（如惩治某一系统腐败、电信诈骗等）的现实需要，也使检察机关需要体现“打击效果”，在每个阶段都有对某类型犯罪集中起诉、加大起诉力度的要求，而起诉数量是最直观的“打击效果”①。根据学者调查，各级机关所下发的一些刑事政策文件以及具体执行的指导性意见都存在专门反映检察机关“起诉政绩”的报道，而“这些材料在大多数时候都或隐或明地表达了国家意欲利用起诉制度的犯罪控制功能实现某种治理目的。”②

① 如在最高人民检察院、最高人民法院历年工作报告中都要提到依法起诉、判决的刑事案件量。
② 王昕、黄维智、廖耘平：《从撤回起诉的实际状态透视公诉条件的形成》，《人民检察》2010年第6期。

第二章　消极公诉观透视

第一节　显相一：补充侦查与存疑不起诉的双高

一、补充侦查的大规模适用

公诉机关为了确保自身指控能够得以实现，必须对起诉的案件质量进行把关，《刑事诉讼法》规定了检察机关在审查起诉过程中可以对案件进行补充侦查，采取退回侦查机关补充侦查和自行补充侦查相结合的方式，对证据进行复核、再取证。侦查质量不高、侦查机关与公诉机关证据要求不一的现实，也造成了大量案件在审查起诉过程中被退回补充侦查。从北京市检察机关的实践来看，2009 年 1 月至 2015 年 6 月，六年半时间内，北京全市办结审查起诉案件 133915 件，其中一次退补 30441 件，一次退补率为 22.73%，二次退补 10553 件，二次退补率为 7.88%。也就是，超过三成的案件均被公诉机关认为质量不合格，退回侦查机关进行补充侦查。虽然退回补充侦查的比例只有三成，但考虑到实践中八成以上的案件都是通过简易程序审理的案件，最终判刑只在 3 年以下有期徒刑，而且多为认罪案件，这些案件也需要再次退回补充侦查，不得不说侦查质量堪忧。简单案件尚且如此，如果是稍微疑难、复杂的案件，退补率就更高了。以北京市人民检察院第二分院查办的案件为例，同期共办结 2118 件，其中一次退补 879 件，一次退补率为 41.5%，二次退补 405 件，二次退补率为 19.12%，退补率高达 60.62%，超过六成的案件都需要经过再次补充侦查，而且近年来还有逐渐升高之势。一次退补率从2009年的26.97%已经上升到2014年的65.66%，二次退补率虽然有所波动，但总体也呈上升趋势，至2014年二次退补率已达到35.35%。

案件退回补充侦查率日益增长，但侦查机关的补充证据能力和水平并未随之提升，反而有拖延、消极不作为之势。退回补充侦查提纲制作质量不高，侦查人员责任心不强，不按退回补充侦查提纲的要求进行补充侦查的比例不低。据甘肃省的一项统计，全省侦查机关对退回补充侦查案件真正按照退回补充侦查提纲补充到有效证据的仅为22.92%。[①] 大部分退补案件中充斥了各种工作说明，证据效力以及证明力的缺失，导致案件最终无法达到起诉标准。

表2－1　2009年至2015年6月北京市检察机关公诉案件退补情况表

单位：件，%

序号	单位	一次退补数	一次退补率	二次退补数	二次退补率	审结数
合计		30441	22.73	10553	7.88	133915
1	铁检分院	25	75.76	12	36.36	33
2	三分院	211	67.85	113	36.33	311
3	一分院	773	50.69	383	25.11	1525
4	二分院	879	41.50	405	19.12	2118
5	市院	3	33.33	2953	12.35	23912
6	海淀院	7732	32.34	1038	11.74	8843
7	大兴院	2584	29.22	1	11.11	9
8	房山院	1368	28.01	542	11.10	4884
9	铁检石家庄院	78	26.80	25	8.59	291
10	东城院	1552	21.73	254	8.33	3048

① 陈新生、金石：《存疑不起诉规范适用的思考》，《西部法学评论》2008年第3期。

续表 2－1

排名	单位	一次退补数	一次退补率	二次退补数	二次退补率	审结数
11	石景山院	661	21.69	488	6.83	7142
12	丰台院	3429	21.38	441	6.46	6830
13	西城院	1457	21.33	39	6.44	606
14	铁检北京院	123	20.30	1020	6.36	16042
15	顺义院	1418	19.24	151	6.18	2442
16	延庆院	274	18.24	34	6.02	565
17	铁检天津院	102	18.05	440	5.97	7369
18	门头沟院	237	17.09	82	5.91	1387
19	通州院	1234	16.83	507	5.39	9409
20	平谷院	410	16.79	355	4.84	7334
21	昌平院	1553	16.51	997	4.33	23013
22	朝阳院	3662	15.91	123	4.31	2852
23	密云院	375	13.15	60	3.99	1502
24	怀柔院	301	12.30	90	3.68	2448

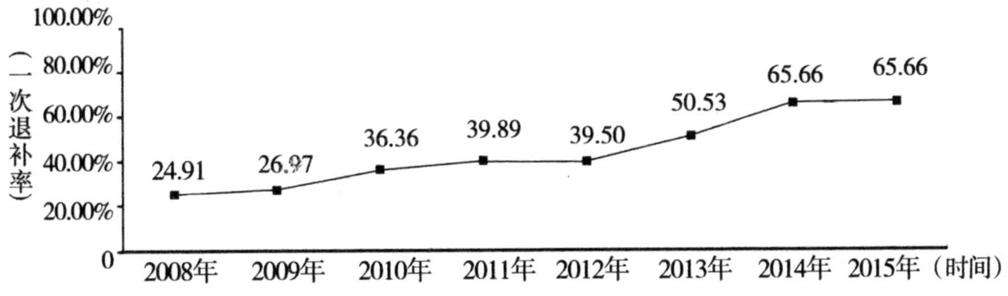

图 2－1　2008 年至 2015 年 6 月北京市人民检察院第二分院一次退补率情况图

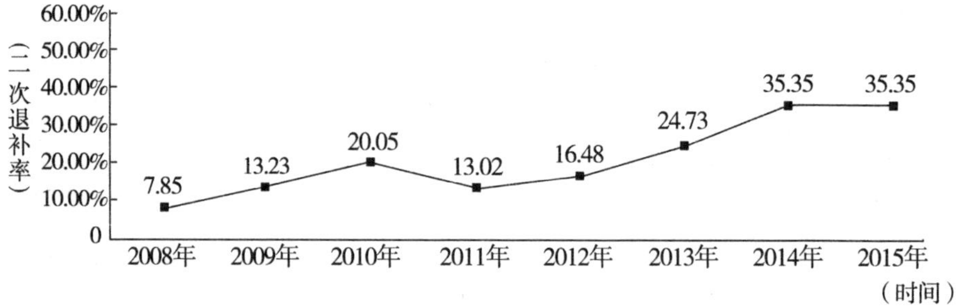

图 2－2　2008 年至 2015 年 6 月北京市人民检察院第二分院二次退补率情况图

二、存疑不起诉率的居高不下

退回补充侦查的目的是为了保障案件质量、最大限度地还原卷宗中的案件事实，虽然退回补充侦查率逐年上升，存疑不起诉案件的比重也在不断增加，证据补强任务并未实现。存疑不起诉，是指案件经过退回补充侦查，证据仍存在疑问，无法排除合理怀疑的，检察机关可以作出存疑不起诉决定。从近三年的数据来看，北京市检察机关的存疑不起诉人数占不起诉人数的比重一直较大，2012—2014 年存疑不起诉人数占不起诉总人数的 33.3%、24.7%、30.8%。即，三分之一左右不起诉案件都是由于检察机关认为未达到起诉证据标准，而放弃起诉。再如，根据某基层检察机关的统计，2009—2011 年，该院共对 89 件案件作出存疑不起诉的处理决定，年均增幅 55% 以上。其中有 14 件案件系诉至法院后作出撤回起诉并作出存疑不起诉决定，同比增长 150%。①

为了对存疑不起诉案件进行深入分析，共选取了北京市 11 个区县人民检察院 2013—2014 年所作的 259 件存疑不起诉案件作为样本进行逐案研究，对其中存在的问题进行梳理。本次选取的存疑不起诉案件样本涉及案由 57 个，其中数量前 5 位的分别是：故意伤害（43 件）；诈骗（31 件，含合同诈骗、票据诈骗、合同诈骗）；盗窃（22 件）；强奸（18 件）；寻衅滋事（16 件）。从存疑不起诉的事由上分析，占据相关问题数

---

① 参见郝忠、叶萍、李晓娟:《从存疑不起诉案件谈证据的正确把握》,《北京政法职业学院学报》2012 年第 3 期。

量前5位的分别是：不能证明实施相关行为（104件）；不能证明达到法定危害后果（46件）；不能确定主观明知（33件）；不能确定主观故意（27件）；不能确定因果关系（19件）。

样本中造成存疑不起诉事由的情况基本可概括为以下10个方面：不能证明实施相关行为（如不能证明行为人殴打了被害人）；不能证明达到法定危害后果（如虽然能够证明行为人实施了盗窃行为，但不能证明盗窃数额是否达到数额较大）；不能确定主观明知（如在共同犯罪中，不能证明行为人明知其他人实施犯罪行为）；不能确定主观故意（如不能证明行为人具有非法占有的目的）；不能确定因果关系（如行为人虽然实施了一定违法行为，但是不能证明被害人的死亡、受伤与该行为之间具有相当因果关系）；不能证明被害人不自愿（如在强奸案中不能证明被害人是否自愿与行为人发生性关系）；不能确定为作案人员（如不能证明行为人出现在案发现场）；非法证据排除（如在讯问、询问、调取物证书证、组织辨认存在严重违反法定程序且不能补正或作出合理解释）；不能证明刑事责任能力；不能排除正当防卫。

表2－2　2013—2014年北京市11个区县人民检察院存疑不起诉案件存疑事由情况表

单位：件

存疑事由	数量
不能证明实施相关行为	104
不能证明达到法定危害后果	46
不能确定主观明知	33
不能确定主观故意	27
不能确定因果关系	19
不能证明被害人不自愿	13
不能确定为作案人员	8
非法证据排除	6
不能证明刑事责任能力	2
不能排除正当防卫	1

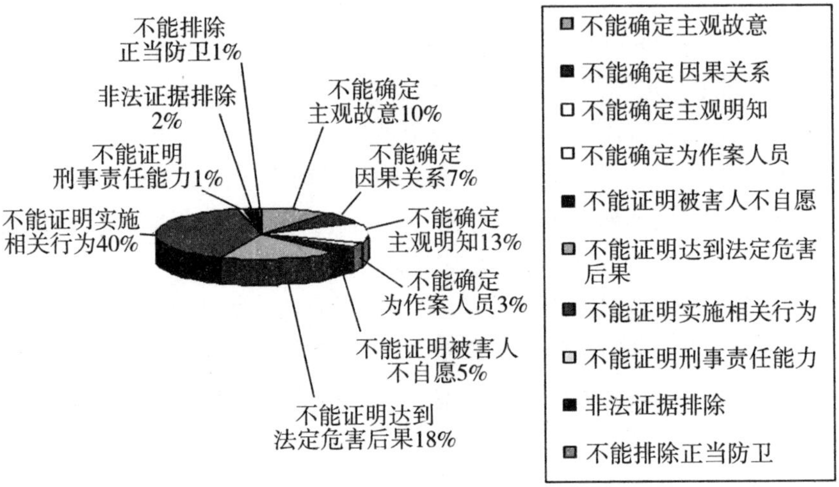

图2-3　2013—2014年北京市11个区县人民检察院存疑不起诉案件存疑事由情况图

存疑不起诉与退回补充侦查比例的双高，一方面，反映出侦查质量不高的现实；另一方面，公诉人引导侦查、审查案件的能力也稍显不足。公诉人审查案件应当超越案卷材料，注重卷宗之外的“在案证据”，但这种审查能力往往受制于司法经验和社会阅历的多寡，公诉队伍年轻化的现实也使案件的审查判断无法融入社会生活实际。根据2014年北京市人民检察院的统计，全市16个区县基层院公诉部门干警平均公诉年限为5.92年,[①] 这些年轻的公诉人，绝大多数都是从法学院毕业后直接进入公诉岗位的，他们一般具有法学知识丰富、理论功底较为扎实的特点，但缺少生活的历练和对生命的感悟，也缺乏其他学科的基本常识。法律不在于逻辑，而在于经验。经验的匮乏，也导致了对侦查机关制约不能，对侦查违法无法及时发现、加以纠正，而简单地以不起诉了结。如对一些基本事实清楚，基本证据确实、充分的案件，可以起诉的，过于强调诉讼风险，只重辩方思维和辩方证据，不重控方思维和控方证据，导致案件最终没有起诉，造成犯罪惩治不力；甚至还存在对部分事实清楚，但定性存有争议的案件，作存疑不起诉处理。这就造成：要么对不构成

① 考虑到这其中包括处长、内勤以及并不主要承担办案任务的人员，实际承担大部分案件办理的公诉人的公诉年限更为有限。

犯罪，应作法定不起诉处理的案件，作出了存疑不起诉，侵害了当事人的合法权益；要么对成立犯罪，应依法起诉的案件，作出了存疑不起诉，放纵了罪犯。此外，部分案件中，承办人会考虑到部门间关系和单位整体的考核利益，对应作出法定不起诉或相对不起诉的案件，作出存疑不起诉。

第二节　显相二：超低无罪判决率以及适用超限的撤回起诉

如果说前述超高的起诉率反映出公诉机关对于指控犯罪的绝对自信，那么对提起指控的质量进行考核，通过无罪判决的比例高低可以看出指控的优劣。从全国的数据来看，无罪判决率一直在极低位徘徊，几乎全部指控都得到了法院的支持。这是否可以得出公诉质量过硬、指控得当的结论呢？

一、与超低的无罪判决率相伴的是为数众多的撤回起诉案件

根据《中国法律年鉴》以及最高人民法院、最高人民检察院工作报告中公布的数据，自2002年至2016年，全国检察机关共计起诉1750万余人，起诉人数呈逐年上升趋势。2013年，受《刑法修正案（八）》及新《刑事诉讼法》修改影响，起诉人数有所下降；2014年后又开始上升；至2016年，起诉人数超过144万人，为历年来最高。数量庞大的起诉案件，最终基本上都被法院依法定罪，15年间，共计有28218人被宣告无罪，无罪判决率逐年下降，平均只有2‰左右，近年来的无罪判决率更是跌至1‰以下。2014年的无罪判决率只有0.7‰，2015年、2016年略有上升也不过0.8‰到0.9‰左右。无罪率的下降，一方面可以看作公诉机关严把公诉质量关，提升案件审查办理水平的结果，但通过考察同期的撤回起诉案件，会发现无罪判决数量的下降，往往是以撤回起诉案件数量大幅上升为基础

的，二者呈此消彼长之势。由于全国的撤回起诉案件数量无法统计，我们通过调查某一地区的案件数量情况，进行样本分析。

表 2－3　2002—2016 年全国检察机关无罪判决情况统计表

单位：人，%

年度	提起公诉	生效判决人数	无罪	无罪判决率
2002	854870	706707	4935	0.70
2003	819216	747096	4835	0.65
2004	897974	767951	3365	0.44
2005	981009	844717	2162	0.26
2006	1029052	890755	1713	0.19
2007	1113319	933156	2294	0.25
2008	1177850	1008677	1373	0.14
2009	1168909	997872	1206	0.12
2010	1148409	1007419	999	0.10
2011	1201032	1051638	891	0.08
2012	1435182	1174133	727	0.06
2013	1369865	1158609	825	0.07
2014	1391225	1184562	778	0.07
2015	1434714	1232695	1039	0.08
2016	1440535	1220645	1076	0.09
2002—2016 年平均	1167322	995109	1881	0.19

根据最高人民检察院对 2011 年各地检察机关工作情况的统计，无罪判决数量最多的前五个省（自治区、直辖市）分别为：广东、内蒙古、天津、甘肃、北京；撤回起诉率最高的前六个省（自治区、直辖市）分别为：新疆、青海、宁夏、广东、内蒙古、北京，北京在全国居第 6 位。① 北京市检察机关的无罪判决、撤回起诉情况可以视作全国检察机关

① 参见北京市人民检察院公诉一处：《2011 年全市公诉案件质量复查情况通报》。

的典型，对其加以解剖，可以起到解剖麻雀的作用。

表 2-4　2006—2017 年北京市检察机关无罪、撤回起诉、改判案件情况表

单位：人，%

年度	起诉	撤回起诉	撤回率	无罪	无罪率	撤回起诉/无罪
2006	26581	120	0.45	3	0.011	40.00
2007	28541	64	0.22	5	0.018	12.80
2008	26793	26	0.10	4	0.015	6.50
2009	27383	36	0.13	7	0.026	5.14
2010	26485	39	0.15	6	0.023	6.50
2011	26061	65	0.25	11	0.042	5.91
2012	27361	36	0.13	11	0.040	3.27
2013	23272	43	0.18	13	0.056	3.31
2014	25194	91	0.36	10	0.040	9.10
2015	21878	—	—	7	0.032	—
2016	19505	—	—	6	0.031	—
2017	19672	38	0.19	3	0.015	12.67

仅从 2006 年至 2017 年的工作情况来看，无罪判决数一直在个位数以内，总共不过 86 人，平均每年不到 8 人，数量较为稳定，绝对数低、比例甚小，无罪判决率在 0.1‰到 0.5‰左右徘徊。2013 年无罪率最高，也不过 0.5‰；到 2017 年又开始回落至 0.1‰。超低的无罪率是否意味着检察机关指控与法院判决的高度一致？通过考察同期的撤回起诉案件数量，可以发现，2006—2014 年[①]撤回起诉共计 520 人，年均 58 人，撤回起诉人数基本上都是当年无罪判决的十几倍以上，撤回起诉率在 1‰到 4.5‰左右。虽然撤回起诉与无罪判决的数量和比例变化趋势大体一致，但相对而言无罪判决的数量更加稳定，控制在十余人左右，而撤回起诉案件数量则有较大的波动，在 2006 年创下最高值后，在 2011 年、2014 年分别形成两轮波峰。通过对 2000—2014 年的撤回起诉数据进行考察，可知，撤回起诉数量的波

① 因故 2015—2017 年的撤回起诉数据未能收集。

动与是否严格控制无罪案件的公诉政策有直接关系。从2002年至2005年，撤回起诉数量一直持上升态势，与这一阶段严格限制无罪判决率有关；自2006年之后，撤回起诉数量有较大幅度的下降，在2008年之后又有小幅上升，至2011年达到波峰，在2012年、2013年两年的控制下，2014年又出现了一个峰值。之所以出现这种现象，一个重要原因就是地方检察机关为了消灭无罪判决而采取的变通处理。如，北京市检察机关2014年印发了《关于提高公诉办案质量切实防范冤错案件的工作意见》，完善无罪案件的备案复查制度和拟判无罪案件的请示汇报制度，规定对于经过法院审判委员会研究决定拟判决无罪的案件，应及时向本院检察长汇报，必要时要启动本院检察委员会研究。在检察长或者检察委员会研究后，认为法院判决无罪确有依据和道理的，原则上应当撤回起诉。这种通过检法协调撤回起诉的方式，实际目的在于减少无罪判决。

表2－5　2000—2014年北京市检察机关撤回起诉案件统计表

单位：人，%

年度	起诉	撤回起诉	撤回率
2000	16389	60	0.37
2001	21027	151	0.72
2002	20994	64	0.30
2003	19518	97	0.50
2004	28261	112	0.40
2005	25108	133	0.53
2006	26581	120	0.45
2007	28541	64	0.22
2008	26793	26	0.10
2009	27383	36	0.13
2010	26485	39	0.15
2011	26061	65	0.25
2012	27361	36	0.13
2013	23272	43	0.18
2014	25194	91	0.36
合计	368968	1137	—

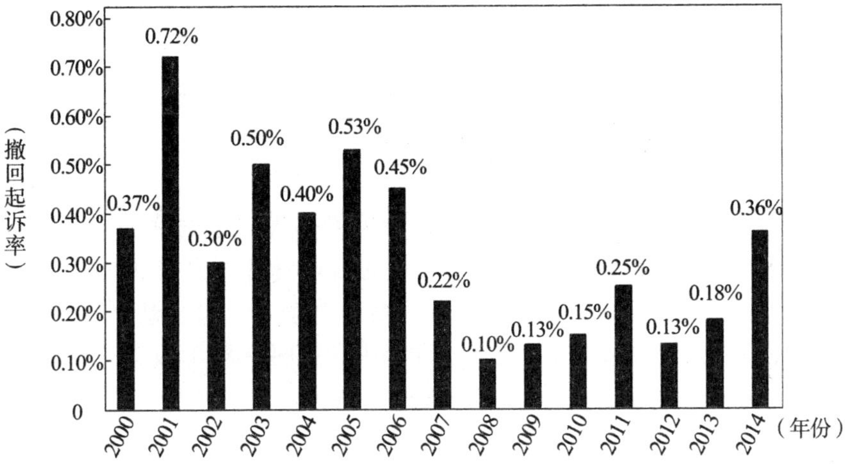

图 2-4 2000—2014 年北京市检察机关撤回起诉率情况图

二、撤回案件的适用超限，导致相当部分无罪案件被变相处理

2012 年修改后的《刑事诉讼规则（试行）》的规定，对于符合“不存在犯罪事实”“不应当追究被告人刑事责任的”两种情形的案件可以在起诉后撤回起诉，但从严格意义上来看，法院对这两种情形都是可以判处无罪的。除此之外，实践中的撤回起诉还存在扩大适用甚至滥用的情况，进一步减少了无罪判决的数量。如法院审查后认为可作无罪判决，但是本着避免无罪判决和检法配合的意思，建议撤回起诉；甚至在开庭后，经合议欲作无罪判决，法院提前与公诉机关沟通，建议撤回起诉。从撤回起诉的原因来看，绝大多数的案件都是由于证据原因导致无法认定有罪而撤回起诉，除了提起公诉后证据发生变化的客观情况，还有一部分是因为定罪时证据就不充分，以及检、法在证据采信、认定证据“确实、充分”标准、定性方面的认识不同，检察机关为避免无罪判决而撤回起诉。

第三节　内因：消极公诉观

“存疑时有利于被告”是现代法治国家刑事诉讼中的通行准则。2012年《刑事诉讼法》也明确了公诉案件中的举证责任以及证据确实、充分的法定条件。对于不能排除合理怀疑的案件，应当作出存疑不起诉处理，或者仅对证据充分的轻罪部分进行指控。“存疑时有利于被告”原则体现了保障人权的价值追求，是防止司法擅断的保障。检察官在恪守这一原则的同时，也要谨防走向该问题的反面，即忽视对有罪证据的补强，过多强调公诉风险、对指控责任进行不合理解读，从而造成公诉权的萎缩。

一、指控责任的不合理扩张，导致公诉不能承受之重

刑事立法一般是要结合立法必要性、法益侵害性、立法成本等多个层面的因素综合加以考虑，同时还要考虑追诉的可能性问题，但目前的刑事立法往往只注重法益侵害性，而忽略了取证成本、追诉必要。如多次刑法修正案中均提出了要增设非法进行性别鉴定罪，虽然大家都认为该罪设立对平衡性别比例、减少不当堕胎有很大作用，但对于该罪设立的必要性，尤其是查证的困难程度——该行为一般发生在医患双方，是行为犯还是结果犯都不好界定——以及诉讼成本可能会严重超出收益，所以多次提案均未能变为现实。这体现出长期以来我国实体法与程序法之间、实体法与证据法之间的研究缺少相互回应，刑事一体化任重而道远。一方面，刑事立法确定罪状的时候，很少会从侦查的角度考虑各个构成要素是否能够查证或方便查证；另一方面，刑事诉讼过程中，举证责任往往由控方统一承担，而不对其中的构成要素进行具体区分。“实体法和程序法学者之间相互过于严格的学术分工，老死不相往来，不关注对方领域的研究成果的现状也必然决定了立法的不科学性。”①

---

① 陈瑞华、田文昌:《刑事辩护的中国经验　陈瑞华、田文昌对话录》,北京大学出版社 2012 年版,第 104 页。

（一）对犯罪主观方面过于侧重的立法现状

造成这种现象的主要原因在于刑事立法和司法实践过于重视犯罪主观方面，如各种“以××为目的”的罪状，以及四要件构成要件理论中的主观方面，都需要控方承担相应的举证责任。而在主观要件层面，行为人需要认识的内容几乎涉及客观不法要件的每一个部分，[①] 证明难点很高。以盗窃罪为例。通说及司法实践均认为，盗窃罪需要具备“非法占有的目的”，虽然不是立法明确的目的犯，但这种非法占有目的往往也是控方证明的内容。一旦行为人做不具备非法占有目的的辩解时，对这一主观要素的证明手段便凸显匮乏。如一起盗窃案中，犯罪嫌疑人为一汽车修理厂职工。其在凌晨潜入库房，将库房内6个汽车电瓶、3桶20升机油以及100余套件的修车工具等物品分6次搬出。犯罪嫌疑人归案后，未能起获赃物。犯罪嫌疑人辩解，将上述物品搬出库房后，分6次扔到了距修理厂一公里外的垃圾箱内，目的在于报复平日对其态度不好的老板，主观上并没有非法占有的目的。由于赃物未能起获，有意见认为，仅凭犯罪嫌疑人的辩解是不能排除其辩解的合理性，不能认定其构成盗窃罪。纵观该案，现有证据是否可以得出被告人具有“非法占有的目的”的结论？我们认为是肯定的。首先，从构成要件符合性上看，被告人在深夜潜入库房，窃取财物，其所实施的是典型的秘密窃取行为。其次，通过现场环境判断，库房至犯罪嫌疑人指认的垃圾箱有1000米的距离，而被告人是分6次往返作案地点与“弃赃地点”，且搬运的是沉重的电瓶与机油。如果行为人采取此种方式毁坏财物，不仅费时费力，而且每往返作案现场与弃赃现场一次，就将多增加一次被他人发现的风险。最后，机油与电瓶等物品极易被损坏，行为人只需在库房内就可将上述物品完全毁坏，但是却舍近求远，采取事倍功半的方式。综上，通过相关客观行为可以认定犯罪嫌疑人在主观上具有“非法占有的目的”。遗憾的是，这种认定方式并没有被司法实践普遍认可。

对于主观要件，司法的惯性仍然认为犯罪嫌疑人的供述是最可靠的，以至于办案人员多将注意力集中在犯罪嫌疑人供述的及时性、稳定性方面。根据北京市部分基层检察院2012—2013年两年的存疑不起诉案件调研的分析：67%的存疑不起诉案件中，检察机关要求侦查机关进一步加

---

① 参见林钰雄：《刑法与刑诉法之交错适用》，中国人民大学出版社2009年版，第186页。

强对犯罪嫌疑人的讯问。所带来的问题是，只要犯罪嫌疑人供述稳定，则办案人员将怠于对客观行为的检验。反之，如果供述不稳定，则一概认为难以认定犯罪嫌疑人的主观罪责。

（二）对于违法阻却事由举证责任的不明

指控责任的不合理扩张还表现在对违法阻却事由的举证责任不明确、刑事推定适用困难重重。“对某些特殊犯罪，对个别要件事实，主要涉及主观要件的明知、目的，在证明上特别困难……可以作为例外由司法解释设立推定规范。即要求嫌疑人提供证明，如果未能提供，可以推定其具备要件事实。”① 例如，在毒品犯罪、隐瞒掩饰犯罪所得罪中，犯罪嫌疑人常常进行“幽灵辩解”，即辩解自己持有的违禁品或赃物是被他人放置在身上（边）的，自己没有主观认知。对于这种情况，在《全国部分法院审理毒品犯罪案件工作座谈会纪要》中规定了10种推定行为人主观明知的情形，并特别指出在特定情形下，犯罪嫌疑人不能作出合理解释的，可以认定其“明知”是毒品。当然，有证据证明犯罪嫌疑人确属被蒙骗的除外。这种表述方式实际上就是要求行为人对其辩解履行一定提出证据的责任。然而在司法实践中，很多司法人员认为“有证据证明被蒙骗”的举证责任完全应当由控方承担，以至于部分毒品案件难以认定犯罪嫌疑人的主观罪责。

二、严格控制无罪率，导致对公诉风险的不当夸大

从诉讼规律来看，“无罪推定”是法治国家的一项诉讼原则，刑事案件在法院审理阶段有可能因为证据、法律变化以及相关刑事政策问题而出现无罪的结论，这也是法院运用无罪推定原则和证据裁判准则等居中裁判的当然结果，否则，如果检察机关的指控完全被法院认可，那么法院的审查、裁判作用也就无从显现，因此，无罪判决的存在应当是必然和当然的。但检察机关将法院无罪判决作为检察业务考评指标，并在评分办法中作为减分项，实质上是把无罪判决划入“刑事错案”而对检察院和检察官进行考评，表达出检察院对无罪判决的消极态度。在各种工作报告中，检察机关也乐于提及降低了多少无罪判决率、减少了多少无

① 周光权:《刑法客观主义与方法论》,法律出版社2013年版,第207页。

罪判决，将消灭无罪判决作为检察机关的一项重大工作业绩来看待。

如学者对全国多个检察机关业务考评指标的考察发现，多数检察院对无罪判决采取了绝不容忍的态度，即与其他指标相比，对无罪判决扣分最高。在审查批准逮捕和审查起诉工作中，N区人民检察院、T市人民检察院每人减10分，C市人民检察院每人扣20分，S市人民检察院对无罪判决经评查确有错误的扣30分，B市人民检察院每出现0.01%减10分。扣分如此之高，表明了这些检察院对法院无罪判决的恐惧。再如，T市人民检察院规定："考评年度内出现终审无罪判决案件的一、二审单位，均不能进入考评第一档次。"由此可以推断，基层检察机关一旦出现了无罪判决的案件，对于总体的考评分数影响非常大，即使其他工作得分很高，在评比中也会因为有无罪判决而落后。[①]

表2-6　无罪案件考核情况表

省(市、自治区)	考评内容	考评指标	评分方法
N区人民检察院	审查起诉	出现无罪案件	每人减10分
S市人民检察院	审查起诉	无罪判决经评查确有错误的	每一件扣30分
T市人民检察院	审查批准逮捕	全年未出现捕后撤案、不起诉、判无罪案件的	加5分
		一审判决无罪的案件数	每人减10分，经抗诉改判有罪的除外
	审查起诉	公诉案件无罪判决数	考评年度内出现终审无罪判决案件的一、二审单位，均不能进入考评第一档次。公诉案件无罪判决每人减6分，二审、再审程序有罪改无罪的，一审办案单位每人减2分，二审办案单位每人减6分

① 参见张保生、张晃榕：《检察业务考评与错案责任追究机制的完善》，《中国刑事法杂志》2014年第4期。

续表 2－6

省(市、自治区)	考评内容	考评指标	评分方法
C 市人民检察院	审查批准逮捕	全年未出现捕后撤案、存疑不起诉、绝对不起诉、判无罪案件的	加 2 分
	审查起诉	生效的无罪判决案件	出现 1 人减 20 分
		因未执行上级院批复，出现无罪判决	1 人再减 5 分
B 市人民检察院	审查批准逮捕	逮捕后撤销案件、不起诉、判决无罪的案件和不逮捕经复核改捕后被判处有期徒刑以上刑罚的案件，占同期审结审查逮捕案件的总人数的比率	每出现 0.01%，减 10 分
	审查起诉	法院无罪判决数	经 B 市检察机关案件质量考核为 C 类案件的，每出现一人减 2 分
			经 B 市检察机关案件质量考核为 D 类案件的，每出现一人减 4 分
X 区人民检察院	审查批准逮捕	批准或决定逮捕后法院判决无罪率	每个百分点计－1 分
	审查起诉	起诉后法院判决无罪率	每个百分点计－1 分
		命案法院判决无罪的	每人扣 1 分
D 省人民检察院	审查批准逮捕	批准逮捕后法院判决无罪率	每个百分点减 1 分
	审查起诉	起诉后法院判决无罪率	每个百分点减 1 分

这种对无罪判决率的控制，对检察院依法独立行使检察权是一种无形的损害。一方面，由于害怕无罪判决，导致一些检察人员不认真进行案件事实调查，而是与法院事先沟通，待法院作出有罪“暗示”后才正式起诉至法院，以此来降低或杜绝无罪判决率；另一方面，在审查起诉

阶段，检察机关对公诉标准尤其是公诉证明标准的把握，更加向判决有罪的证明标准靠拢，对有可能出现的证人翻证、被告人翻供等证据变化风险，不是及时采取补充侦查措施进行补强，而是强调在这种情形下，法院有可能判无罪，以存在公诉风险为由拒绝起诉。

第四节　消极公诉理念的成因分析

公诉权的运行并不单单是法律适用的过程，还是检察官为适应组织内部、外部环境而不断调适的过程。正如日本学者棚濑孝雄所言：“只要同时存在权力和裁量，审判也同其他政策决定机关一样，不得不卷入各种利害关系错综复杂的对立漩涡之中。”消极公诉的理念形成也是与公诉机关内部、外部各种控制因素的并行密不可分。

一、提起公诉标准与证明有罪标准的趋同化，引导侦查能力缺陷，导致大量疑案被终结在公诉阶段

刑事诉讼法对于提起公诉的条件表述为“检察机关认为事实清楚，证据确实、充分的”，这一表述方式与法院作出有罪判决的条件几乎完全一致。对于何为“事实清楚”“证据确实、充分”，检察机关由于处于诉讼的中间阶段，受诉讼角色以及收集证据能力的限制，使其可能无法做到像法院审理阶段那样的认证和采信证据，但《刑事诉讼法》在条文表述上又赋予其与法院阶段一样的证明责任。提起公诉标准与证明有罪标准的趋同、检察机关对于无罪判决的排斥，都导致了检察机关在提起公诉时往往以证明有罪的标准来要求自己，这也是退补率一直攀升的主要原因。检察机关提升了对案件证据的把握标准，会反过来要求侦查机关提供相应确实、充分的证据来维系这一标准。应该说，这种严把公诉证据标准的做法，对于保障被告人人权、防止冤错案件是非常必要的，但由于引导侦查能力的欠缺，使这种“高大上”的目标往往无法实现。也就是说，检察机关提高了自己的指控门槛，又缺乏把案件锻造得更加掷

地有声的能力和途径，导致这些案件无法通过指控门槛，而被终结在公诉阶段。

侦查机关对于案件的推进具有主导性作用，不仅是由于强大的侦查权所决定的，更是由于缺少必要的控制所导致的。在审查起诉环节中，检察机关的绝大部分工作精力都集中在对卷宗证据的审查中。这种工作模式难以实现对于言词证据的“面对面”审查。应当说，在愈发注重人权保障理念的今天，检察机关也愈加重视对侦查行为的监督，力求破解监督难题。在司法实践中，检察机关开出的“药方”主要有：强化承办人对案件的亲历性，不仅要注重“在卷证据”，更要重视“在案证据”；加大公诉引导侦查的取证力度以及建立、完善与侦查机关的联席会议制度，加强沟通协调。这些措施在一定程度上可以缓解侦查权过于膨胀的现实困境，但是还难以从根本上转变“侦查独大”的诉讼格局，甚至有些措施很可能再次强化本已十分强大的侦诉权力。例如，虽然联席会议、提前介入侦查等制度在一定程度上能够使检警就侦查取证、法律适用等问题形成一定共识，但是却很容易进一步在事实上强化“超检警一体式”的诉讼格局。

另一方面，公诉人对证据的审查核实，往往不仅是对卷宗材料的审查，还需要经验阅历的支持与时间成本的付出。根据上述对北京市人民检察院公诉部门工作人员的统计，全市 16 个区县基层院公诉部门干警平均公诉年限为 5.92 年，考虑到这其中包括处长、内勤以及并不主要承担办案任务的人员，实际承担大部分案件办理的公诉人的公诉年限更为有限。这些年轻的公诉人，绝大多数都是从法学院毕业后直接进入公诉岗位的。不可否认，他们中的绝大多数人，法学知识丰富，理论功底较为扎实，富有朝气、活力与激情，但却缺少生活的历练和对生命的感悟，也缺乏其他学科的基本常识。造成检察专业人才队伍过于年轻化的原因主要在于公诉、侦查监督等刑事检察部门承担的业务工作繁重、风险较高，但待遇较低，难以留住人才。此外，检察业务部门能够提供的相关职位有限，为使优秀的业务干部能够晋职晋级，而不得已将其任命到其他岗位。应当说，我们进行司法改革的基础在于人，若没有成熟而专业的人才储备，一切改革都难以达到预期效果，也难以真正改变现有的以侦查为中心的诉讼格局。

二、各类不合理考核指标制约了追诉犯罪职能的有效发挥

2005 年前，检察院内部考核主要是对行政干部的考核，考核的结果也是为了评奖评优。2005 年后，考核指标的设定开始转向检察业务考评，如 2005 年最高人民检察院公诉厅出台《检察机关办理公诉案件考评办法（试行）》，明确将起诉率作为一项考核指标，2010 年最高人民检察院又先后出台《考核评价各省、自治区、直辖市检察业务工作实施意见（试行）》及相关计分细则，标志着检察业务考评开始形成制度。虽然最高人民检察院在制定考评指标体系时力求体现检察业务的规律，但根据学者的研究，这种计分式的考核方式存在考评原则冲突、考核目的错位等问题。[①] 例如，对不起诉问题的考核上，对于基层检察机关的错诉、错不诉，都要扣分，而且对错误原因没有区分是事实认定错误还是法律适用错误，“从诉讼认识规律看，案件事实及其法律性质是可以认识的，但诉讼认识运动的困难性和复杂性决定了不可能永远不犯认识错误。无法保证每一个案件都不被误认，认识错误的不可避免性决定了错案发生的不可避免性。”[②] 公诉机关所处诉讼阶段的中间性，决定了其掌握的证据具有阶段性，相对于后续的法庭以及对应的辩方有信息不对称的可能，因此检察官在审查起诉时出现错误是不可避免的。不仅检察机关内部存在这种考核指标，侦查机关也同样存在考核。在侦查、预审合一的体制下，侦查机关倾向于将案件侦破作为对侦查人员奖惩的评价标准，而起诉率并非考核的重点，由此导致侦查人员“重破案，轻补查”的倾向，为了追求破案数而将侦查工作的重点放在案件的初查上，对于退回补充侦查以及补充侦查不力可能带来的诉讼后果不甚重视，这也造成了案件多次退回补充侦查仍无法补强证据，证据体系无法形成而导致最终不起诉。

2015 年 1 月召开的中央政法工作会中要求中央政法各单位和各地政法机关当年对各类执法司法考核指标进行全面清理，取消刑事拘留数、

---

① 参见张保生、张晃榕：《检察业务考评与错案责任追究机制的完善》，《中国刑事法杂志》2014 年第 4 期。

② 参见崔敏、王乐龙：《刑事错案概念的深层次分析》，《法治研究》2009 年第 1 期。

批捕率、起诉率、有罪判决率、结案率等不合理的考核项目。可以说，这是从最高层面首次正视考核指标对司法权妥当行使带来的负面作用。在此之前，各地、各司法机关均是唯考核指标马首是瞻，以考核指标为指挥棒，司法工作的重心不是如何实现公正司法，而是如何满足考核的要求，如何得分高、如何排名靠前。以检察系统的案件质量考核为例，虽然最高人民检察院已经在2008年取消了对各省级检察机关的案件质量考核，但是每年会以内参的形式向各省通报各地办理案件情况，并根据各个项目的不同对各省分别排序。这种大排名的做法也导致了各省加紧对下辖基层检察机关的考评，通过层层分包的形式来实现公诉质量各种数字指标的“好看”，以保证本省不出现在案件质量不高队伍的前几名。这种唯业务考评指标的办案方式，甚至对错捕和错不捕、错诉和错不诉一概赋予负分值的做法，反映出检察工作对客观规律的认识存在偏差，在实践中也带来了非常大的负面作用。如严格控制不起诉率，导致大量没有起诉必要的案件被起诉至法院；严格消灭无罪判决率，导致很多起诉到法院的疑罪被以撤回起诉的方式变相处理，更多的疑罪直接被终止在审查起诉阶段，缺乏对被害人利益的考量。

三、错案追究制度的达摩克利斯之剑效应

随着公众对司法公正呼声的日益强烈，新闻媒体将越来越多的刑事错案细节加以展现，如近来曝光的“念斌案”“呼格吉勒图案”等，这种哀及同类效应，引发了公众对现行司法体系的质疑声音。作为回应，时任最高人民法院院长王胜俊在2011年提出，要在2012年全国法院系统建立健全执法过错责任追究制度。可以说，错案追究制度是为了增强司法人员责任心、防范冤错案件发生而外化于形的一项属人规则。中共十八届四中全会更是提出：“明确各类司法人员工作职责、工作流程、工作标准，实行办案质量终身负责制和错案责任倒查问责制，确保案件处理经得起法律和历史检验。”

由于错案的界定往往是以结果论，判决结果被否定，并不一定代表判决的过程也存在严重瑕疵，更不能得出办案人员一定有过错行为的结论。如在一件刑事法官因未重视被告人无罪辩解、采信了非法证据

最终导致被告人被无罪羁押的案件中，该案的主审法官被认定犯玩忽职守被判处五年徒刑。[①] 该判决的寒蝉效应，使各位刑事司法人员在面对可能的错案时都战战兢兢、如履薄冰。何家弘教授认为在任何一个国家的刑事司法系统中，错案都是不可能完全避免的。这是“因为案件事实对于司法人员来说都是无法亲历、无法直接感知的发生在过去的事件”，司法人员“只能通过有限甚至短缺的证据去认识案件事实”，“不仅恶劣的侦查人员和司法人员会办错案，优秀的侦查人员和司法人员也会办错案”。[②] 德国研究刑事错案的著名学者卡尔·彼得斯教授把再审法官对原判决的认识分为五个层次：(1) 原审判决肯定是错误的；(2) 原审判决很可能是错误的； (3) 原审判决不能被充分的证明；(4) 原审判决有可能是正确的；(5) 原审判决有较大可能是正确的。[③] 有学者研究表明，刑事错案产生的主要因素在于证据因素与主体因素，而主体因素又与证据因素相关。[④]

错案的不可避免性以及司法主体对证据采信的主观性，都导致司法主体对于自己是否在制造错案而惶惶不安，唯恐案子办错（对公诉人而言，就是唯恐出现无罪判决），影响自己的升职、考评、工资、奖金等切身利益。出于理性的经济人的考虑，司法人员，尤其是负有指控职责的检察官们在一开始就要把自己的职业风险控制到最低，对于有可能判决无罪的案件，一概不诉即可。这种大而化小的简单处理方式，虽然能够避免对犯罪嫌疑人的错误追究，但也存在轻纵犯罪的可能。正如美国大法官沃伦所称，最可怕的自由裁量权莫过于“普遍的可以不做任何事情的权力”，这些行为可包括轻易地作出不启动程序、不提起公诉、不磋商等行为[⑤]。这种动辄存疑不起诉的做法，就是公诉权的消极滥用。

---

① 详见王某荣玩忽职守案，(2011) 舞刑初字第160号判决书。

② 参见何家弘、何然：《刑事错案中的证据问题——实证研究与经济分析》，《政法论坛》2008年第2期。

③ 参见何家弘：《认定错判无须铁证》，《检察日报》2011年7月21日第3版。

④ 参见刘品新：《刑事错案的原因与对策》，中国法制出版社2009年版，第224页。所谓主体因素，是指包括忽视无罪证据、侦查机关不当行为、审判机关不当行为、一审辩护缺陷、鉴定缺陷、法律定性和适用缺陷。所谓证据因素，包括虚假证人证言、被害人虚假陈述、被告人虚假口供和鉴定结论错误。

⑤ ［美］肯尼斯·沃伦：《政治体制中的行政法》，王从虎等译，中国人民大学出版社2005年版，第241页。

第三章　公诉观的冲突：积极/消极公诉还是客观公正

第一节　客观公正的含义和趋势

检察官在刑事诉讼中的地位与角色一直是刑事诉讼制度中的热点问题。检察官制度的形成乃是大陆法系法律改革的产物，其被创设的目的有三：一是废除当时的纠问式诉讼，改采控诉新制；二是以一受严格法律训练及法律拘束之公正客观的官署，控制警察活动的合法性，摆脱警察国家的梦魇；三是作为法律的守护人，使客观的法意旨贯通整个刑事诉讼程序。[1]

其中，第一个目的在于强化检察官的当事人地位。考虑到检察制度创设的目的，其用意在于透过审检制衡而得以监督法官的裁判，[2] 而非从当事人的角度考虑控辩平等。从这三个目的看，检察官最初的出现并非是作为诉讼当事人与被告人对抗，而是由于其法律守护人的角色，可以协助被告人与侦查、审判部门相抗衡，从而维护法律的统一适用。因此，在与大陆法系一脉相承的其他国家或地区，检察官一般都负有客观公正义务。而法律守护者一直以来都是我国检察机关所努力塑造的形象，更是宪法赋予的“法律监督者”地位的应有之义，“建立更公正且被民众信赖之司法”[3]，是实现法治中国的必然选择。检察官需要超越其控诉人角

---

① 参见林钰雄:《刑事诉讼法》,中国人民大学出版社 2005 年版,第 108 页。

② 同上书,第 218 页。

③ 林则奘:《台湾地区检察官制度面临的几个问题》,《国家检察官学院学报》2008 年第 1 期。

色，客观公正地履行法律监督的职责。如，同样重视搜集证据对犯罪嫌疑人有利与不利方面；对犯罪嫌疑人、被告人予以诉讼关照，必要的时候甚至为被告人利益提起抗诉；等等。检察官客观义务概念和相关制度源于德国法，与德国刑事诉讼的职权主义构造以及检察官作为法律守护人的制度定位相关。但客观义务观念与制度在德国刑事司法制度的现代发展过程中正受到挑战。[①] 无论是大陆法系还是英美法系，检察官的客观义务近年来都开始趋同，如在国际公约与文件中，大致都规定了检察官的客观义务，由此客观义务在刑事司法领域的影响日渐明显。第一，《关于检察官作用的准则》第12条、第13条和第14条明确规定了检察官的公正品性与客观义务，这些条款要求检察官："应始终一贯迅速而公平的依法行事，应不偏不倚的履行其职能，保护公众利益，按照客观标准行事，适当地考虑犯罪嫌疑人与受害人的立场，并注意到一切有关的情况，无论是对犯罪嫌疑人有利或者不利；如若一项不偏不倚的调查表明起诉缺乏证据，检察官不应提出或继续控告，或应竭力阻止诉讼程序。"[②] 第二，《国际刑事法院罗马规约》第54条和第81条也规定了检察官的客观义务。第54条规定，检察官进行调查时，应同等地调查证明有罪与无罪的情节。第81条规定，检察官可以代表被定罪人的利益提起上诉。第三，《关于"检察官在刑事司法中的角色"的建议》规定，检察官在庭审程序中必须保持客观与公正，特别是要确保提供给法庭所有的相关的事实与观点以实现司法公正，在履行职务过程中检察官应当公正地、无偏私地、客观地行事。第四，《欧洲人权公约》也规定检察官应当尽力确保法律平等的适用，应当注意到所有对被追诉人产生影响的事实，无论这些事实是对被告人有利还是不利，当公正的侦查表明指控缺乏依据时，检察官不应提起指控或者终止诉讼；检察官使用有合理根据认为是违法取得的证据指控被追诉人，在对有关的证据有疑问时，应当请求法院对证据的合理性进行裁决，检察官应当尽力实现武器平等原则，特别是法律规定了证据开示制度的国家，应当开示自己持有的可能影响程序公正的所有的信息。[③] 第五，《检控人员专业责任守则和主要职责及权利的声

---

① 参见龙宗智:《检察官客观义务论在德国受到挑战》,《检察日报》2014年11月18日第3版。

② 张忠斌、郭园园、赵慧、熊永明、黄勇:《刑事诉讼价值取向》,武汉大学出版社2005年版,第227页。

③ 参见程雷:《检察官的客观义务比较研究》,《国家检察官学院学报》2005年第4期。

明》规定，检察官应当不偏不倚地执行职能，不受个人或界别的利益及公众或媒介的压力所影响，只着眼于公众利益，对所有有关的情况都予考虑，无论该等情况对受疑人是有利或不利，永远力求真相和协助法庭找出真相，并根据法例和公正不阿的原则，务求在社会、受害者与受疑人之间，秉公行义。

我国《刑事诉讼法》也规定了检察机关“依法对刑事诉讼实行法律监督”，由此决定了检察官不仅是单纯的控方，而且是秉持客观立场的法律监督者。要求检察官在刑事诉讼中要以事实为依据进行证据收集，不仅要注意对控方证据的收集，而且要注意对辩方证据的收集；起诉时既要考虑犯罪嫌疑人的情况，也要考虑被害人的情况；对判决结果的审查不仅要看是否罚当其罪，对畸轻畸重的判决都要依法行使抗诉权。正如萨维尼所言：“检察官承担着法律守护人的光荣使命，既要追诉犯罪，又要保护受压迫者，要援助一切受国家法律保护的人民。”①

第二节　积极公诉观与客观公正义务的冲突

刑事诉讼程序有惩罚犯罪、保障人权的双重目的。基于此，作为垄断国家公诉权的检察机关，其在行使公诉权时也理应考虑上述两重目的，不因单纯根据自己控方地位片面追求惩罚犯罪的目的，而忽视了对犯罪嫌疑人、被告人以及被害人权益的保护。其中怠于行使公诉裁量权，将可以酌定不诉的案件强行起诉至法院，就是一种简单粗暴的处理公诉权的方式，表面上虽然也是惩罚了犯罪，但并未依照最有利于纠纷解决的方式来处理，长远来看，更是对司法资源的浪费——对轻微犯罪的提起公诉后还需要审判、判决有罪后还需要羁押，这些诉讼资源的使用与公诉权行使的简便性逆向而动。

① 林钰雄:《检察官在诉讼法上之任务与义务》,《法令月刊》1998 年第 49 卷。

一、客观公正义务不仅适用于指控犯罪的场合，而且是检察机关在整个审前程序都应当秉持的立场

检察机关的主要职责是对法律的实施情况进行监督，在刑事诉讼中的主要任务是指控犯罪、保障人权，但这并不意味着检察机关将指控犯罪作为唯一职责，成为单纯的控诉方，而是要作为法律的守护者，审慎地看待侦查机关提取的指控请求，并合理地听取和采纳辩方提出的相应意见。在审前阶段，尽量客观中立地听取侦、辩双方的意见，并围绕案件事实和证据进行充分的审查和判断，从而得出居中不偏的结论。无论是否提起公诉，都要考虑公共利益、被告人、被害人及相关诉讼当事人的权益，使指控能符合对利益的最大限度保护。甚至当指控犯罪有可能带来更大的坏处时，能够平衡利益，采取非诉的方式来解决争端。如针对未成年人犯罪问题，要充分考虑未成年人改造的可能性，如果采取（附条件）不起诉的方式就能实现对其的教育、矫治目的，就不可单纯地要求对其适用刑罚，这是检察官客观公正义务在审前阶段的必然要求。

二、公诉裁量权是检察官的客观公正义务在审前阶段的重要体现

公诉裁量权是各国检察官自由裁量权的一项重要内容，正确行使这项权力不仅可以避免将无罪的人或不需要判处刑罚的人交付审判，而且也可以避免将事实不清、证据不足的案件交付审判，既可保障人权，又可减少讼累、节约司法资源。我国目前实行的是以起诉法定主义为主、起诉便宜主义为辅的刑事起诉制度，赋予了检察官一定的公诉裁量权，如相对不起诉、撤回起诉的行使以及实践中退回公安机关处理等多种手段的运用。检察机关享有公诉裁量权，不仅合法，而且是检察机关贯彻刑事政策的必要手段。检察机关要根据社会治安形势和犯罪分子的不同情况，在依法履行法律监督职能中实行区别对待，注重宽与严的有机统一，该严则严，当宽则宽，宽严互补，宽严有度，对严重犯罪依法从严

打击，对轻微犯罪依法从宽处理，对严重犯罪中的从宽情节和轻微犯罪中的从严情节也要依法分别予以宽严体现，对犯罪的实体处理和适用诉讼程序都要体现宽严相济的精神。其中不起诉权以及从宽量刑建议更是被最高人民检察院明确作为贯彻宽严相济刑事政策的重要手段，[①] 不但在轻微刑事案件中要充分运用，即使属于“严打”范围的严重刑事案件中，也要区分罪行轻重、认罪悔罪态度、打击必要性等，予以区别对待。[②] 在这种宽严相济的基本刑事政策之外，还存在一些世界性的刑事司法政策，如非犯罪化和轻刑化的刑事政策、刑罚个别化的刑事政策等，对于这些刑事政策，检察机关也在妥当运用公诉裁量权予以回应。如在有直接被害人的刑事案件中，充分尊重当事人双方意见的刑事和解制度，以及在经济案件中尽量缩小刑罚的打击范围等。

三、积极公诉观与审前阶段的检察机关客观公正义务相冲突

随着我国刑事司法制度的变革，尤其是近年来司法制度及刑事诉讼制度的改革，刑事司法机制发生了重要变化，构罪即诉的积极公诉观愈发与客观中立的检察官义务相冲突。

---

① 2006 年《最高人民检察院关于在检察工作中贯彻宽严相济刑事司法政策的若干意见》第 8 条规定：“正确把握起诉和不起诉条件，依法适用不起诉。在审查起诉工作中，严格依法掌握起诉条件，充分考虑起诉的必要性，可诉可不诉的不诉。对于初犯、从犯、预备犯、中止犯、防卫过当、避险过当、未成年人犯罪、老年人犯罪以及亲友、邻里、同学同事等纠纷引发的案件，符合不起诉条件的，可以依法适用不起诉，并可以根据案件的不同情况，对被不起诉人予以训诫或者责令具结悔过、赔礼道歉、赔偿损失。确需提起公诉的，可以依法向人民法院提出从宽处理、适用缓刑等量刑方面的意见。”第 13 条规定：“对轻微犯罪中的初犯、偶犯依法从宽处理。对于初次实施轻微犯罪、主观恶性小的犯罪嫌疑人，特别是对因生活无着偶然发生的盗窃等轻微犯罪，犯罪嫌疑人人身危险性不大的，一般可以不予逮捕；符合法定条件的，可以依法不起诉。确需提起公诉的，可以依法向人民法院提出从宽处理的意见。”

② 2016 年《最高人民检察院关于在检察工作中贯彻宽严相济刑事司法政策的若干意见》第 14 条规定：“正确处理群体性事件中的犯罪案件。处理群体性事件中的犯罪案件，应当坚持惩治少数，争取、团结、教育大多数的原则。对极少数插手群体性事件，策划、组织、指挥闹事的严重犯罪分子以及进行打砸抢等犯罪活动的首要分子或者骨干分子，要依法严厉打击。对一般参与者，要慎重适用强制措施和提起公诉；确需提起公诉的，可以依法向人民法院提出从宽处理的意见。”

（一）程序提速与起诉便宜原则的冲突

中共十八届四中全会提出要完善刑事诉讼中认罪认罚案件从宽制度，全国人大也首次以授权的方式，开创司法领域进行试验性立法的先河。最高人民法院、最高人民检察院根据全国人大的授权，在上海等多地开展轻罪速裁程序试点。速裁程序是比简易程序更为简便快捷的诉讼程序，中共十八届四中全会的改革意见设立初衷也是为了进一步优化司法资源配置，提高办案质量与效率，将诉讼资源集中在被告人不认罪的普通程序案件中，对认罪的轻案则重点解决量刑争议即可，类似于德国的处罚令程序。速裁程序的设立，是为了保障被告人得到及时审判、从轻量刑的权益，但整个制度设计还是倾向于提起公诉，并未将刑事诉讼做统一看待，只是将诉讼资源的节约聚焦在庭审资源上，忽视了对轻罪起诉、审判后带来的一系列社会问题，如羁押成本、交叉传染、被告人回归社会困难等。对速裁程序的探索应当建立在整个诉讼制度的优化配置上，建立在检察机关的客观公正义务上。对于没有起诉必要的案件，不能因为速裁程序更为简便而放弃不起诉裁量权的行使，更不能放任积极公诉观以程序提速的名义变得更为彰显。

（二）诉讼效率与诉讼效果的冲突

实践中，检察官办案“案多人少”的矛盾一直较为突出，检察官在履行公诉职责的同时，强调其客观公正的立场。一方面，要求检察官全面收集案件证据，重视收集对被指控人有利的各类证据，这都要耗费大量的时间精力，影响诉讼效率。另一方面，应鼓励检察官合理利用不起诉制度的相关规定，使更多的犯罪嫌疑人尽早地从刑事诉讼中解脱出来，但实务中对不起诉决定的作出有严格的程序限制，一般都要层层审批，向检察委员会汇报后由检察委员会决定。这增加了检察官的工作负担，致使诸多检察官选择能起诉的就尽量起诉，而非能不起诉就尽量不起诉。

（三）起诉裁量权行使与替代措施的冲突

虽然很多场合检察机关也倾向于运用起诉裁量，但由于起诉裁量的有效性不足，缺乏相关的起诉替代措施，使不起诉有轻纵犯罪人、不利于被害人保护的风险。一旦作出不起诉决定，对犯罪嫌疑人的追诉就此终止。但由于犯罪行为侵害的被害人权益仍处于受损状态，如何将受损权益得以恢复，是检察官运用不起诉权时着重应当考量的问题。如果作出不起诉后，有相应的刑罚替代措施，使被害人的利益得以保障，如得到相应赔偿或接受被告人的道歉，则不起诉的有效性就越强；反之，则越弱。《刑事诉讼法》规定，对不起诉人可以根据案件不同情况，予以训诫、责令具结悔过、赔礼道歉、赔偿损失，并可建议相关机关给予行政处罚或行政处分。上述不起诉替代措施手段有限，强制性和惩戒性不足，而且适用起来并不充分，不能平衡不起诉与被害人利益之间冲突，容易激发矛盾，引发社会不满，从而给承办人和检察机关带来麻烦。在强调"案结事了"的大背景下，检察官会对这种可能的缠诉、上访行为心有余悸，而在最初的决定阶段就尽量避免出现类似的麻烦。因此，刑罚替代措施阙如，也是检察官不愿充分行使裁量权的重要原因。

第三节　消极公诉观与客观公正义务的冲突

在各种考核压力、各种错案追究责任的笼罩下，公诉人会进行理性人的选择——对疑难复杂的案件动辄存疑不起诉或者撤回起诉，以此来规避有可能出现的错案责任。但"澄清犯罪事实真相、追诉犯人并保护无辜，是国家最为基本的任务与义务"①。检察机关过于强调无罪判决的压力，从而消极行使控诉权，也是对客观公正义务的不担当、不作为。消极公诉观的不当扩张将导致追诉职能过于弱化，不利于社会公平正义的维护。

一、刑事诉讼中对人权的保护是双方面的，不能因噎废食、顾此失彼

当下刑事诉讼立法与学术研究更多的是关注对刑事被告人权益的保护，而作为国家公诉行为的被代理者——被害人的地位角色关注不够、对其权益保护不多。如，平等武装原则强调的是控方与辩方地位的平等、

① 林钰雄：《严格证明与刑事证据》，法律出版社 2008 年版，第 181 页。

权利的对等，基于此，《刑事诉讼法》赋予了辩方取证、提出意见、申请刑事和解等程序性权利，作为利害相对方——被害人的权益被忽视，甚至在对案件进行终局性处理时，也常常排斥被害人的追诉请求，对其予以屏蔽。如对证据不足拟作存疑不起诉的案件，就没有征求被害人意见的步骤，而且在大量的被害人死亡案件中，这种单方面的存疑不起诉只是建立在检察机关对在案证据的把握上，缺乏当事人的立场和追诉需求，也就忽视了对被害人利益的保护。

二、客观公正义务在审前阶段表现为对公诉证明标准的坚守

公诉机关在审前阶段的主要作用就是对侦查机关申请的指控内容进行周密审查，通过侦查指导的功能，不断地强化证明体系，使控诉职责得以充分发挥。强化侦查指导功能的目的在于丰富、完善指控犯罪所需的证据体系，确保检察官在指控犯罪过程中具备足够的证据支持，而指控证据标准与有罪判决的标准不宜简单等同，否则不利于案件事实的逐步审查。

第四节　解决方案：公诉标准的合理框定

案件应否提起公诉，虽然《刑事诉讼法》明确规定了提起公诉的条件为“证据确实、充分”，但这一规定仅是公诉证据标准。一方面，公诉证据标准是否应当等同于审判证据标准，学术界虽然有不同看法，但司法实践中唯判决结果是瞻的公诉导向，将公诉证明标准抬高到判决有罪的证明标准程度，并不妥当。另一方面，对达到公诉证据标准的案件是否一概应予起诉，又涉及公诉裁量权的问题。实践中，对公诉裁量范围限定过窄、公诉标准（诉格）过低，造成了大量轻微刑事案件流入审判程序，诉讼资源未能妥善利用、社会纠纷未能妥当平复。

如何把握公诉标准，恰当地限定流入刑事审判程序的案件，是检察

机关公诉权行使的一个重要方面，而这又与公诉人的立场、角色定位有着直接关联。立足于指控犯罪的公诉人，不可避免地存在积极公诉的倾向，而客观公正义务又要求公诉人把握追诉犯罪与保障人权之间的关系，防止滥诉和不作为，因此公诉标准又应有不同的含义。

一、公诉标准，事关公诉权能的正确履行，事关刑事诉讼的正常流转，事关社会生活的正常运行

诉还是不诉，既是一个法律问题，又是一个刑事政策、司法理念、诉讼制度能否妥当运行的问题。我国刑事诉讼法中并没有关于公诉标准的直接规定。刑事诉讼法对公诉标准的规定较为分散，缺乏体系，由此带来的问题也不容忽视。如上所述，司法实践中较为突出的过度追诉的积极公诉观，在制造了大量轻刑案件（包括定罪免刑、缓刑、拘役、管制以及三年以下有期徒刑）的同时，也在为冤错案件的产生推波助澜。因此，公诉标准问题事关公诉权的妥当行使，事关刑罚权的妥当运用，在当今社会背景下，更是关乎法治社会构建、诉讼模式改革的一个核心问题。另一方面，检察机关掌握着国家公诉权，负责输送进入法庭审判的刑事案件，其所把握的公诉尺度也不应过分保守，更不宜以有罪判决所要求的证明标准衡量提起公诉时的证据，以免因公诉权限制过度而对犯罪过度宽纵。一方面，公诉检察官要严格遵循相关法律法规，认真细致地审查案件证据，如果认为证据不足，则要退回补充侦查，对证据是否达到起诉标准存疑时作不起诉处理，这是做到了“勿枉”的要求；另一方面，还需要公诉检察官具备更多的勇气和担当，来实现“勿纵”目标，即不仅要积极引导侦查机关补充侦查，还要在退回补充侦查效果不佳时依法自行侦查，即使在内部意见不一、法院可能判无罪时也要勇于提起公诉。甚至对于已作出存疑不起诉决定的案件，亦应监督引导侦查机关继续工作以获取新的证据，避免存疑不起诉制度蕴含的保留继续追诉之可能被实际架空。①

---

① 参见张宁宇：《客观公正：诉与不诉的考量标准》，《检察日报》2014 年 1 月 13 日第 3 版。

二、公诉标准实践运行中的问题，倒逼公诉标准问题的研究、解决

（一）司法实践公诉标准把握不一、失衡现象非常多见

提起公诉需要达到检察机关认为事实清楚，证据确实、充分的程度，如果情节轻微、危害不大或者经过补充侦查仍然事实不清、证据不足的案件，检察机关可以作出不起诉决定。实践中，大部分案件事实是否清楚，证据是否确实、充分，是否应当追诉比较容易判断，诉与不诉的抉择也比较容易。但不可忽视也是最为体现公诉机关职责要求的是哪些证据是否达到确实、充分，是否有追诉必要并不明确、清晰的情形，对此类案件，诉与不诉之间如何考量，体现了公诉人的角色和担当，可以说公诉标准是关乎公诉质量、关乎打击犯罪与人权保护平衡点的重大问题。

正如我国台湾地区法学家林钰雄在《检察官论》中提到的那样，检察官是控制法官裁判的入口，是刑事程序进展中决定性的过滤器。虽然检察官是公诉的发起者，但胜诉并非其唯一目标，其也是兼顾犯罪嫌疑人权利与社会公共利益的法律守护人，始终应立足于客观公正立场，既要指控犯罪，又要防范无辜者被恣意追诉或定罪，不枉不纵。其中核心就是公诉权行使的“度”——公诉标准问题。公诉标准在刑事诉讼法中并没有明确的规定，实践中公诉标准的把握也存在失之过宽或过严的不同倾向。

公诉标准过宽表现在，大量的轻刑案件与过窄的相对不起诉适用并存，公诉裁量权并未得到妥当发挥，尤其是在劳教制度废除的当下，将有大量的轻微刑事案件流入刑事诉讼程序，如何把握公诉标准、对案件进行分流是关乎社会稳定、诉讼资源节约的一个重大问题；公诉标准过严表现在，将公诉的证据标准等同于刑事审判有罪判决的证据标准，忽视提起公诉的阶段性及其对刑事审判的启动功能，导致相当数量的案件不能进入诉讼程序，而是以法院有可能判无罪、诉讼风险过高为由进行非诉化处理。这两个层面都反映了公诉机关、公诉人并未真正把握公诉标准的实质，往往强调其某一方面的要素，忽略了对公诉标准的整体衡量，导致大量不合格公诉案件的产生。

（二）公诉标准的阙如，不利于防范冤错案件、减少滥诉行为

新近的冤错案件反映出在侦查、起诉、审判环节的各种问题。公诉机关作为刑事诉讼程序的中间环节，起着承上启下的关键作用，同时法律监督者的身份也决定了其在控制、减少冤错案件中的重要作用。但频频发生的案例都在反映一个问题，即公诉的闸门、过滤器作用并未充分发挥，反而是加大了冤错案件改正、纠正的难度。

同时，还要看到，大量的监狱行刑实证研究表明，对于短刑犯而言，监狱行刑对其的负面效果往往要大于正面效果，而前述全国法院刑事审判数据表明，超过五成的被告人最终只判有期徒刑以下刑罚，轻刑化非常明显，对于这种短刑犯而言，将其投入监狱，反而可能使其变得更坏。[①] 因此，对于轻微刑事案件的处理，需要公诉权的发动更加谨慎、更加克制。

三、公诉标准具有刚性和弹性的双重维度

将公诉标准分为刚性（必须遵守）和弹性（可以遵守，一般也要遵守）两个方面，是正确把握公诉标准、妥当行使公诉权的保证。刚性标准是犯罪嫌疑人被指控罪行达到刑法罪状的规定，其核心内容是提起公诉的证明标准问题，也即刑法中的犯罪构成在刑事诉讼法中的体现；弹性标准是并非满足了刑法罪状的案件都必须被提起公诉，案件还应具备公诉的必要性，强调公诉裁量权的行使应秉承重重轻轻，尊重主体选择、尊重社会关系的自行修复，并对公共利益进行衡量。

公诉标准应当是刚性标准与弹性标准的综合，在不同案件中有不同的侧重。实践中，存在问题较多的是，公诉刚性标准中被设置了过高的证明要求或者出现了迁就利益主体的倾向，对公诉证明标准与审判标准的区分争议较大。如何进行科学界定、合理划分证明标准的层次性是一个深刻的理论问题，同时也涉及公诉人的定位问题。如果公诉人须做到完全的客观公正，等同于法官，那么公诉的标准就要等同于审判标准，但这并不符合诉讼原理，也不符合刑事程序设置的目的，因此在审判标

---

① 参见吴宗宪等:《非监禁刑研究》,中国人民公安大学出版社 2003 年版,第 86—89 页。

准之外结合公诉权的属性界定公诉证明标准，是本书研究的一个重点、难点问题；另一方面，由于公诉弹性标准欠缺、不被遵守，缺乏公共利益进行衡量、不当诉而诉的现象屡见不鲜，如何正确界定公诉的裁量权，妥当行使不起诉权，是我国公诉弹性标的主要问题。刚性标准与弹性标准的结合应当根据不同的案件类型（如重罪轻罪、认罪案件与不认罪案件等）有不同的侧重。

第四章　大陆法系公诉标准考察

第一节　德国公诉标准考察

作为联邦制的大陆法系代表，德国检察系统分为三级，分别为联邦总检察院、州级总检察院和州级检察院。其中，初级法院的检察事务由州级检察院负责，联邦总检察院对各州的检察院没有领导和管理权，州级总检察院负责本辖区内所有检察院的领导和管理。联邦总检察院受联邦司法部领导，州级总检察院和州级检察院受本州司法部领导。德国检察院在刑事诉讼的不同阶段行使着不同的职能。在侦查阶段，检察院行使侦查职能，是侦查活动的主导者和监督者；在审查起诉阶段，检察院行使起诉职能，以决定是否提起公诉；在审判阶段，检察院支持公诉，并在必要时行使上诉职能，监督法院作出公正而合法的判决；在执行程序中，检察院负责以及监督生效判决的执行。起诉是检察院最重要的诉讼职能之一，而且这种职能专属于检察院。① 检察院在起诉阶段也应当遵循起诉法定原则，即当有犯罪嫌疑发生时，检察院有义务介入并在理由充足时提起公诉。起诉义务发生的前提是存在初始怀疑（Anfangsverdacht），即已经发生了可被追究的犯罪行为。② 只有存在足够的事实根据时，检察院才有权介入。但是，这种起诉义务不是绝

---

① 《德国刑事诉讼法典》第152条："（1）提起公诉权，专属检察院行使。（2）除法律另有规定外，在有足够的事实根据时，检察院负有对所有的可予追究的犯罪行为作出行动的义务。"

② 这里的"可被追究的犯罪行为"应当是指符合犯罪构成要件的、违法的和有责的行为，违反秩序和纪律的行为不在此列。

对的，《德国刑事诉讼法典》第152条规定了例外条款。在某些法定情形下，法定原则让位于与之相对的“便宜原则”，即尽管存在犯罪嫌疑，检察院仍然享有裁量权，可以决定不起诉。德国起诉原则的发展变化，也与犯罪形势息息相关，刑事诉讼法典的历次修正基本上都是为了应对日益增长的犯罪压力，“尤其是大量增加的普通刑事犯罪中，有相当一部分为轻微犯罪，特别是简单的侵犯财产的不法行为和交通肇事犯罪，这就促使政府为减轻压力而寻求对轻微犯罪的简便、迅速且费用低廉的解决方式，与此同时，严重的经济犯罪和有组织的犯罪也日益增长，为了集中力量查处重大复杂犯罪，立法机关和司法部门都尽力寻求对起诉便宜原则的运用”。①

一、德国的公诉标准

《德国刑事诉讼法典》第152条第2款规定了检察院向法院提起公诉的法定条件：“除法律另有规定外，在有足够的事实证据的情况下，检察院负有对所有可予追究的犯罪行为采取行动的义务。”即检察院所指控的必须是犯罪行为，该犯罪行为是可以被追究的，而且该犯罪行为有足够的事实证据来证明。第203条规定了进入审判程序的前提条件，即认为“被追诉人有足够的犯罪嫌疑时”（Hinreichender Tatverdacht），该标准也是检察机关提起公诉的证明标准。所谓有“足够的犯罪嫌疑”，就是极有可能被法院裁判有罪的情形。② 如果检察院依照案卷材料得出被追究人很有可能被定罪的结论，那么“足够的犯罪怀疑”就是存在的。③

（一）证据标准

关于证明标准的认定，根据德国学界的观点，分为三个层次：（1）信服标准，适用于法院的实体裁判。信服是指法官对当事人主张的案件事实

---

① 参见［德］汉斯－耶尔格·阿尔布莱希特：《刑事诉讼中的变通政策以及检察官在法庭审理开始前的作用》，载陈光中主编《诉讼法论丛》（第3卷），法律出版社1999年版，第204—207页。

② ［德］Clause Roxin：《德国刑事诉讼法》，吴丽琪译，台湾三民书局1998年版，第434页。

③ Löwe-Rosenberg, *Die Strafprozessordnung und das Gerichtsverfassungsgesetz Großkommentar*, De Gruyter Recht 2004, 25. Auflage, Band 3, § 170, Rn. 21, 23.

的完全信服。完全信服的基础是法官作出裁判时没有合理怀疑的状态。为此，当事人对主张的案件事实的证明需要达到排除合理怀疑程度，需要排除任何合理的可能性。（2）释明标准，适用于程序裁定。释明是指法官确信当事人主张的事实具有相当的可能性。该标准适用于法律明确规定的情况，主要是程序事项或主张，例如法官回避、诉讼费援助、扣押、临时处置等，释明标准比完全确信标准低，但也要求达到优势可能性的程度；既可以通过举证的方式达到，也可以通过替代宣誓的保证的方式达到。（3）表面证明标准，适用于初步的认定，具体适用因民事诉讼和刑事诉讼而异。① 其中第一层次的信服标准是法院判决有罪的证据标准，第三层次的表面证明标准适用于侦查和审查起诉阶段的证据标准，二者无论是表述还是证明要求上均不相同。

《德国刑事诉讼法典》第 152 条第 2 款规定："除法律另有规定外，在有足够的事实根据时，检察官负有对所有的可予以追究的犯罪行为作出行动的义务。"② 这一条在确定"起诉法定原则"的同时，也明确了起诉必须达到"足够的事实根据"的证据标准。德国学者认为这里的"有足够的事实根据"，也就是"有充分的犯罪嫌疑"，指极有可能被法院判决有罪。③"没有足够的犯罪嫌疑"是指，基于法律或者事实的原因，不存在犯罪的可能性，或者不可确定行为人有罪。没有足够的犯罪嫌疑主要包括以下情况：侦查活动所针对的行为依照法律不构成犯罪；即使存在犯罪行为的可能性，通过法定手段也不大可能证明的；由于存在正当化、免责或免予处罚的理由，只能对被追究人作出无罪判决；启动公诉程序的其他条件不存在。④

《德国刑事诉讼法典》第 203 条关于中间程序的规定也再次明确了检察官提起公诉的证明标准，即"根据侦查程序结果认为被诉人有足够的犯罪行为嫌疑时，法院裁定开始审判程序"⑤。德国学者认为上述条款中的足够的犯罪行为嫌疑与足够的提起公诉理由，两个概念的意思是一致

① 参见何家弘主编:《外国证据法》,法律出版社 2003 年版,第 436 页。

② 李昌珂译:《德国刑事诉讼法典》,中国政法大学出版社 1995 年版,第 72 页。

③ 参见孙长永:《提起公诉的证据标准及其司法审查比较研究》,《中国法学》2001 年第 4 期。

④ Löwe-Rosenberg, *Die Strafprozessordnung und das Gerichtsverfassungsgesetz Großkommentar*, De Gruyter Recht 2004, 25. Auflage, Band 3, § 170, Rn. 31.

⑤ 李昌珂译:《德国刑事诉讼法典》,中国政法大学出版社 1995 年版,第 89 页。

的，判例和法律学说认为，如果根据现有的认知，从非常专业的角度来看，获得无罪判决的可能性非常大，那么就应该认为存在足够的犯罪行为嫌疑，检察官在进行所有必要的侦查后，面临是否提起公诉的问题，在回答这个问题时，他应对审判结果进行预测。[①] 如果在侦查结束后缺乏获得有罪判决的很高的可能性，或者在侦查程序中就得出无法获得有罪判决的结论，就应当根据《德国刑事诉讼法典》第 170 条第 2 款，以缺乏足够的行为嫌疑为由终止程序。

而根据《德国刑事诉讼法典》的规定，有罪判决的标准则是内心确信，第 261 条规定："对证据调查的结果，由法庭根据它在审理的全过程中建立起来的内心确信而决定。"[②]

（二）公共利益标准

《德国刑事诉讼法典》第 153 条第 1 款规定，诉讼程序处理的是轻罪时，如果行为人责任轻微，不存在刑事追究的公众利益，经负责开始审判程序的法院同意，检察院可以不予追究。对于尚未受到最低刑威胁，行为所造成后果轻微的轻罪，不必经过法院的同意。这种情况被称为裁量不起诉，是对于责任轻微、缺乏追究必要的行为人因公共利益的考量，不起诉更为妥当。"责任"是一个对于量刑非常重要的概念。理论上，如果与同类的轻罪相比，某个行为的责任明显低于平均值，那么这个责任就是"轻微"的。"轻微"是对犯罪行为作出评判的结果，所以对于尚未构成最低刑的轻罪，其责任是轻微的，因为法律上的不起诉规定适用于所有轻罪。可能被判处超过最低刑的轻罪，也有可能被认为是轻微的。确定行为人责任的轻重，依据《德国刑事诉讼法典》第 46 条第 2 款："法院在量刑时，应权衡对行为人有利和不利的情况。特别注意以下事项：行为人的行为动机和目的，行为所表露的思想和行为时的意图，违反义务的程度，行为方式和行为后果，行为人的履历、人身和经济情况，以及行为后的态度，尤其是行为人为了补救损害所作的努力。"在具体案件中，检察机关根据案件的具体情况，判断不起诉是否有利于减轻司法负担，是否可以通过其他非刑罚方式来实现一般预防与特殊预防的目的，

① 参见魏武：《法德检察制度》，中国检察出版社 2008 年版，第 203 页。

② 李昌珂译：《德国刑事诉讼法典》，中国政法大学出版社 1995 年版，第 106 页。

是否有其他法律政治利益与刑事追究相抵触。① 一旦确认不起诉的利益更大，则倾向于适用不起诉。随着德国检察官职权的扩张，检察官起诉裁量的适用范围也呈扩大势态，《减轻司法负担法》（1993 年）更是进一步扩大了“起诉权衡原则”的适用范围，中等严重程度的犯罪均可纳入裁量不诉的范围。德国各州或者各个总检察院范围内存在着统一的不起诉规则。如果警察认为存在第 153 条规定的不起诉的情形，他们就会停止对案件的进一步侦查，然后由检察院决定停止程序。②

除不起诉外，德国检察机关的裁量权还包括附条件不起诉，即检察院对于轻罪可以暂时不予起诉，而是对被追究人提出适当的要求和命令，以此抵消其对公共利益的侵害。《德国刑事诉讼法典》第 153a 条第 1 款：“经负责开始审理程序的法院和被指控人的同意，检察院可以对轻罪暂时不予提起公诉，同时对被告人提出要求和命令，如果它们适合于消除追究犯罪的公共利益，并且责任大小与此相称的话。以下要求和命令特别予以考虑：（1）作出一定的给付，以弥补行为造成的损害；（2）向某个公益设施或者国库交付一笔款项；（3）作出其他公益给付；（4）承担一定数额的赡养义务；（5）真诚地努力与受害人赔偿协议（行为人与被害人协议），以此全部或者绝大部分地弥补其行为或者竭力进行弥补；（6）参加《道路交通法》第 2b 条第 2 款第 2 句或第 4 条第 8 款第 4 句规定的再训班。为了要求和命令的履行，检察院要对被追究人规定期限，在第 2 句第 1 项至第 3 项情形中期限至多为六个月，在第 2 句第 4 项情形中至多为期一年。检察院可以嗣后撤销要求和命令，或者一次性延长期限三个月；经被追究人同意，检察院也可以嗣后施加、变更要求与命令。若被追究人履行要求和命令，对其行为不可再作为轻罪予以追究。若被追究人不履行要求和命令，不退还其已经为履行作出的给付。相应地适用第 153 条第 1 款第 2 句。”

附条件不起诉是一种暂时的不予起诉，如果被追究人没有执行这些要求和命令，检察院有权继续追究其犯罪行为。而对被追究人来说，只

① Löwe-Rosenberg, *Die Strafprozessordnung und das Gerichtsverfassungsgesetz Großkommentar*, De Gruyter Recht 2004, 25. Auflage, Band 3, § 153, Rn. 23.

② Löwe-Rosenberg, *Die Strafprozessordnung und das Gerichtsverfassungsgesetz Großkommentar*, De Gruyter Recht 2004, 25. Auflage, Band 3, § 153, Rn. 40.

要履行了检察院的要求和命令，不予起诉是最终的结果。通常被不起诉人只要履行了支付罚金等金钱性义务，就可以免受刑罚带来的人身和名誉的损失，对国家和司法机关来说也可以达到节约诉讼资源、集中力量办理重大案件的多赢效果，尤其是在存在用刑与不用刑的模糊地带的情况下，避免正式定罪和前科带来的污点，并通过放弃追究费时费力的轻微案件，达到减轻司法负担的目的。①

《德国刑事诉讼法典》第 154 条是德国 1924 年艾明格改革中新增加的条款。它规定当同一个人犯有多项犯罪行为时，对部分微罪或者不影响被告人量刑的罪行，检察官可以不予追诉。该规定的意义在于可以限制规模较大的审理程序，加快诉讼程序。如嫌疑人首先在商场里盗窃了价值不大的商品，一小时后又在公共道路上实施了抢劫行为，可以根据第 154 条，对盗窃罪终止程序，因为对抢劫罪可以预期足够高的刑罚。1964 年新增加的第 154a 条是对第 154 条的补充。与第 154 条作出的检察院对多项独立犯罪行为中的一项行为完全不予追诉的规定相反，第 154a 条规定，检察院可以因个别行为从范围上对程序加以限制，也就是说，如果行为之可以分割的个别部分或者个别违法行为并非十分重要时，可以对这些行为免予追诉。出于权衡原因，可以只对行为的重要部分进行追诉。

二、德国公诉标准的效果

根据德国司法部公布的数据，1995—2013 年，德国检察官年均审结案件 463 万余件，其中提起公诉（包括向职务法院提起公诉和向州法院提起公诉）年均 54 万件，起诉率在 11.6% 左右，另有大概 59.6 万件由检察机关直接申请处罚令程序处理，处罚令适用率在 12.9% 左右。无论是提起公诉比例还是申请处罚令比例都呈逐年下降趋势，如提起公诉率已经由最高的 1995 年 12.5% 下降到 2013 年的 10%，申请处罚令率也从 1995 年最高的 15.9% 下降到 2013 年的 11.6%。与此同时，不起诉的适用比例越来越高。19 年间，附条件不起诉案件年均 23.4 万余件，占同期

① Löwe-Rosenberg, *Die Strafprozessordnung und das Gerichtsverfassungsgesetz Großkommentar*, De Gruyter Recht 2004, 25. Auflage, Band 3, § 153a, Rn. 3 –4.

审结案件的5%左右；无条件不起诉案件年均100万件，占同期审结案件的21.7%左右；根据《德国刑事诉讼法典》第170条第2款作出的罪嫌不足不起诉的案件数量最多，年均125.5万件，占同期审结案件的27.1%左右；另有99.8万件作其他处理（移交给其他检察院、行政机构或者指引通过私诉方式），占同期审结案件的21.5%。而且上述不起诉的适用中，除附条件不起诉适用率呈逐年下降趋势，无条件不起诉及罪嫌不足不起诉的适用比例都呈上升趋势。从上述数据可以看出，德国检察官的公诉裁量权适用范围越来越广，不起诉案件占了当年审结案件的53.9%左右，且呈逐年上升趋势；起诉案件只占四分之一左右，且其中半数以上都是申请处罚令的简易处理程序，提起正式公诉的只占当年审结案件的一成左右。以2013年数据为例，当年检察机关共计审结案件4537363件，其中起诉到职务法院的有446316件，起诉到州法院的有9194件，上述正式起诉案件共计455510件，只占同期审结的10.0%；另有527228件申请法院作处罚令，占11.6%；附条件不起诉183333件（包括根据第153a条第1款第2项向公益机构或国库付款以及根据《少年法院法》第45条第3款而被不起诉），占4%；无条件不起诉1094682件（包括根据第153条第1款因轻微而被不起诉和根据《少年法院法》第45条第1款、第2款而被不起诉），占24.1%；罪嫌不足不起诉1286880件，占28.4%；另有953759件作其他处理，占21%。上述附条件不起诉、无条件不起诉、罪嫌不足不起诉共占当年审结的56.5%，超过半数的案件被检察机关予以分流，正式进入庭审的案件只有一成，使正式审判程序的诉讼资源得以节省。由此换来的就是绝大多数案件（96.5%）都在12个月内予以审结，更有87.8%左右的案件在6个月内就处理完毕，检察机关的诉讼效率大大提高。[①] 这也是德国检察官们能够高效处理案件的关键所在。据统计，2001年，德国约有检察官5300人，处理刑事案件高达650万件，人均1226件。[②]

---

① 1995—2011年数据来源：Justizgeschafts statistik, Geshaftsentwicklung bei Gerichten und Staatsanwaltschaften seit 1995；2012年、2013年数据来源：Rechtspflege, Staatsanwaltschaften 2012、2013, www.destatis.de.

② 参见王禄生：《德国检察官惊人办案数背后的五大真相》，http://www.21ccom.net/articles/qqsw/qyyj/article_2012122973988.html，2018年12月4日。

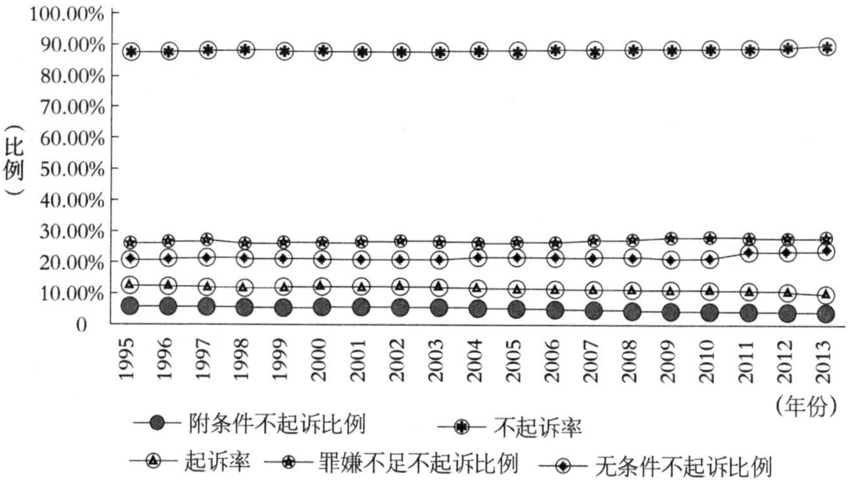

图 4－1　1995—2013 年德国检察机关审查起诉情况示意图

表 4-1　2000—2013 年德国地方检察机关审查起诉情况表

单位：件

年份	2000	2001	2002	2003	2004	2005	2006	2007	2008	2009	2010	2011	2012	2013
起诉到职务法院	534844	551261	554067	562612	578266	569852	549940	558538	544040	523326	502699	498210	475938	446316
起诉到州法院	10430	10053	10759	10733	10585	10985	10487	10177	9679	9921	9799	9816	9587	9194
提起公诉（正式审判）	545274	561314	564826	573345	588851	580837	560427	568715	553719	533247	512498	508026	485525	455510
提起公诉比例	12.30%	12.30%	12.30%	12.00%	11.80%	11.70%	11.50%	11.40%	11.30%	11.30%	11.10%	11.00%	10.70%	10.00%
提请法院作出处罚令	604470	587783	586228	603999	623021	608402	581713	590018	562663	541988	533732	538739	531775	527228
处罚令比例	13.60%	12.90%	12.70%	12.70%	12.50%	12.30%	11.90%	11.90%	11.50%	11.50%	11.60%	11.70%	11.70%	11.60%
附条件不起诉	252152	258797	257168	265909	265317	256172	241102	238288	221197	207889	199140	197024	188657	183333
附条件不起诉比例	5.70%	5.70%	5.60%	5.60%	5.30%	5.20%	4.90%	4.80%	4.50%	4.40%	4.30%	4.30%	4.10%	4.00%
无条件不起诉	934280	954727	966614	998845	1087722	1079773	1053645	1085109	1078449	1003602	987665	1085270	1080499	1094682
无条件不起诉比例	21.00%	21.00%	21.00%	21.00%	21.80%	21.80%	21.60%	21.80%	22.00%	21.30%	21.50%	23.50%	23.70%	24.10%
依刑诉法第 170 条第 2 款作出的不起诉（罪嫌不足不起诉）	1169267	1217802	1240905	1273673	1312495	1320994	1293152	1354543	1347619	1325271	1305090	1289063	1271389	1286880
罪嫌不足不起诉比例	26.30%	26.70%	27.00%	26.70%	26.30%	26.60%	26.50%	27.30%	27.50%	28.10%	28.40%	28.00%	27.90%	28.40%
作其他处理	941581	975252	982549	1050299	1117370	1125584	1146950	1132484	1139905	1098265	1064560	991664	958748	953759
作其他处理占审结比例	21.20%	21.40%	21.40%	22.00%	22.40%	22.70%	23.50%	22.80%	23.20%	23.30%	23.10%	21.50%	21.00%	21.00%
起诉率	25.90%	25.20%	25.00%	24.70%	24.30%	24.00%	23.40%	23.30%	22.80%	22.80%	22.70%	22.70%	22.40%	21.60%
不起诉率	53.00%	53.40%	53.60%	53.30%	53.40%	53.60%	53.00%	53.90%	54.00%	53.80%	54.20%	55.80%	55.70%	56.50%

第二节　法国公诉标准考察

作为检察制度的发源地，法国的检察官早在16世纪就作为国王的代表、人民法律权益的维护人而出现。法国作为典型的“检警一体化”国家，检察官自违法犯罪发生到刑罚执行完毕，参与了整个刑事诉讼的全过程，其主要职责包括：一是代表公共利益提起诉讼。二是指挥警察收集证据，裁量是否起诉，适用刑事替代措施和不起诉，同时对预审法官或者警察已经采取的拘留等侦查行为是否合法进行监督，尤其在司法改革之前，警察与检察官的配合更加默契，对于一般的轻罪等不需要启动预审法官的案件，警察的一系列侦查行为都是在检察官的指导下采取的。三是支持公诉并建议具体刑期、提出上诉、执行刑罚等。①

一、法国的公诉标准

《法国刑事诉讼法典》第40条规定：“检察官接受申诉和指控并估量如何处理。”这个评估过程往往是从追诉的合法性与适当性两个方面进行。对于前者，追诉的合法性，主要考察是否存在公诉的明显理由以及是否存在责任阻却事由。法国司法制度的特色在于由预审法官进行侦查和预审，对其认为不构成犯罪或者证据不足的案件可以决定不起诉，如果认为符合公诉条件，就将卷宗移送检察官提起公诉。如果检察官认为预审法官的裁定不正确的，可以向刑事审查庭提出抗诉，对于不起诉决定，如果出现新的控告可重新审查。

（一）证据标准

在法国，由于批准起诉权是预审法官行使，因此检察官的提起公诉要想获得认可，其应达到的证明标准应当与预审法官批准公诉的标准一致。《法国刑事诉讼法典》第221条规定：“刑事审查庭审议对被告人的

---

① 参见金邦贵:《法国司法制度》,法律出版社2008年版,第21、119、275、276、322页。

控告是否有足够的证据。”第212条还规定：“刑事审查庭如果认为所控犯罪事实既不构成重罪，也不构成轻罪，或者犯罪人不明确，或者对被告人的控告理由和犯罪证据不足，即宣告不予追究。”由此可见，法国检察官提起公诉的证明标准，是“有足够的证据”证明被控告人存在犯罪的嫌疑或犯罪的可能性。[①] 正如法国学者福斯坦·艾利指出：“预审法庭根本无须审查确定被告人是否犯罪，而只是认定它是否可能有罪。可能性是控告的尺度。”[②]

这种控告“是否充分”的公诉证据标准不同于作出有罪判决的标准，后者是需要达到内心确信。《法国刑事诉讼法典》第353条规定：“法律并不考虑法官通过何种途径达成内心确信；法律并不要求他们必须追求充分和足够的证据；法律只要求他们心平气和、精神集中，凭自己的诚实和良心，依靠自己的理智，根据有罪证据和辩护理由，形成印象，作出判断。法律只向他们提出一个问题：你是否已形成内心确信？这是他们全部的职责所在。”[③]

（二）裁量标准

出于对诉讼效率的追求，法国刑事诉讼程序暴露出的冗长拖沓、效率低下，已经越来越不能胜任现今的刑事追诉需要。因此，公诉替代程序[④]应运而生、蓬勃发展。检察机关对于罪行是否起诉、适用何种起诉替代措施有了更大的发言权，同时，为了防止检察官自由裁量权的滥用并统一各地起诉标准，法国司法部及各级检察院先后出台了多个刑事政策以强化起诉与不起诉标准的透明性。而且在新近的法律中，更是直接取消了检察机关的公诉权。如在使用麻醉品情形中，规定只有在使用麻醉品人员拒绝接受治疗、不完成治疗、拒绝接受照顾措施或拒绝医疗监督的情形下，检察机关才能提起公诉。[⑤]

另一方面，由于简单不起诉（检察官作出不起诉决定时，对行为不采取任何刑事惩罚措施）的适用效果不好，2004年法国司法改革，开始

---

① 参见孙长永主编：《刑事诉讼证据与程序》，中国检察出版社2003年版，第122页。

② 卞建林：《刑事起诉制度的理论与实践》，中国检察出版社1993年版，第144页。

③ 余叔通、谢朝华译：《法国刑事诉讼法典》，中国政法大学出版社1997年版，第132页。

④ 如强制治疗令、刑事和解（1993年）、支付损害赔偿金（1994年）、庭前认罪答辩程序（2004年）等。

⑤ 参见魏武：《法德检察制度》，中国检察出版社2008年版，第44页。

对简单不起诉的适用加以限制，同时又赋予了检察机关更为广泛的起诉裁量权、可以采取附条件的多样化的不起诉处置方案。如《法国刑事诉讼法典》第40－1条规定的，检察官可以采取其认为适当的处理方式：（1）发动追诉；（2）适用可替代追诉程序；（3）在与犯罪行为之实施相关联特别情节证明有此必要时，不予追诉。其中可替代追诉程序包括有条件不起诉、刑事调解和刑事和解。[①]

二、法国公诉标准的效果

由于犯罪数量持续增长，为应对社会模式的改变，检察官也寻求社区化的纠纷解决方式，大量的案件被采用刑事替代措施处理，如果行为人对被害人进行补偿、双方和解的，或者完成检察官建议解决方法（完成义务劳动或者支付相关罚金的）的，检察官就可以撤销案件，如果这些替代方法没有完成，检察官有可能采取其他起诉决定。起诉替代措施的适用比例也非常高，从2001—2010年的数据可以看出，10年间法国检察机关年均处理案件481万件，其中由于证据问题、犯罪事实未查清等问题无法起诉的年均339万件，超过受理案件的七成；剩下142万件可诉，只占当年处理案件的29.6%，这些可诉案件也并非全部予以起诉，只有65万件（45.8%）左右被提起公诉，另有4万余件被刑事和解（2.8%）、43万件（30.3%）被适用替代程序，剩下的20%左右的案件都被不起诉处理。如2013年，在检察机关追诉的1303469个案件中，73732件刑事和解，占全部案件的5.7%，493089件通过替代措施处理，占37.8%，不起诉135996件，占10.4%。根据统计，不予追诉率在法国非常高，大约有80%告诉或告发到检察院的轻罪案件都是以不予追诉决定终结的，其中对违警罪，不予追诉的比例更高。[②]从2001—2012年的数据看，每年可起诉案件只占检察机关处理案件的三成左右，而这些可诉案件中只有不到一半最终被起诉到法庭，另有两成左右被不起诉，三成左右被适用刑罚替代措施和刑事和解。而且随着简单不起诉比例的降低，刑事替代措施和刑事和解的比例逐渐提高。

---

① 参见魏武：《法德检察制度》，中国检察出版社2008年版，第53—54页。

② 参见上书，第55页。

表 4-2　2001—2013 年法国检察机关审查起诉情况表

单位：件，%

年度	2001	2002	2003	2004	2005	2006	2007	2008	2009	2010	2013
处理案件	4944721	5083465	5008724	5004795	4838441	4953065	4903537	4667695	4667695	4502363	4355958
无法起诉案件	3616873	3733384	3624581	3549138	3376537	3426669	3427002	3226128	3180020	3099692	3052489
错误定性、无充分证据的	324618	380023	381285	401241	408711	438465	449496	482429	496635	481832	492267
案件事实未查明的	3292255	3353361	3243296	3147897	2967826	2988204	2977506	2743699	2683385	2617860	2560222
可起诉案件	1327848	1350081	1384143	1455657	1461904	1526396	1476535	1500411	1487675	1402671	1303469
占处理案件的比例	26.9	26.6	27.6	29.1	30.2	30.8	30.1	31.7	31.9	31.2	—
起诉案件总数	621866	624335	654579	674522	677107	707827	684734	668946	673684	639317	600652
移交给预审法官	36398	37444	35143	34211	32613	30566	28063	23409	20899	19640	17766
移交给儿童法官	56974	56279	55369	55841	56406	58284	57967	56505	56274	53969	50303
向轻罪法院提起起诉	371640	383411	409561	464848	516017	550582	533767	530760	540654	514699	492798
向违警罪法院起诉	156854	147201	149736	104248	67868	68395	64937	58272	55857	51009	39785
成功的刑事和解总数	1511	6755	14785	25777	40034	51065	59770	67230	73392	72785	73732
替代程序总数	269996	289485	328905	388944	421169	468045	490434	544715	558047	527530	493089
刑事处理率	67.3	68.2	72.1	74.8	77.9	80.4	83.6	85.4	87.7	88.4	89.6
不起诉案件	434475	429506	385874	366414	323594	299459	241597	219520	182552	163039	135996
占可起诉案件的比例	32.7	31.8	27.9	25.2	22.1	19.6	16.4	14.6	12.3	11.6	10.4

第三节　日本公诉标准考察

日本作为大陆法系的非典型代表，其检察制度的产生和发展也与其整个民族的不断模仿、学习密切相关，最初是在明治初年（1868 年）以法国为样本建立起来，并受德国影响较深，进入大正时期以后完全建立了日本式的检察制度。[①] 第二次世界大战后，日本借鉴英美国家的当事人主义模式，从而转向了折中主义。因其本身的诉讼程序运行已久，检察官制度虽有改变，但变化不是很明显，检察制度有混合制的趋势。日本检察机关分为四个等级，即最高检察厅、高等检察厅、地方检察厅和区检察厅，检察官（称之为检事）的职权主要包括：侦查权、提起公诉权、提出证据和陈述意见等、执行审判执行权等。[②]

一、日本的公诉标准

日本《刑事诉讼法》第 247 条规定公诉权由检察官行使，赋予了检察机关对犯罪行为的垄断性追诉权力，第 248 条规定，根据犯人的性格、年龄以及境遇、犯罪的轻重以及情节和犯罪后的情况，没有必要追诉的时候，可以不提起公诉。检察机关对案件是否公诉要充分考虑犯罪人的情况、罪行情况等，对无追诉必要的案件，可以裁量不起诉。可以说，从立法的角度，日本《刑事诉讼法》并未明确规定提起公诉的标准，而是从公诉权行使的反面进行了规定，给予了检察官较大的裁量权。之所以作出此规定，也是与司法实务的实践需要相关的。由于明治时期犯罪率上升、监狱财政负担加重、轻重犯关押交叉感染等原因，日本司法机关先通过确立微罪不检举、不起诉的刑事政策，检察官逐步提升指控犯罪的标准。直至大正七年（1918 年）司法省法务局发布指示："凡被疑

① 参见[日]松尾浩也:《日本刑事诉讼法(上卷)》,丁相顺译,中国人民大学出版社 2005 年版,第 240 页。

② 参见吕宁莉:《日本检察制度之介绍及与我国之比较》,《检察新论》2008 年第 3 期。

案件，虽诉讼条件完备，有充分犯罪嫌疑，且犯罪情节并非轻微，但根据嫌疑人的主观情况，在一定期间可以暂缓提起公诉，以观察其间之行为。如有违法行为时，则以诉诸起诉程序为目的，实行这样一种不起诉处分。"① 将微罪不检举、不起诉政策扩大到所有犯罪，并直接促进了刑事诉讼法从起诉法定主义向起诉便宜主义的转变。

根据学者研究，检察官提起公诉必须具备实体条件、程序条件和诉讼进行条件，其中诉讼条件通常包括案件的管辖是否合法、公诉权是否消灭和同一案件是否已被提起公诉，另外是否构成犯罪、有无犯罪嫌疑以及有无刑事追诉的必要也是提起公诉时必须考虑的问题。② 其中“有无犯罪嫌疑”是关于犯罪事实的证据标准。只有存在犯罪嫌疑时，检察官才能提起公诉，否则，应作出不起诉决定。对于“犯罪嫌疑”，日本法律规定了检察官必须严格遵守提起公诉的原则，即至少有充分证据能够使犯罪嫌疑人得到有罪判决。在犯罪嫌疑人犯罪的证据不充分时，检察官可以以“嫌疑不充分”作出不起诉的决定。

日本检察官之所以被赋予如此宽泛的裁量权，与日本国情、民族以及文化传统密不可分。日本由于岛国的地理形势，形成了精细、认真的社会文化传统，强调资源的妥当运用，而东方民族的灵活性就更加侧重于法律的方便运用，“一般而言，西欧的法治主义具有设立详细的法律规定并加以严格适用的倾向。而东方国家则崇尚法律规定的简洁，而且似乎存在着对法律适用灵活性的偏好。在这个意义上，日本采取裁量起诉主义，而且以《刑事诉讼法》第 248 条的简单规定就概括了这种处理方式的全部，可以考虑正是继承东方传统，与西欧的法定主义保持距离的做法。"③ 另外，日本民众对检察官能力和人格普遍信任，厌讼的法律文化使一般国民不愿对簿公堂，而倾向于庭外解决，这也促成了检察权的慎重使用、裁量权的扩大行使。④ 由于国民对于司法公正的期许较高，无罪判决被认为是不能容忍的，这也变相导致了检察官起诉证据标准向法院定罪标准的靠拢，正如德国学者对日本司法的观察，“在日本，犯罪远

① 日本法务省刑事局:《日本检察讲义》,中国检察出版社 1990 年版,第 10、118 页。

② 参见孙长永:《日本刑事诉讼法导论》,重庆大学出版社 1993 年版,第 202—203 页。

③ [日]西原春夫主编:《日本刑事法的形成与特色》,李海东等译,法律出版社 1997 年版,第 158 页。

④ 参见彭勃:《日本刑事诉讼法通论》,中国政法大学出版社 2002 年版,第 155 页。

远不是一个公众问题，不像在美国那样。公众并不会因为检察官没有充分惩罚犯罪而受到批评。然而，如果日本的检察官起诉的案件作了无罪的判决，他们就会受到公众严厉的批评。事实上，即使是对轻微的盗窃和伤害案件作了无罪或者是部分无罪的判决，也会引起媒体和公众的愤怒，他们会斥责检察院‘侦查草率’‘粗心实践’‘法西斯倾向’。这种强烈批评，帮助日本建立了‘高精确’的刑事司法体制，因而很少有案件是以无罪判决终结的。”① 同时由于缺少法国预审法官那样的制约程序，检察机关决定起诉后，案件就直接进入审判程序，为了保障公诉权行使的准确性，往往会倾向于采取等同于定罪证据标准的公诉证据标准。②

决定检察官是否对案件提起公诉，除了“有无犯罪嫌疑”的证据标准外，还必须具备追诉必要的裁量标准。而且简单不起诉的适用日益式微，越来越多的案件采用了起诉犹豫的方式加以处理。根据日本《刑事诉讼法》第248条，检察官在决定起诉犹豫时应当考虑3个方面：第一，犯罪人的自身情况。主要包括性格、年龄和境遇。“性格”是指，罪犯的品行、性情、生活习惯、平时的表现、有无前科、是否惯犯等内容。“年龄”则是指罪犯实施犯罪时的年龄、认知能力、辨别能力等。一般情况下，年纪较轻或年老多病的罪犯为主要考虑对象。前者年少，社会经验少，易受环境影响，便于改造，因此可以教育引导为主；后者由于年老多病，无论体力或精神都可能达不到再犯罪的能力，同时也可能无法适应判刑后的监管和劳动改造，也可以考虑适用不起诉。“境遇”主要是指罪犯的家庭环境、职业交际关系等，首先通过了解这些情况判断犯罪人的人身危险性，其次还着重考虑一旦起诉对犯罪人的职业家庭的影响，是否有利于其改造和重新回归社会。第二，与犯罪本身相关的事项。犯罪相关事项主要是包括犯罪的轻重与情节、犯罪的社会影响等事项。这里犯罪的轻重是指对于这种犯罪行为法律是如何规定的，法定刑的轻重，

---

① ［德］K·茨威格特、［德］H·克茨：《比较法总论》，潘汉典等译，法律出版社2003年版，第261页。

② 从松尾浩也、土本武司以及藤永幸治等日本刑事诉讼法学者的论述中均可得出这一结论。参见［日］松尾浩也：《日本刑事诉讼法》（上），丁相顺译，中国人民大学出版社2005年版，第162页；［日］土本武司：《日本刑事诉讼法要义》，董璠舆、宋英辉译，五南图书出版社1997年版，第22—23页；［日］藤永幸治：《战后检察制度形成今后检察像》，《刑法杂志》1997年第1期。

有无法定加重情节或减轻情节、危害结果的严重程度等与犯罪事实相关的内容。此处的犯罪情节是指应考虑犯罪的手段、动机、方法、犯罪所得、有无共犯、分工和是否主犯等涉及犯罪细节的内容。由此可见，日本《刑事诉讼法》要求检察官在考虑不起诉时应充分考虑犯罪的社会影响，着重犯罪的一般预防，并不特别强调犯罪的特殊预防。第三，犯罪后的事项。事后事项主要是考虑行为人犯罪之后的表现，例如犯罪后是否有藏匿、毁灭犯罪证据的行为，有无悔改的表现，为弥补损害和道歉表现出来的诚意，是否获得被害人的谅解并赔偿相应的损失等内容。①

尽管在立法上对起诉犹豫有明确的规定，但对于检察官适用起诉裁量权并没有具体的条文加以限制，一般是依照起诉犹豫的适用原则而有所限制：一是凶恶犯（即杀人、强奸、放火、投毒等严重危害社会的恶性犯罪）不得适用起诉犹豫；二是必须有利于犯罪预防；三是起诉犹豫要与刑事政策和检察官的司法裁量相统一。实践中，起诉犹豫主要适用于：触犯刑法的轻微的少年或老年嫌疑人；犯罪情节显著轻微的偶犯嫌疑人；对犯罪后果采取了弥补或悔改措施的嫌疑人；适用起诉犹豫更有利于使之改恶从善、复归社会的嫌疑人。

二、日本公诉标准的效果

我们通过对日本犯罪白皮书中披露的日本检察机关2000年至2016年近17年的审查案件情况进行分析，发现日本检察机关虽然年受理刑事案件逐年下降，但总数仍蔚为可观，即使是最低的2016年，整体受理案件数量也在112万人以上，17年平均年受理刑事案件175.5万余人。相较数目庞大的审查案件量，真正起诉到法院经庭审正式审理的只占少一部分，17年平均起诉66万余人，占受理人数的38%左右。大量案件并未被起诉，年均不起诉91.7万余人，占受理人数的52%左右，而且不起诉率逐年上升，2016年不起诉率达到62.4%，共计70.1万人被检察机关决定不起诉。这些不起诉案件中，绝大部分都是采用了起诉犹豫的等方式进行处理，不起诉率和起诉犹豫率都逐年上升，17年年均起诉犹豫率在49.7%左右。自2013

① 参见孙长永:《日本的起诉犹豫制度及其借鉴意义》,《中外法学》1992年第6期。

年以来，更是占到全部审查案件的56.5%左右。即使是起诉到法院的案件中，也有相当大比例（75%以上）采用了简易程序——略式命令程序的方式，不开庭审理。采用正式程序进行审理的一成都不到（5%～7%左右），年均11.8万余人。因此对于少数开庭审理的普通刑事案件而言，其仅占了检察机关受理审查案件的极小部分，检察机关的公诉标准对案件分流、诉讼资源的妥善运用起到至关重要的作用。

表4－3　2000—2016年日本检察机关审查处理情况表①

单位：人，%

年度	总数	公判请求		略式命令请求		起诉犹豫		其他不起诉		家庭裁判所送致	
		人数	比例	人数	比例	人数	比例	人数	比例	人数	比例
2000	2181473	122805	5.6	912377	41.8	842106	38.6	42594	2.0	261591	12.0
2001	2219801	130038	5.9	892613	40.2	885085	39.9	47744	2.2	264321	11.9
2002	2204575	139479	6.3	855270	38.8	896758	40.7	50344	2.3	262724	11.9
2003	2179363	146497	6.7	787157	36.1	939158	43.1	54393	2.5	252158	11.6
2004	2183811	148939	6.8	754128	34.5	977616	44.8	64054	2.9	239074	10.9
2005	2139557	146352	6.8	716116	33.5	988473	46.2	73028	3.4	215588	10.1
2006	2076777	138029	6.6	660101	31.8	991401	47.7	92637	4.5	194609	9.4
2007	1905951	125787	6.6	558696	29.3	957907	50.3	85955	4.5	177606	9.3
2008	1710864	119795	7.0	468162	27.4	890758	52.1	75791	4.4	156358	9.1
2009	1648700	118547	7.2	441047	26.8	859768	52.1	74455	4.5	154883	9.4
2010	1577369	109572	6.9	408681	25.9	839982	53.3	73374	4.7	145760	9.2
2011	1487266	101755	6.8	372370	25.0	810344	54.5	69943	4.7	132854	8.9
2012	1421514	96263	6.8	347702	24.5	789392	55.5	71745	5.0	116412	8.2
2013	1340897	90486	6.7	314930	23.5	758164	56.5	70929	5.3	106388	7.9
2014	1243019	90840	7.3	286699	23.1	701081	56.4	71140	5.7	93259	7.5
2015	1191556	92930	7.8	278529	23.4	670686	56.3	69251	5.8	80160	6.7
2016	1124506	87735	7.8	264934	23.6	635593	56.5	66126	5.9	70118	6.2

① 参见《日本2017版犯罪白皮书》，http://hakusyo1.moj.go.jp/jp/61/nfm/n61_2_2_2_3_0.html#h2-2-3-01，2018年8月28日。

表 4－4　2000—2016 年日本检察机关普通程序公诉案件情况表①

单位：人

年度	公判请求人员		
	总数	刑法犯	特别法犯
2000	122805	73152	49653
2001	130038	79083	50955
2002	139479	87840	51639
2003	146497	93557	52940
2004	148939	97384	51555
2005	146352	96137	50215
2006	138029	93119	44910
2007	125787	83148	42639
2008	119795	79900	39895
2009	118547	78786	39761
2010	109572	72527	37045
2011	101755	66980	34775
2012	96263	64434	31829
2013	90486	60784	29702
2014	90840	59822	31018
2015	92930	60564	32366
2016	87735	56802	30933

① 该表所统计的普通程序公诉案件，不包括简易程序案件。

表 4-5　2000—2016 年日本检察机关各类犯罪起诉、不起诉情况表 ①

单位：人，%

年度	全部犯罪					一般刑法犯					危险驾驶致死伤等				
	起诉	不起诉	起诉犹豫	起诉率	起诉犹豫率	起诉	不起诉	起诉犹豫	起诉率	起诉犹豫率	起诉	不起诉	起诉犹豫	起诉率	起诉犹豫率
2000	1035182	884700	842106	53.9	44.9	86897	63962	44659	57.6	33.9	93180	717420	702310	11.5	88.3
2001	1022651	932829	885085	52.3	46.4	93286	70780	48476	56.9	34.2	99215	745519	729775	11.7	88.0
2002	994749	947102	896758	51.2	47.4	100913	81376	56708	55.4	36.0	101940	736791	720702	12.2	87.6
2003	933654	993551	939158	48.4	50.1	105375	92494	64471	53.3	38.0	99906	758644	742780	11.6	88.1
2004	903067	1041670	977616	46.4	52.0	110193	110346	72782	50.0	39.8	97220	771509	755768	11.2	88.6
2005	862468	1061501	988473	44.8	53.4	109441	124184	77245	46.8	41.4	92031	767452	752156	10.7	89.1
2006	798130	1084038	991401	42.4	55.4	110298	142852	75734	43.6	40.7	85830	743637	729340	10.3	89.5
2007	684483	1043862	957907	39.6	58.3	102993	133196	72379	43.6	41.3	77120	700991	686397	9.9	89.9
2008	587957	966549	890758	37.8	60.2	98570	123457	71610	44.4	42.1	70011	641534	627887	9.8	90.0
2009	559594	934223	859768	37.5	60.6	96541	123184	73459	43.9	43.2	67631	626623	612663	9.7	90.1
2010	518253	913356	839982	36.2	61.8	91322	123591	75808	42.5	45.4	64387	615509	601251	9.5	90.3
2011	474125	880287	810344	35.0	63.1	85586	118802	74323	41.9	46.5	60450	592608	578176	9.3	90.5
2012	443965	861137	789392	34.0	64.0	83823	122269	77471	40.7	48.0	58771	566807	552092	9.4	90.4
2013	405416	829093	758164	32.8	65.2	78774	123672	79248	38.9	50.1	56647	541010	527056	9.5	90.3
2014	377539	772221	701081	32.8	65.0	77405	123887	79211	38.5	50.6	55429	488149	474777	10.2	89.5
2015	371459	739937	670686	33.4	64.4	77268	120522	78467	39.1	50.4	54008	457133	444285	10.6	89.2
2016	352669	701719	635593	33.4	64.3	73060	118115	79186	38.2	52.0	51321	421059	408872	10.9	88.8

① 日本检察厅统计数据，http://www.kensatsu.go.jp/hanzai_gaiyou/keihou.htm，2017 年 8 月 28 日。

表 4－6　2000—2016 年日本检察机关特别犯起诉、不起诉情况表

单位：人,%

年度	除道路交通违法犯外的特别法犯					道路交通违法犯				
	起诉	不起诉	起诉犹豫	起诉率	起诉犹豫率	起诉	不起诉	起诉犹豫	起诉率	起诉犹豫率
2000	61641	21946	18433	73. 7	23. 0	793464	81372	76704	90. 7	8. 8
2001	63887	23506	19233	73. 1	23. 1	766263	93024	87601	89. 2	10. 3
2002	65056	23445	19164	73. 5	22. 8	726840	105490	100184	87. 3	12. 1
2003	70719	29147	24089	70. 8	25. 4	657654	113266	107818	85. 3	14. 1
2004	71371	34328	29171	67. 5	29. 0	624283	125487	119895	83. 3	16. 1
2005	74442	38166	33074	66. 1	30. 8	586554	131699	125998	81. 7	17. 7
2006	71821	42523	37239	62. 8	34. 1	530181	155026	149088	77. 4	21. 9
2007	70366	46479	40827	60. 2	36. 7	434004	163196	158304	72. 7	26. 7
2008	61985	46449	40967	57. 2	39. 8	357391	155109	150294	69. 7	29. 6
2009	61597	48629	42603	55. 9	40. 9	333825	135787	131043	71. 1	28. 2
2010	58237	45246	39170	56. 3	40. 2	304307	129010	123753	70. 2	28. 9
2011	54339	41350	35423	56. 8	39. 5	273750	127527	122422	68. 2	30. 9
2012	51809	41941	35232	55. 3	40. 5	249562	130120	124597	65. 7	33. 3
2013	48722	41039	34105	54. 3	41. 2	221273	123372	117755	64. 2	34. 7
2014	48022	42305	34842	53. 0	42. 0	196683	117880	112251	63. 0	36. 0
2015	48768	42726	34663	53. 0	42. 0	191415	119556	113271	62. 0	37. 0
2016	46450	42111	33623	52. 0	42. 0	181838	120434	113912	60. 0	39. 0

从日本检察机关 2000 年以来非交通法犯罪案件的不起诉情况来看，不起诉案件的绝对数量逐年上升，从 2000 年的 85908 人，到 2013 年的 164711 人，14 年来增长了将近一倍。需要注意的是，同期的检察机关受案数量呈下降趋势，2000 年受理案件总数为 2181473 人，到 2013 年受理

人数为1340897人，14年来案件受理数下降了将近一半。不起诉主要分为起诉犹豫、证据不足不起诉、撤回告诉、心神丧失等，其中最大比例的为适用起诉犹豫，占全部不起诉的六七成，其次是证据不足不诉，占全部不起诉的两成左右，因撤回告诉和心神丧失等原因的不起诉约占一成左右。以2014年日本犯罪白皮书中披露的2013年度日本检察机关审查办理情况来看，2013年全年共计起诉405416人，不起诉829093人，不起诉是起诉人数的2倍之多，当年起诉率为32.8%。这三分之一的起诉案件中，适用简易程序（略式命令请求）有314930人，占全部起诉的78%，普通程序起诉的只占22%，90486人。不起诉案件中，起诉犹豫的为758164人，约占全部不起诉的91.44%，是当年全年受理审查案件的65.2%，也就是说，在日本检察机关每年受理的134万人中，只有三分之一左右的被提起公诉，另外三分之二案件均被不起诉处理，不起诉案件的绝大部分类型都是起诉犹豫，占了全部审查案件的六成以上。日本检察官的起诉裁量权可见一斑。从具体案由来看，普通刑事犯[①]的起诉犹豫率更高，大概在八成左右，起诉率只有16.9%，其中危险驾驶致死伤罪的起诉率最高，为91.1%，且均采用的普通程序，这也与该罪对应的法定刑较高有关，[②]起诉率最低的为伪造货币罪，仅为1.1%，需要注意的是该罪的法定刑并不低，因此导致其被不起诉的原因也并非裁量不诉，而是绝大部分都是其他不起诉。从常见多发犯罪的处理来看，窃盗罪占全部一般刑法犯的一半左右，其起诉率41.3%，起诉犹豫率为51.5%；伤害罪的起诉率为42.7%，起诉犹豫率为52.2%。即使是观念上的重罪，如杀人、强盗，起诉率也仅为30.7%和54.4%，但对应的起诉犹豫率较低，说明裁量不诉的因素较少，多为证据、被告人精神状态等原因不诉。刑事特别法典中规定的犯罪[③]起诉率稍高，为62.2%，起诉犹豫的比例也低于普通刑事犯，只在一成左右，体现了对专门犯罪、特殊犯罪扩张公诉权的倾向，如违反兴奋剂取缔法的罪行的起诉率达80.6%，道路交通违规犯罪的起诉率也超过半数，

---

① 指日本刑法规定的犯罪，与特别法典规定的犯罪相对应。

② 根据《日本刑法典》第208条之二规定危险驾驶致人伤害的，处15年以下惩役、致人死亡的，处1年以上有期惩役。

③ 包括违反公职选举法、刀具管制法、废弃物处理法、兴奋剂取缔法、大麻取缔法、麻药取缔法、剧毒物取缔法、麻药特例法、出入境管理法、道路交通法的犯罪。

为64.2%，但从具体起诉的情况来看，绝大多数97%都采用了简易程序的审理方式。

表4－7　2000—2013年日本检察机关非交通违法案件的不起诉统计表①

单位：人，%

年度	总数	起诉犹豫		证据不足		撤回告诉		心神丧失		其他②	
		人数	比例	人数	比例	人数	比例	人数	比例	人数	比例
2000	85908	63092	73.4	15259	17.8	2649	3.1	480	0.6	4428	5.2
2001	94286	67709	71.8	18970	20.1	2985	3.2	400	0.4	4222	4.5
2002	104821	75872	72.4	20069	19.1	3484	3.3	428	0.4	4968	4.7
2003	121641	88560	72.8	22865	18.8	4299	3.5	400	0.3	5517	4.5
2004	144674	101953	70.5	31000	21.4	4927	3.4	374	0.3	6420	4.4
2005	162350	110319	68.0	39008	24.0	5980	3.7	439	0.3	6604	4.1
2006	185375	112973	60.9	56432	30.4	6968	3.8	540	0.3	8462	4.6
2007	179675	113206	63.0	48590	27.0	7182	4.0	544	0.3	10153	5.7
2008	169906	112577	66.3	39741	23.4	7465	4.4	520	0.3	9603	5.7
2009	171813	116062	67.6	40589	23.6	8052	4.7	464	0.3	6646	3.9
2010	168837	114978	68.1	38444	22.8	7742	4.6	523	0.3	7150	4.2
2011	160152	109746	68.5	36000	22.5	7305	4.6	633	0.4	6468	4.0
2012	164210	112703	68.6	36697	22.3	7841	4.8	590	0.4	6379	3.9
2013	164711	113353	68.8	35853	21.8	7826	4.8	579	0.4	7100	4.3

① 限于非交通法犯罪，不包括违反交通法的刑事案件。

② 包括嫌疑人死亡、超过追诉时效等。

表 4-8 2013 年日本检察机关起诉、不起诉情况表

单位：人，%

罪名			起诉				不起诉			起诉率	起诉犹豫率
			略式命令请求[①]	公判率	不起诉合计	起诉犹豫	其他不起诉	起诉犹豫	其他不起诉		
总计			405416	90486	314930	22	829093	758164	70929	32.8	65.2
刑法犯	合计		135421	60784	74637	45	664682	606304	58378	16.9	81.7
刑法犯	一般刑法犯	合计	78774	55517	23257	70	123672	79248	44424	38.9	50.1
刑法犯	一般刑法犯	杀人	341	341	—	100	769	41	728	30.7	10.7
刑法犯	一般刑法犯	强盗	1242	1242	—	100	1043	121	922	54.4	8.9
刑法犯	一般刑法犯	伤害	9177	3706	5471	40	12332	10020	2312	42.7	52.2
刑法犯	一般刑法犯	暴行	4365	712	3653	16	8641	7764	877	33.6	64.0
刑法犯	一般刑法犯	窃盗	35279	28002	7277	79	50123	37518	12605	41.3	51.5
刑法犯	一般刑法犯	诈欺	8962	8962	—	100	7837	4006	3831	53.3	30.9
刑法犯	一般刑法犯	恐吓	989	989	—	100	1536	809	727	39.2	45.0
刑法犯	一般刑法犯	侵占	1729	1340	389	78	7980	6942	1038	17.8	80.1
刑法犯	一般刑法犯	强奸	531	531	—	100	690	37	653	43.5	6.5
刑法犯	一般刑法犯	强制猥亵	1529	1529	—	100	1603	148	1455	48.8	8.8
刑法犯	一般刑法犯	公然猥亵	1139	266	873	23	664	581	83	63.2	33.8
刑法犯	一般刑法犯	散布猥亵物等	755	310	445	41	254	205	49	74.8	21.4
刑法犯	一般刑法犯	危险驾驶致死伤	204	204	—	100	20	1	19	91.1	0.5
刑法犯	一般刑法犯	放火	340	339	1	100	367	95	272	48.1	21.8
刑法犯	一般刑法犯	行贿、受贿	76	73	3	96	50	7	43	60.3	8.4
刑法犯	一般刑法犯	住居侵入	2522	1541	981	61	3567	2693	874	41.4	51.6
刑法犯	一般刑法犯	伪造货币	52	50	2	96	4484	19	4465	1.1	26.8
刑法犯	一般刑法犯	文书伪造	1473	1351	122	92	1894	751	1143	43.7	33.8
刑法犯	一般刑法犯	信用卡犯罪	51	51	—	100	23	3	20	68.9	5.6
刑法犯	一般刑法犯	赌博和彩票罪	296	146	150	49	367	350	17	44.6	54.2
刑法犯	一般刑法犯	暴力行为等处罚法	803	424	379	53	864	662	202	48.2	45.2
刑法犯	一般刑法犯	其他	6919	3408	3511	49	18564	6475	12089	27.2	48.3
刑法犯	驾驶机动车过失致死伤等		56647	5267	51380	9	541010	527056	13954	9.5	90.3
特别法犯	合计		269995	29702	240293	11	164411	151860	12551	62.2	36.0
特别法犯	除道路交通违规外的特别法犯罪	合计	48722	22867	25855	47	41039	34105	6934	54.3	41.2
特别法犯	除道路交通违规外的特别法犯罪	公职选举法	209	47	162	22	279	236	43	42.8	53.0
特别法犯	除道路交通违规外的特别法犯罪	刀具管制法	1677	595	1082	35	3401	2908	493	33.0	63.4
特别法犯	除道路交通违规外的特别法犯罪	反卖淫法	528	412	116	78	407	345	62	56.5	39.5
特别法犯	除道路交通违规外的特别法犯罪	废弃物处理法	4173	212	3961	5	2658	2460	198	61.1	37.1
特别法犯	除道路交通违规外的特别法犯罪	兴奋剂取缔法	14179	14179	—	100	3418	1261	2157	80.6	8.2
特别法犯	除道路交通违规外的特别法犯罪	大麻取缔法	1185	1185	—	100	1358	711	647	46.6	37.5
特别法犯	除道路交通违规外的特别法犯罪	麻药取缔法	496	482	14	97	544	205	339	47.7	29.2
特别法犯	除道路交通违规外的特别法犯罪	剧毒物取缔法	400	224	176	56	91	70	21	81.5	14.9
特别法犯	除道路交通违规外的特别法犯罪	麻药特例法	142	135	7	95	210	143	67	40.3	50.2
特别法犯	除道路交通违规外的特别法犯罪	出入境管理法	1034	783	251	76	3127	3052	75	24.8	74.7
特别法犯	除道路交通违规外的特别法犯罪	其他	24699	4613	20086	19	25546	22714	2832	49.2	47.9
特别法犯	道路交通违规犯罪		221273	6835	214438	3	123372	117755	5617	64.2	34.7

① 《日本刑事诉讼法》第 461 条的规定，对于可能判处 50 万日元以下罚金或者宣告缓刑、附加没收刑的案件，简易法院依检察官的请求，可以不开庭审理，而只根据检察官提出的材料进行书面审理，作出判决。检察官在提起公诉时同时提出适用略式程序的请求，实际上在起诉状上同时写明“提起公诉，请求略式命令”字样，起诉状同时兼作略式命令请求书。

从前述对日本检察机关审查起诉案件处理的情况可以看出，半数以上的案件均被作出不起诉处理，近年来的起诉率更是跌至三成左右，这些被精选出来认为符合起诉标准的案件送至法院后，几乎全部得到法院有罪判决，同期的无罪判决率仅为1.4‰左右。近年来，无罪判决率有所增长，但也不过3.3‰，也就是说，超过99%的案件都被法院认定有罪，公诉指控得以支持。这也被视作日本“精密司法”的一个注脚。但是，我们不能忽视的是，得出99%有罪率的前提是日本检察机关对公诉标准的妥当把握，将绝大部分不符合起诉标准、不能实现起诉目的的案件都在审查起诉阶段就予以终结，从而保证定罪指控的严肃性和成功率。同时，我们也可以对有罪判决的类型进行简要的分析，发现罚金、拘留、科料等非监禁刑的判处占了相当高的比例，在八成以上，这也是检察机关高简易程序指控选择的当然结果。诉讼分流的一个好处就是减轻了监禁刑的适用，同期监禁刑实刑适用比例仅在6%左右，每年入所服刑的只有2万人左右，大大降低了监禁成本，同时辅以假释、缓刑、保护观察等转处方式，能够较好地减少犯罪人因监狱行刑导致的交叉传染及与社会生活的脱节，使诉讼资源乃至整个社会成本都能够得以节约。

表 4-9 2000—2012 年日本检察机关起诉案件审判情况表

单位：件，%

年次	总数	有罪											总数	罚金、拘留、科料所占比例	实行比例	缓刑比例	无罪	无罪率	其他
		死刑	无期惩役	有期惩役			有期禁锢			罚金	拘留	科料							
				有期惩役	执行犹豫	执行犹豫率	有期禁锢	执行犹豫	执行犹豫率										
2000	986914	6	59	73184	45117	61.6	2887	2708	93.8	906947	81	3141	986914	92.28%	2.87%	4.85%	46	0.0047%	563
2001	967138	5	68	75582	46523	61.6	3003	2805	93.4	884088	71	3713	967138	91.86%	3.03%	5.10%	44	0.0045%	564
2002	924374	3	82	80201	49250	61.4	3510	3277	93.4	837144	77	2752	924374	90.93%	3.38%	5.69%	73	0.0079%	532
2003	877070	2	117	84900	52772	62.2	4017	3763	93.7	784515	38	2774	877070	89.84%	3.71%	6.45%	80	0.0091%	627
2004	837528	14	115	85815	52856	61.6	4215	4001	94.9	743553	51	3014	837528	89.23%	3.98%	6.79%	94	0.0112%	657
2005	782471	11	134	85020	51446	60.5	3904	3655	93.6	689972	26	2829	782471	88.61%	4.34%	7.05%	66	0.0084%	509
2006	738240	21	135	80802	47085	58.3	3696	3459	93.6	650141	21	2868	738240	88.52%	4.62%	6.85%	82	0.0111%	474
2007	615387	23	91	74395	43271	58.2	3547	3336	94.1	533949	13	2842	615387	87.31%	5.11%	7.58%	117	0.0190%	410
2008	530293	10	57	70830	41213	58.2	3367	3179	94.4	453065	7	2507	530293	85.98%	5.64%	8.38%	84	0.0158%	366
2009	503245	17	88	68543	39776	58.0	3362	3169	94.3	427600	16	3086	503245	85.68%	5.78%	8.54%	75	0.0149%	458
2010	473226	9	49	64865	37242	57.4	3351	3203	95.6	401382	6	3067	473226	85.56%	5.89%	8.56%	86	0.0182%	411
2011	432051	22	46	59852	33845	56.5	3229	3111	96.3	365474	8	2964	432051	85.37%	6.07%	8.56%	77	0.0178%	379
2012	408936	10	38	58215	32855	56.4	3227	3122	96.7	344121	5	2868	408936	84.95%	6.25%	8.81%	82	0.0201%	370

第四节　我国台湾地区公诉标准考察

依我国台湾地区“法院组织法”第60条规定，检察官之职权为实施值查、提起公诉、实行公诉、协助自诉、担当自诉、指挥刑事裁判之执行及其他法令所定职务之执行。其中，侦查终结后是否起诉以及提起公诉行为是检察事务最主要的两项工作。根据台湾地区“法务部”2013年度统计手册公布的数据，[①] 2013年年底，台湾地检署共有正式员工4737人，其中承担业务职责的检察官1159人，书记官1304人，检察事务官535人，地检署所侦查、起诉的案件占了全台湾地区的九成以上，全年共计审查终结496964人，人均办理428人，平均每天都要办理一人以上，案多人少的压力非常明显。由此也决定了台湾检察机关在“法务部”的主导下，逐步扩大裁量不诉的范围并增加缓起诉的适用。

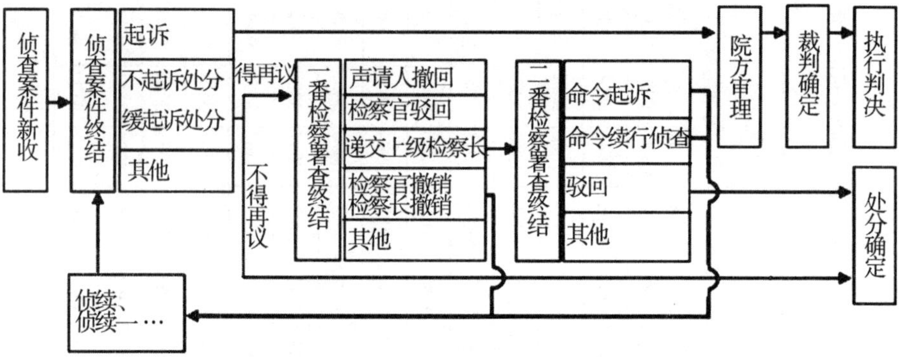

图4-2　我国台湾地区地检署审查处理案件流程图

① 参见http://www.rjsd.moj.gov.tw/RJSDWEB/book/Book_Detail.aspx?book_id=81,2018年9月4日。

一、台湾地区检察机关的公诉标准

（一）证据标准

根据台湾地区“刑事诉讼法”第251条的规定，检察官依侦查所得之证据，足认被告有犯罪嫌疑者，应提起公诉。台湾“刑事诉讼法”要求即使被告之所在不明者，亦应提起公诉。不以被告人是否在案为起诉之必要条件。同时第252、253条规定了不起诉的情形。其中第252条[①]之第十项规定犯罪嫌疑不足者应予不起诉，又称为“应不起诉”。其中罪嫌不足的情形占据了应不起诉的绝大多数，由此也就产生了如何认定犯罪嫌疑充分的问题。台湾地区“刑事诉讼法”第161条第2款起诉审查之要件为指出之证明方法“显不足认定被告人有成立犯罪的可能”，因此“显不足认定被告人有成立犯罪的可能”与“犯罪嫌疑充分”是否同一，是否可以视为提起公诉的证据标准，学界有不同看法。[②] 实务界的做法是，按照台湾地区“司法院”颁布的《注意事项》，“依客观依据与经验法则，徒从形式上审查，以判断被告人显无成立犯罪之可能”[③]，并进一步赋予地方法院对起诉案件的审查判断权，从而防止滥行起诉案件进入审判程序，有其反面的控制功能，也可以强化检察机关起诉证据标准的认定。[④]

上述《注意事项》通过列举的方式，列明了应予驳回起诉的情形，作为各法院审查案件是否达到起诉标准的参考模板。情形之一，起诉书证据及所犯法条记载的证据与卷证资料不符，如一起转让毒品案件中，被告人在侦查阶段承认运送毒品，但卷宗中没有显示扣押物为第一级毒品海洛因的证据，

---

① 案件有左列情形之一者，应为不起诉之处分：一、曾经判决确定者。二、时效已完成者。三、曾经大赦者。四、犯罪后之法律已废止其刑罚者。五、告诉或请求乃论之罪，其告诉或请求已经撤回或已逾告诉期间者。六、被告死亡者。七、法院对于被告无审判权者。八、行为不罚者。九、法律应免除其刑者。一〇、犯罪嫌疑不足者。

② 参见吴冠霆：《我国起诉审查制度之检讨》，《刑事法杂志》2006年第50卷第6期。

③ 王兆鹏：《当事人进行主义之刑事诉讼》，台湾元照出版公司2004年版，第163页。

④ 就是一种起诉后审判前之中间程序，赋予法院通知检察官补正证明方法及逾期不补正时之驳回权限，其法律效果，则系援引“刑事诉讼法”第260条不起诉处分确定后禁止再行起诉之规定，而就违反者应谕知不受理判决 。

检察官又未提出其他证据证明被告人犯罪的，会被法院裁定驳回起诉；情形之二，仅以被告人一人或共同被告人的自白或告诉人的指控，或被害人的陈述为唯一的证据即行起诉，如伤害案中只有告诉人的单方证言，对告诉人伤情诊断上载明的症状是否被告人所为并无其他证据，对此也要裁定驳回起诉；情形之三，以传闻证据、证人所为的与实际经验无关的个人意见或臆测之词等显然无证明力的资料作为起诉证据，又别无其他证据足以证明被告人成立犯罪，如一起杀人未遂案中只有域外的警局报案记录（传闻证据）、被害人陈述的信函并无被害人签名，上述两份定案证据无法调查核实，也会被法院裁定驳回起诉；情形之四，检察官所指的证明方法过于空泛，如仅以有证物若干箱或账册若干本为据，至于该证物或账册中的具体内容是什么，均未经说明，如对扣押物及现场照片未加说明、盗窃案中的赃物未经被害人指认也无相应的报案记录等情形，均会被裁定驳回起诉。但是台湾地方法院为了审查方便，在起诉审查时往往直接套用上述参考模板，一定程度上也造成台湾地区起诉审查标准的模式化和僵硬化。

（二）裁量标准

台湾地区“刑事诉讼法”第253条规定了对轻罪案件，检察官可以裁量不起诉，即针对最高刑为3年以下有期徒刑、拘役或单处罚金的罪行以及窃盗罪、侵占罪、诈欺罪、背信罪、恐吓罪、赃物罪等几种特定犯罪，由检察官充分考虑行为人犯罪之动机、目的、犯罪时所受刺激、犯罪手段、犯罪行为人的生活状况、犯罪行为人的品行、犯罪行为人的智识程度、犯罪行为人与被害人的关系、犯罪行为人违反义务的程度、犯罪的危险或损害、犯罪后态度十一个方面，来决定是否有起诉必要，又称之为“微罪不举”“得不起诉”。这十一个方面基本上涵盖了行为人和犯行本身，而且是以行为人的责任为基础的一个综合衡量。与大陆地区的相对不起诉意旨相似，“法务部多次政策鼓励‘检察官应对微罪勇于作出不起诉处分’，提升结案效率，有效运用司法资源，使轻微案件迅速终结，进而达到诉讼经济及便民的目标。”①

“微罪不举”是指被告有犯罪嫌疑，且具备诉讼条件及处罚条件，但因犯罪情节轻微，显可悯恕，检察官审酌下列犯罪情状：（1）特定行为人

① 蔡金龙:《不起诉处分案件统计分析》,http://www.rjsd.moj.gov.tw/RJSDWEB/common/WebListFile.ashx? list_id=931,2018年9月4日。

身份（如学生）且无犯罪记录；（2）行为人系出于一时气愤；（3）行为人已表达歉意并向警方自首，犯罪后态度良好；（4）行为人已将物品归还被害人，且被害人未发生损害或损害法益甚低等，依职权对犯罪人可以“不起诉处分”或“缓起诉处分”，给予轻微犯罪人一个自新的机会。

另外，为使司法资源有效运用，挽回被害人损失、有利嫌疑人再社会化及特别预防等目的，2002 年 2 月起台湾地区开始实施缓起诉处分制度，依“刑事诉讼法”第 253 条之 1 第 1 项规定，检察官得定 1 年以上 3 年以下之缓起诉期间为缓起诉处分。唯被告于缓起诉期间有“刑事诉讼法”第 253 条之 3 第 1 项各款所列得撤销缓起诉处分之情形，[①] 检察官得依职权或依告诉人之申请撤销原处分，并于确定后分“撤缓侦”案件继续侦查或起诉。缓起诉制度赋予检察官对于重罪以外的案件，出于罪行轻重、行为人责任大小以及公共利益的考虑，可以规定考验期，进行暂缓起诉的权利，类似于大陆的附条件不起诉，但台湾地区的缓起诉适用范围更广，附加条件更多、考验期更长。

第 254 条[②]规定了数罪情形中，如果有一重罪可判重刑，其他轻罪不影响最终确定的刑期的，可以作不起诉处理。

二、台湾地区公诉标准效果

由于台湾地区检察机关承担了绝大部分案件的侦查、起诉，故对台湾地区检察机关的起诉情况进行考察，基本上可以涵盖其起诉标准的运行情况。从台湾“法务部”公布的地方法院检察署侦查案件审查处理情况可以看到，自 2005 年至今，台湾地检署平均每年要办理 51.2 万余人，办理案件数一直居高不下，其中起诉人数为平均每年 21.3 万余人，起诉率为 41.76% 左右，2017 年起诉率更是下降到 40.98%，大概有六成左右的案件并未被起诉。未被起诉的案件又可分为缓起诉和不起诉案件，其

---

① 被告于缓起诉期间内，故意更犯有期徒刑以上刑之罪，经检察官提起公诉者；或缓起诉前，因故意犯他罪，而在缓起诉期间内受有期徒刑以上刑之宣告者；或违背第二百五十三条之二第一项各款之应遵守或履行事项者。检察官得依职权或依告诉人之申请撤销原处分，继续侦查或起诉。

② 被告犯数罪时，其一罪已受重刑之确定判决，检察官认为他罪虽行起诉，于应执行之刑无重大关系者，得为不起诉之处分。

中缓起诉年均4.2万余人，缓起诉人数占全部办理人数的8.31%；另有年均17.3万余人被适用不起诉处理，其中依职权不起诉的比例不到5%；95.1%以上的都是因为罪嫌不足等原因[①]被适用不起诉决定,年均16.5万余人;不起诉率维持在33.9%左右,大概三分之一的案件被适用不起诉处理。

从整体审查处理情况来看,因为证据不足等原因作出的不起诉占整个审查案件的三成左右,证据充分符合起诉条件的也不过整个审查案件的四成左右,另有一成左右的缓起诉案件,这些占了整个审查案件的主体。在这40%的起诉案件中,有将近一半被以简易程序处理,年均10.5万余人;以普通程序处理的年均10.8万余人,普通程序略高于简易程序案件。从2017年的具体数字来看,当年全年共办理584350人,其中起诉239483人,起诉率为40.98%,是近年来起诉率最低的一年;缓起诉46818人,缓起诉率为8.01%,也是近年来最低的一次;不起诉207035人,不起诉率35.43%,较之前两年的数据略有上升,也高于这10年的平均值,其中以罪嫌不足等原因不起诉的有199625人,占全部不起诉的96.42%,证据不足不起诉有逐年增加趋势,由2005年的29.48%增加到2017年的34.16%,近三年基本上都在全部侦结案件的三分之一左右。体现出对证据标准的重视度越来越高。

就罪名别看,罪嫌不足等"应不起诉"处分人数最多之前5大罪名为诈欺罪、伤害罪、毒品危害防制条例、窃盗罪及伪造文书印文罪,[②]多是依靠言词证据定罪的案件。另有7410人依职权裁量不起诉,据台湾检察官的统计,依职权裁量不起诉处分人数最多之前5大罪名为窃盗罪、赌博罪、侵占罪、伪造文书印文罪和公共危险罪,其中窃盗罪人数最多,每年皆达2000多人。[③]

无论是从绝对数字还是比例来看,台湾地区检察机关对侦结案件更多的是运用非起诉的方式予以处理,尤其是缓起诉的适用比例越来越高,但

① 包括改作自诉、送戒治、通缉、并案、移送他管、被告死亡、其他签结等。

② 参见蔡金龙:《不起诉处分案件统计分析》,http://www.rjsd.moj.gov.tw/RJSDWEB/common/WebListFile.ashx? list_id=931,2018年9月4日。

③ 蔡金龙:《不起诉处分案件统计分析》,http://www.rjsd.moj.gov.tw/RJSDWEB/common/WebListFile.ashx? list_id=931,2018年9月4日。

在2014年开始有小幅下降，从2014年最高的10.06%下降到2017年的8.01%，与2010年的情况基本持平。缓起诉制度在考虑维护社会公益前提下，鼓励被告自新及复归社会，实务运作结果确实发挥功能。根据台湾检察官对2009年至2013年缓起诉适用情况的分析，[①]五年中缓起诉处分人数为230974人，占侦查终结人数之9.1%。缓起诉适用中，被告于缓起诉期间应遵守或履行之各款事项，以向公库或指定之公益团体、地方自治团体支付一定之金额最多，为174198人次，其次为预防再犯所为之必要命令89505人次，立悔过书34027人次再次之，提供义务劳务20906人次居第四。就政府而言，微罪者的转向处遇有效节省了司法资源，缓起诉处分金，增加了国库收入；对社会而言，缓起诉小区处遇，提供误触法网的人，回馈社会、补偿的机会；对被告而言，从履行义务中发挥所长，弥补过错，也避免入监服刑所衍生之家庭、社会或犯罪感染等问题，达到多赢之效果。这也是台湾检察官行使裁量权加大案件分流、减少刑罚弊端的一个例证。

经过检察机关充分筛选后起诉至法院的案件已经只有最初的一半左右，由于检察机关充分考虑了证据的充分性以及定罪的可能性，起诉后的案件得以获得较高的定罪率。根据台湾“法务部”发布的统计数据，台湾地检署自2005—2017年13年来年均起诉案件19.7万余人，其中获得有罪判决的平均为17.5万余人，每年被判无罪的在7152人左右，有罪判决率维持在96.1%左右，检察机关公诉行为的严肃性、准确性得以维系。以2017年的具体数据来看，当年共计起诉217372人，其中获得有罪判决的有192627人（包括判刑和免刑），无论是起诉人数还是有罪人数都是13年来的最高值，无罪判决6525人，与之前5年的数据大体相当，浮动不大。定罪率也一直维持在96.7%左右。可以说，检察机关对公诉标准的妥当把握，尤其是缓起诉、证据存疑不诉的充分适用，起到了很好地限制微罪、不合格指控进入法庭的机会，并以多种社会化手段取代了刑罚的严厉性，取得了节约诉讼资源、有利行为人回归、社会关系及时修复的多赢效果。

---

① 参见曾慧青：《缓起诉处分统计分析》，http://www.rjsd.moj.gov.tw/RJSDWEB/common/WebListFile.ashx?list_id=1293，2018年9月4日。

表 4-10　2005—2017 年中国台湾地区法院地检署侦查案件终结情况表 [①]

单位：人，%

时间	总计	起诉					缓起诉处分		不起诉处分				其他	罪嫌不足不起诉率	证据不足不起诉率
		计	通常程序提起公诉	声请简易判决处刑	起诉率	简易程序率	计	缓起诉率	计	依职权	罪嫌不足等	不起诉率			
2005 年	426546	158817	76513	82304	37.23	51.82	28462	6.67	134965	9215	125750	31.64	104302	93.17	29.48
2006 年	474688	189943	90942	99001	40.01	52.12	32729	6.89	154805	9332	145473	32.61	97211	93.97	30.65
2007 年	506648	221486	111596	109890	43.72	49.61	35075	6.92	159291	9359	149932	31.44	90796	94.12	29.59
2008 年	526143	231813	117057	114756	44.06	49.50	36977	7.03	167633	9557	158076	31.86	89720	94.30	30.04
2009 年	518747	216540	105845	110695	41.74	51.12	39387	7.59	172462	10061	162401	33.25	90358	94.17	31.31
2010 年	523887	218443	111719	106724	41.70	48.86	44514	8.50	178689	9053	169636	34.11	82241	94.93	32.38
2011 年	508257	211783	111005	100778	41.67	47.59	49442	9.73	177726	8787	168939	34.97	69306	95.06	33.24
2012 年	494883	203760	106765	96995	41.17	47.60	48884	9.88	174998	7348	167650	35.36	67241	95.80	33.88
2013 年	496964	208262	108471	99791	41.91	47.92	48747	9.81	173679	7620	166059	34.95	66276	95.61	33.41
2014 年	511049	219121	109491	109630	42.88	50.03	51427	10.06	175650	7804	167846	34.37	64851	95.56	32.84
2015 年	529775	226278	115645	110633	42.71	48.89	47743	9.01	186278	7426	178852	35.16	69476	96.01	33.76
2016 年	558404	235549	122890	112659	42.18	47.83	43482	8.37	191924	6952	184972	34.37	87449	96.38	33.13
2017 年	584350	239483	123514	115969	40.98	48.42	46818	8.01	207035	7410	199625	35.43	91014	96.42	34.16

① http://www.rjsd.moj.gov.tw/RJSDWEB/common/WebList3_Report.aspx?list_id=832，2018 年 9 月 4 日。

表 4-11　2005—2017 年中国台湾地区法院地检署起诉案件审判情况表 ①

单位：人，%

年度	件数	被告人数																					定罪率
		总计	科刑															免刑	无罪	免诉	不受理	其他	
			计	死刑	无期徒刑	有期徒刑										拘役	罚金						
						小计	六月以下	逾六月一年未满	一年以上二年未满	二年以上三年未满	三年以上未满五年	五年以上未满七年	七年以上未满十年	10~15年	逾15年								
2005	125539	143417	126884	1	90	83380	47989	17777	10974	1865	1795	958	1381	623	18	28445	14968	94	6378	1171	8542	348	95.2
2006	143622	164339	145670	3	131	96433	56638	19751	11940	1920	2510	1092	1770	790	22	32266	16837	70	6606	1483	10264	246	95.7
2007	171538	196103	173639	—	89	113164	74052	21584	9651	1679	2546	1018	1686	840	108	41287	19099	72	7300	2364	12352	376	96.0
2008	194208	221345	198621	—	111	134555	86587	31942	8155	1481	2511	1003	1637	781	458	42133	21822	64	8583	1489	12387	201	95.9
2009	187898	213570	190399	—	76	124676	79915	30249	7002	1347	2330	937	1724	614	558	39508	26139	75	9151	1313	12376	256	95.4
2010	179094	203489	180015	4	61	117622	79084	23373	6828	1590	2698	994	1774	586	695	39580	22748	66	8373	1136	13681	218	95.6
2011	175063	198336	175243	5	45	117843	79205	22417	7252	1737	3021	957	2029	521	704	35483	21867	57	7127	943	14766	200	96.1
2012	173856	197202	173797	1	54	117212	78987	21856	7310	1795	3285	943	2006	435	595	34773	21757	67	7366	767	15000	205	95.9
2013	169392	190469	168544	11	48	122106	88316	19149	6365	1731	3088	742	1894	334	487	28862	17517	51	6481	700	14454	239	96.3
2014	191139	211166	188472	5	31	156721	125167	17098	7203	1586	2723	598	1714	237	395	22446	9269	85	6357	703	15264	285	96.7
2015	189106	208576	184950	6	39	154075	123286	16715	7697	1473	2519	584	1317	226	258	22483	8347	103	6590	712	15962	259	96.6
2016	186250	204062	181039	1	24	150115	120352	16529	7537	1364	2296	468	1186	154	229	22742	8157	93	6143	650	15891	246	96.7
2017	199579	217372	192451	—	22	157180	125293	17369	8326	1365	2683	485	1305	150	204	27174	8075	88	6525	710	17303	295	96.7

① http://www.rjsd.moj.gov.tw/RJSDWEB/common/WebList3_Report.aspx?list_id=806，2018 年 9 月 4 日。

第五章　英美法系公诉标准考察

第一节　英国公诉标准考察

英国是英美法系国家司法制度的发源地，从大陪审团审查起诉，到国王代理人制度，再到19世纪末的警察公诉制度、总检察长（DPP）制度的确立，公诉制度经历过了700多年的时间才在英国确立起来。1986年，依据《1985犯罪起诉法》成立皇家检察院，英国才建立了现代意义的检察制度。英国皇家检察署，作为英国的公诉机构，承担着“对可能起诉的案件提出建议；对警察提交的案件进行审查；对决定起诉的案件提出指控；为出席法庭做准备；出席法庭支持公诉”等几项任务。[①] 截至2014年3月，英国皇家检察署共雇用了6204名工作人员，其中包括2209名检察官和3614名辅助人员，超过93%的人员战斗在公诉工作的第一线，根据2014年度的检察署报告，2013年共计处理753743件治安法院案件以及124869件刑事法院案件，平均每名检察官每年处理397件各类刑事案件，几乎每天都要处理一件以上。而且检察官还承担着指导侦查、提起公诉、支持起诉等职责，在如此诉累情况下，还能保持80%左右的胜诉率，公诉标准的妥当设定及运用起了关键作用。

① 参见李荣冰：《走近英国皇家检察署》，《检察日报》2009年1月22日第3版。

一、英国检察官守则中的起诉标准

为确保皇家检察官能够准确、迅速地追诉犯罪，其所依据的《皇家检察官守则》（The Code for Crown Prosecutors，以下简称《守则》）对起诉的原则、标准、起诉后的处理（如审判类型、有罪答辩等）进行了详细的规定，其中对起诉标准的规定占了最大篇幅，该守则至今已经经历过七次修改，最近的一次修改是在 2013 年。以下结合 2013 年《守则》的内容对英国检察官提起公诉的标准进行解读。

对提起公诉的案件，一般要进行两步审查（The Full Code Test）：证据审查（The Evidential Stage）和公共利益审查（The Public Interest Stage），对于特殊案件未能满足证据审查标准的，对于符合最低限度标准（Threshold Test）的案件，也可以再加入公共利益审查决定是否起诉。

（一）证据标准

通常意义上的证据审查阶段，对提起公诉案件需要达到的证据标准规定为“预期定罪可能”（a realistic prospect of conviction）。该《守则》第 4 条规定：“皇家检察官应当确信对每一个被告人提出的每一项指控，都具有‘预期可予定罪’所需的充分证据。所谓‘预期可予定罪’，属于客观性审查，它是指陪审团或者治安法官、预审法官，根据法律的正确指导，对被指控的被告人定罪的可能性远远大于不定罪的可能性。”[①] 在决定是否达到这一标准时，检察官必须把辩护一方可能提出的辩护意见考虑进去。皇家检察官在适用这一证据标准时必须考虑该证据能否在法庭使用、[②] 该证据是否可靠以及它的准确性、该证据是否可信，[③] 也就是说检察官提起公诉的证据需要达到可采、可靠、可信三个条件，能够实现“预期定罪可能”的方面达到起诉的证据标准，同时该《守则》也指出该证据标准不同于法庭审判的证据标准，后者需要达到确信被告人有罪的程度。“预期定罪可能”这一证据审查标准并非要求警检对案件已经有充分的确信，而是一种预期可予以定罪，它不涉及有罪的可能性而

① 李路:《英国皇家检察官准则研究》,《延安职业技术学院学报》2014 年第 12 期。
② 包括该证据不被受理的可能性以及该证据在整个证据体系中的重要程度。
③ 有没有可以预见的理由怀疑该证据的可靠性。

是涉及有罪判决的可能性，它并非要求警方对一定是确定充分的案件予以起诉，而是对他们能够确保证据充分的案件予以起诉的规则，该规则鼓励警方将原来证据不足的案件予以强化。①

（二）公共利益标准

证据标准是案件符合起诉标准的前提条件，无法通过证据标准审查的案件，无论性质多么恶劣或者民愤多大，也不能进入公共利益审查阶段。对于达到预期定罪可能的案件，也并非要一概提起公诉，还要进行公共利益的审查。该《守则》第4.12条规定了公共利益的衡量因素，一共7种：（1）罪行的严重程度。通常罪行越严重，对其起诉就越有可能，罪行严重程度还取决于被告人的罪责以及对被害人所造成的损害。（2）被告人的罪责程度。主要有参与程度、预谋和计划程度、是否有前科、罪行是否已经持续升级、同时要考虑犯罪嫌疑人的身体是否有重大精神或身体疾病。（3）受害人情况及损害结果。受害人情况与公共利益密切相关，被害人越弱势，追诉就越发可能。a. 嫌疑人和受害人之间存在信赖和位阶高低的情况，控诉情况会有所不同；b. 受害人是提供公共服务的人，嫌疑人就越有可能受到控诉；c. 如果因为受害人的种族、性别、残疾、年龄、宗教、信仰、性取向等或任何形式的歧视，嫌疑人迫害受害人，则受到控诉的可能性更大；d. 在考虑公共利益是否需要控诉时，受害人甚至是受害人家属的意见必须要考虑；e. 还需考虑检控是否对受害人的身心造成不良影响，并且这种影响能否恢复也在考虑其中。（4）嫌疑人实施犯罪时是否不满18岁。由于未成年人、儿童犯罪行为的特殊性，对其进行追诉应当充分考虑是否有利于其未来的成长，而不仅仅是考虑罪行的严重程度。一般来说，嫌疑人年龄越小，追诉可能性就越低，需要考虑的情形还有罪行的严重程度、嫌疑人的犯罪经历导致无法适用起诉的替代措施、缺少对类似犯行的庭外处置措施等。（5）对社区的影响程度。这里的社区并非单纯地理意义上的社区，而是需要根据犯罪的具体情况进行界定，对社区影响越大，起诉可能也就越大。（6）起诉是否经济（proportionate）。这是2013年《守则》新增加的内容，从成本和收益的角度，考

---

① 参见赵朝、李忠诚、岳礼玲、陈瑞华：《英国刑事诉讼制度的新发展——赴英考察报告》，载陈光中主编《诉讼法论丛》第5卷，法律出版社2000年版，第366页。

虑一个案件能否继续控诉“给皇家检察署和更广泛的刑事司法系统带来的成本，特别是当权衡任何可能判处的刑罚时该成为可被视为超额的情况”。(7) 是否存在需要保护的信源。当公共利益豁免无法满足时，要特别注意如果起诉进行的话，是否会带来更多信源的公开、国际关系或者国土安全受影响等，这类案件需要进一步审查。[①]

(三) 最低限度标准

对于特殊案件，《守则》还进一步降低了证据标准，规定了最低限度标准 (Threshold Test)。《守则》第 5 条规定，最低限度审查“仅在嫌疑人带来大量保释风险和无充分证据，但必须释放嫌疑人时使用”，即同时具备以下三个条件时：(1) 当前没有充分的证据通过证据审查标准；(2) 有合理的理由相信在合理的期限内会有进一步的证据使用；(3) 案件的严重性程度使检察官有理由立即作出控诉的决定；(4) 根据 1976 年保释法有进一步的理由支持不予保释，并且有关案件的所有条件都满足。

最低限度标准中的证据要求有两个：(1) 是否存在合理嫌疑 (reasonable suspicion)。检察官要保证对所指控罪行至少存在一项合理嫌疑，由此，检察官需要考虑后续证据是否可以获得，可以是证人证言、物证或者其他形式的证据，但需要具备相关性、可采性，并可用于本案。(2) 具备上述条件后，还需要考虑能否进一步收集到证明“预期定罪可能”的证据。检察官必须能够在下一步侦查合理的期限内收集到更多的证据，与之前的证据可以达到“预期定罪可能”的程度，这些证据必须是现实的而非推测的。由此检察官需要考虑：任何可能的进一步证据的性质、程度和可采性及其将会对案件产生影响；证据所支持的指控内容；证据现在无法获得的原因；进一步获取证据的时间以及延迟是否合理。

上述证据要求满足后，检察官可以继续进行公共利益的考虑，以决定是否起诉。

二、英国公诉标准的效果

由于治安法院受理的多为轻罪，检察官对是否起诉具有较大的裁量

① 参见 The Code for Crown Prosecutors, http://www.cps.gov.uk/publications/docs/code_2013_accessible_english.pdf, 2014 年 10 月 21 日。

权。根据上述起诉标准，在符合证据条件以及公共利益条件的情况下，检察官才能作出起诉决定。因此检察官们对这些轻罪案件，三成以上的都未直接提起公诉，其中1%左右的案件进行了庭外处理和其他程序处理（非刑罚处理，如根据反淫秽出版物条例进行罚款），另有30%左右的案件采取了诉前处分的方式（Pre-charge decisions），即由检察官审查判断是否需要起诉以及根据检察官指导规范应当以何种犯罪起诉。这些案件涵盖了所有作出此类决定的情形，无论其最终是否被起诉，其中很多诉前处分案件在后续被正式提起公诉。剩下的七成左右的案件被正式提起公诉到治安法院审理，这些案件中有不到80%的案件被定罪，其余案件因终止、令状终结、撤销起诉、因案件不成立被驳回、驳回起诉、证据不足等原因未能获得有罪判罚。

表5-1 2011—2013年治安法院案件（轻罪）审查处理情况表

单位：件，%

	2011年	比例	2012年	比例	2013年	比例
诉前处分 Pre-charge decisions	367067	31.45	306507	29.94	304982	32.07
庭外处理 Out of court disposals	10743	0.92	7688	0.75	3727	0.39
提起公诉 Prosecuted by CPS	787547	67.47	707777	69.14	640657	67.37
其他程序 Other proceedings	1937	0.17	1692	0.17	1605	0.17
合计	1167294	—	1023664	—	950971	—

表 5-2　2011—2013 年治安法院案件（轻罪）起诉后的处理情况表

单位：件,%

	2011 年	比例	2012 年	比例	2013 年	比例
终止(包括具结保释) Discontinuances(including bind overs)	75579	9. 6	68092	9. 6	62200	9. 7
令状终结 Warrants, etc. ①	9094	1. 2	9652	1. 4	9698	1. 5
撤销起诉 Discharges	1308	0. 2	1272	0. 2	313	0. 1
因案件不成立被驳回 Dismissals no case to answer	1362	0. 2	1232	0. 2	1450	0. 2
驳回起诉 Dismissals aftertrial	17681	2. 3	17316	2. 4	17975	2. 8
证据不足 Proofs inabsence	112094	14. 2	97694	13. 8	58169	9. 1
有罪答辩 Guilty pleas	538568	68. 4	483985	68. 4	462733	72. 2
有罪判决 Convictions after trial	31861	4. 1	28534	4. 0	28119	4. 4
合计	787547	—	707777	—	640657	—

2011 年、2012 年、2013 年，英国检察署在刑事法院起诉的案件（重罪案件）均超过 12 万件，其中正式的起诉案件占 75% 左右，另有 8% 左右的上诉案件以及 15% 的量刑申请案件。这些案件中有八成左右获得有罪判决（绝大部分是由于被告人的认罪答辩），其余两成左右由于明显证据不足、被告人有严重身体疾病、已经因其他罪行被处理、证人无法出庭、案件不成立等原因由法官直接判决无罪或者指示陪审团判决无罪以及由陪审团作出无罪判决。

① 包括被告人无法到庭、被捕、死亡或者其他导致诉讼无限期拖延的情形。

表 5－3　2011—2013 年刑事法院处理案件（重罪案件）的组成情况表

单位：件，%

	2011 年	比例	2012 年	比例	2013 年	比例
起诉案件 Prosecuted by the CPS	107244	75. 83	97182	75. 27	94617	75. 77
上诉案件 Appeals	12244	8. 66	10882	8. 43	10358	8. 30
量刑申请 Committals for sentence	21944	15. 52	21039	16. 30	19894	15. 93
合计	141432	—	129103	—	124869	—

表 5－4　2011—2013 年刑事法院案件（重罪）公诉后的处理情况表

单位：件，%

	2011 年	比例	2012 年	比例	2013 年	比例
法官直接决定无罪①（包括具结保释） Judge ordered acquittals (including bind overs)	12527	11. 7	11209	11. 5	10816	11. 4
令状终结等 Warrants, etc.	841	0. 8	773	0. 8	890	0. 9
法官指示无罪② Judge directed acquittals	857	0. 8	783	0. 8	627	0. 7
无罪判决 Acquittals after trial	6290	5. 9	6030	6. 2	5599	5. 9
有罪答辩 Guilty pleas	78106	72. 8	69971	72. 0	68937	72. 9
判决有罪 Convictions after trial	8623	8. 0	8416	8. 7	7748	8. 2
合计	107244	—	97182	—	94617	—

从上述皇家检察署年度报告可以看出，近 3 年来，无论是轻罪案件还是重罪案件，起诉后均有两成的案件最终未能获得有罪结果，但根据英国检察

① 包括明显证据不足、被告人有严重身体疾病、已经因其他罪行被处理、证人无法出庭等。

② 指在控辩双方总结陈词之后，法官认为案件不成立或者为被告人安全考虑，会直接指示陪审团作出无罪判决。

署的统计，有罪判决率在过去10年中已经从74.3%（2003年），提高到了81%（2013年）[①]，通过对2011—2013年共3年数据的分析，可以看到有罪判决率的提升主要取决于证据不足的案件比例有了很大下降：从2011年的14.2%，下降到了2013年的9.1%，降幅超过三分之一。从中也可以看出检察署对于公诉标准（尤其是证据标准）的把握更加严苛。同时，根据皇家检察署拟定的《案件质量标准》，对于案件的审查需要达到的首要标准就是要"提前预测辩点，并解决问题"，即对案件中可能存在的问题进行充分的预测、评估，并加以解决，对于确实无法获取证据的，应当及时终止诉讼。

第二节 美国公诉标准考察

美国最初学习英国建立了大陪审团审查起诉制度，但之后却走出了一条与英国不同的检察制度发展道路。美国的检察制度较早受到大陆法系的影响，公诉制度的形成和检察官组织与警察机构、审判机构的分离比英国要早得多；在决定公诉和进行侦查等方面，美国检察官的职权始终较英国更为突出。当然，美国作为奉行当事人主义的英美法系国家，检察官在诉讼程序特别是在审前程序的地位和作用并不是那么大。

一、美国检察官的公诉标准

（一）证据标准

根据美国检察官守则中起诉标准的规定（United States Attorneys' Manual，USAM）（9－27.200）：当检察官认为一件案件具备"合理根据"（probable cause）时，[②] 才可以进行以下行为：请求或进行进一步的调查；

① Crown Prosecution Service 2013－2014，p.87，http://www.cps.gov.uk/publications/docs/annual_report_2013_14.pdf，2014年10月21日。

② "probable cause"在我国诉讼法研究中有被称为"合理根据"，也有用"可能原因""概然原因""或然的理由""可能成立的理由""相当理由"等指代。参见刘蕾：《美国合理根据证明标准及对我国证据法的启示》，《北京理工大学学报（社会科学版）》2006年第3期。

开始或提出起诉；不起诉并转管辖；不起诉并启动或进行审前分流或其他非刑事处分；或不起诉而不采取其他行动。也就是说案件达到盖然理由时才符合起诉标准，但并非所有达到此标准的案件都会被起诉，还有可能通过不起诉等转处措施。该条对什么是盖然理由也进行了解释，即“是与签发逮捕令或提交控诉书一样的标准，[见 Fed. R. Crim. P. 4 (a)]，也是治安法官要求被告人在地区法院答辩的标准 [Fed. R. Crim. P. 5. 1 (a)]，并且是由陪审团起诉的最低要求。[见 Branzburg v. Hayes，408 U. S. 665，686 (1972)]。当然，这只是最低标准，在特定情况下，如果仅仅满足此标准并不必然能提起公诉，还要进行进一步的调查，而且检察官还是应该考虑所有相关因素（包括那些在下面条款的描述）以决定采取何种行动。在另一方面，如果未达到具备盖然理由这一最低要求，则起诉是绝对禁止的，并且有时也不能由其他司法主体进行非刑事制裁。”《规定》在对该条款进行解读时，进一步指出，证据的充足性是起诉时应当充分考虑的，因为根据 Rule 29 (a)，Fed. R. Crim. P. 的要求，为了避免无罪判决，检察官必须确保能够有足以获得有罪判决的充足证据，也就是说只有在检察官认为公正的事实裁判者可以据此对被告人作出有罪判决的情况下，才可以提起公诉。这并非要求检察官当时已经掌握了所有审判所需的证据，只是要求检察官合理确信这些证据在庭审时应当具备即可。例如，起诉时关键证人并不在国内，但是有合理预期其在开庭时能够作证即可。

“合理根据”一词是美国宪法第四修正案所确认的对被告人进行人身限制、提起公诉时所要求达到的最低标准，但对“合理根据”这一概念如何解释，并没有很多立法方面的说明，而是通过美国联邦最高法院的判决来逐步明确，即“合理根据”是对盖然性程度的描述，需要根据具体的情况进行界定，“合理根据”标准无法通过百分比进行准确定义或量化，因为它涉及的是盖然性，取决于整体情形。[①] 其中一个判决对“合理根据”标准和“合理怀疑”（Reasonable Suspicion）标准作出了相同的决定：“对‘合理怀疑和‘合理根据究竟是何，无法作出准确说明。它们是常识、非技术性概念，涉及的对日常生活中发生的事实和实践的考虑，在此基础上理智和谨慎之人——而非法律技术人员——作出判断。因此，这些标准是

① 参见魏武:《美国刑事证据法中“盖然理由”标准研究》,《河北法学》2008 年第 10 期。

无法真正地——或者是有用地——简化为一套纯粹的法律规则。我们认为合理怀疑仅仅是怀疑被阻留之人实施犯罪行为的个别化的、客观的依据，‘合理根据’则是所存在的事实和证据，它使得一个理智谨慎之人相信违禁品或犯罪证据会被找到，因而应进行搜查。我们提醒大家，和排除合理怀疑证明标准或优势证据（Preponderance of the Evidence）证明标准相比，‘合理根据’和‘合理怀疑’这两个法律原则并非‘得到精确调整的标准’。相反，它们是流动的概念，必须根据具体情境对其实质内容进行评价。决定是否存在合理怀疑或合理根据的首要要素，是导致阻留或搜查的事件，然后从一个客观的、有理智的警察官员的角度，对这些已经发生的事件是否足以构成合理怀疑或合理根据作出决定。”①

同时，规定检察官行为规范的《模范职业行为规则》（Model Rules of Professional Conduct，MRPC，以下简称《模范规则》）中用专条规定了检察官的起诉决定需要具备“合理根据”，即在第3.8条（a）中规定，检察官应当避免进行明知没有相当根据支撑的指控。由全国地区检察官协会制定的《国家公诉标准》中对是否起诉规定为：“只有当合理相信指控能够得到审判时可采的证据支撑时，检察官才能够提起诉讼。”（第43.3条）在此，起诉的证据要求是需要审判时具备可采性的证据，这不同于在大陪审团审理期间，检察官可以提出传闻证据以及其他不可采的证据以证明存在合理根据，后者的证据资格要明显低于前者，也就导致协会标准中的证据要求要高于检察官守则、模范规则。但需要注意的是，上述协会标准、模范规则等，都是一种行为规范，是指导检察官的指引性文件，并没有强制力。而且即使在上述协会标准字面上调高了起诉证据要求，其同时也在内容解读中规定，“起诉决定不是精密科学，因为检察官在决定何为可得证据支撑的最大指控时，必然没有获得对案件事实的全部认识、没有全盘掌握时的情况。结果，随着检察官获取更多有关罪行和犯罪人的信息，就不得不调整当初的起诉决定”②。也就默认了检察官在未对案件全盘掌握时就可以提起指控。

虽然上述准则、行为规则都仅规定检察官决定起诉时只要有合理根据即可，但很多检察官在起诉时适用了更高的标准，如前美国联邦检察官朱莉·格拉霍夫斯基认为，在结案时，自己不但要问大陪审团是否认

---

① 魏武:《美国刑事证据法中“盖然理由”标准研究》,《河北法学》2008 年第 10 期。

② Id. at 131 cmt. ,www. ndaa-apri. org, 2014 年 10 月 21 日。

定有合理根据，还要问他们是否相信案件应当进行下去。[①] 之所以实际起诉时需要具备更高的证据要求，主要基于两个原因：其一，由于被告人接受答辩协议的不确定性，因此，一旦被告人决定受审，陪审团或法官就会采用排除合理怀疑标准来确定案件是否有罪，因此检察官就必须做好准备满足合理怀疑这一更高标准的准备；其二，从职业道德的角度来看，如果检察官都不相信自己能够排除合理怀疑证明被告人有罪，却把案件提交给大陪审团审查决定起诉，这无疑会浪费时间和资源。

（二）公共利益标准

通常情况下，检察官在以下情况提起公诉：确信嫌疑人的行为构成联邦罪行，而且能够获得充足的可采证据以支持起诉。但如果出现以下情况，则应考虑停止起诉：起诉并不具备实质性的联邦利益（Substantial Federal Interest）；被告人被其他司法机关提起有效指控；存在足以替代的非刑罚措施。

在评价起诉所实现的联邦利益时，政府律师应该考虑如果起诉成功可能判处的刑罚或者其他后果，以及是否值得为此花费时间和付出努力。如果违法者已经被判刑，或者已经被监禁，检察官应该考虑起诉其他犯罪是否会有意义地增加刑罚，是否会产生预防犯罪的效果，是否能保证违法者的记录准确反映了其实施的犯罪行为的严重程度。比如，对一个已经实施了另外犯罪的人就可以跳过保释直接起诉，这样执法官和司法官下次在碰见他时就可以认识到对其适用保释的风险。如果在缓刑和假释期间再实施的违法行为，检察官就该考虑是否提起违反保释或者撤销假释的程序要比起诉更符合公共利益。如果违法者先前实施的犯罪行为可能会在上诉时被推翻或者随之受到打击（Collateral Attack），检察官还应该注意采用起诉的方式，防止诉讼时效过期。如果先前在其他司法辖区因同一违法行为或者密切相关的违法行为受到起诉，政府律师应该参考司法部有关“过分指控”（Successive Prosecution）和“双重指控”（Dual Prosecution）的规定以确定先前的指控是联邦指控还是非联邦指控。上述条款中的实质性联邦利益条款，其实与英国法中的公共利益条款有异曲同工之妙，而且，其强调在存在其他可替代的非刑罚措施时，就不应再进行刑事追诉，也是强调了公共利益对司法成本、对被告人改过的考虑。

---

① 参见[美]安吉娜·J.戴维斯:《专横的正义》,李昌林译,中国法制出版社2012年版,第155—156页。

尽管从法律和事实层面都可以得出可诉的结论，但事实认定者很可能因为指控中的非常见因素或者被告人理由的可接受性，而作出无罪判决。例如，涉及民权或者某一非常受欢迎政治人物的案件中，尽管就客观无偏的事实认定者看来，定罪证据很清楚、足以得出有罪判决，但检察官也会犹豫是否陪审团能够判决有罪，在此类案件中，只有被告人具备有利于得出有罪判决的负面评价，检察官才会认为起诉并按照法律程序进行是非常必要的。如在标志性的曾格案中（The Zenger Trial），英国国王向殖民地总督颁布命令，试图绕开陪审团而由他任命的法官直接审理北美殖民地的纠纷。北美殖民地产生了针对英国的激烈批评，并且强烈要求享受他们作为英国人的基本权利。约翰・P. 曾格（John P. Zenger）所创办的报纸《纽约周报》就持续刊发了针对殖民地总督的批评。1734 年 11 月 17 日，地方治安官在总督的命令下直接逮捕了曾格，但是纽约当地两个大陪审团先后都拒绝起诉曾格。相似的，马塞诸塞地方大陪审团也拒绝以诽谤总督之罪起诉《波士顿公报》（Boston Gazette）的编辑。这些事件，被广泛地视为大陪审团保障公民权利不受政府/王权侵犯的最佳注脚。[①]

为了进一步说明实质性的联邦利益究竟为何物，《模范规则》进行了展开，包括：（1）优先保证联邦法律的实施；（2）犯罪行为的性质、严重程度；（3）起诉能否起到阻吓犯罪；（4）行为人的罪过；（5）行为人的犯罪记录；（6）行为人与侦查、起诉等部门的配合程度；（7）被告人可能会判处的刑罚或其他后果。

另外，在社区起诉中，对检察官把握公共利益提出了不同于传统起诉的一些要求[②]：（1）将重点放在解决问题、公共安全和生活质量的问题；（2）与社区在刑事司法制度方面的投入有关，包括法庭（如，在量刑时考虑对社区的影响）；（3）检察官，执法，公众和私人机构、社区之间的关系；（4）多样预防、干预和执行方法（如，采用刑事起诉以外的其他方式来解决问题）；（5）定义明确的重点领域，这在传统上被定义为目标区域；（6）采取回应（如，起诉该警方查明的罪行）和主动策略

① 参见王禄生、张昕：《转型中的美国大陪审团制度——由弗格森枪击案谈起》，《中国党政干部论坛》2015 年第 1 期。

② The Changing Nature of Prosecution，http://www.ndaa.org/pdf/changing_nature_of_prosecution.pdf，2014 年 10 月 21 日。

（参与解决根本性问题）等综合手段。

在考虑起诉是否符合联邦利益时，有些因素是不需要考虑的，如侦查犯罪所需时间和资源。投入多少侦查资源也不能保证提起联邦诉讼，因为还要衡量其他因素。

美国律师协会的《刑事诉讼规则》规定了检察官不受陪审团无罪裁判约束的例外。该规则第3~9条规定："对于某些严重威胁社会公众的案件，即使检察官所在的司法辖区的陪审团，经常对被控犯有这类罪行的人宣告无罪，检察官也可以提起公诉。"美国有些州还对不同性质的刑事案件采用不同的起诉证据标准。例如，在华盛顿州对于侵犯人身权利的暴力犯罪，法律要求的起诉标准比较低，只要检察官有足够的证据让法庭相信被告人应该接受审判，就可以提起公诉；但对于侵犯财产权利的犯罪案件，法律要求的证据标准高于前者，检察官必须在有足够的证据，使有罪判决成为可能时，才能提起公诉。①

二、美国公诉标准的效果

由于居高不下的犯罪率和昂贵的刑事诉讼成本，美国检察官被赋予广泛的起诉裁量权，在1985年魏特诉合众国一案中，美国进一步普遍性地确认了这一原则，在此案的联邦最高法院判决书中明确指出："在美国的刑事司法体制中，政府是否起诉某人具有很大的自由裁量权，决定是否起诉、以什么样的罪名起诉，以及是否交给大陪审团，通常都属于检察官的自由裁量范围。"②

律师协会、检察官协会这些行业组织在规范检察官自由裁量权方面发挥了重要作用。可以说，美国的制定法设置的监督制约检察官行使起诉裁量权的程序很少，而行业组织确立的起诉原则和起诉标准发挥的作用则更大一些。如美国律师协会（American Bar Association）发布有"刑事起诉标准"（Standards for Criminal Justice Prosecution Function），国家地区检察官协会（National District Attorneys Association）也发布有"国家起诉标准"（National Prosecution Standards），还有国家刑事司法标准与目标

① 参见杨诚、单民主编：《中外刑事公诉制度》，法律出版社2000年版，第113页。
② 何家弘主编：《美国刑事诉讼规则》，中国检察出版社2003年版，第305—308页。

建议委员会（National Advisory Commission on Criminal Justice Standards and Goals）也有相关的推荐标准。[①] 这些准则有两个方面的作用：保障政府律师公平有效地行使裁量权，同时也使公众和被告人相信起诉决定都是理性、客观地作出的。这些原则指导检察官作出起诉决定；培训年轻检察官，告诉他们如何履行起诉职责；促成各联邦检察官办公室起诉活动的一致性，以及与司法部优先执法的一致性，使有限的起诉资源发挥最大作用；加强对侦查部门的理解，更好地协调侦查和起诉机关之间的关系。不过联邦起诉准则只是为联邦检察官履行职责提供了指导，并没有产生法律上的约束力。联邦检察官如何适用起诉准则还要根据各个司法辖区的不同情况，灵活适用起诉规则，以实现公平、有效的执法目的。不过，如果联邦检察官在制定起诉政策的或者在起诉实践中修改或者偏离了联邦起诉准则，必须首先得到助理司法部部长（Assistant Attorney General）和司法部副部长（Deputy Attorney General）的批准和同意。

美国律师协会制定的起诉标准，目的是规范检察官的起诉行为、防止检察官滥用起诉裁量权，但是从司法实践取得的实际效果看，收效甚微。雅各比（Jacoby）教授采用“案件组”（case set）的研究方法，对检察官审查起诉的不同类型和不同严重程度的犯罪进行归类，试图寻找检察官应对各种外在因素所持续采取的措施，这些外在因素包括犯罪类型、地方法院所适用的诉讼程序以及法院案件积压情况。研究结果表明，犯罪行为的严重程度，被告人的犯罪记录以及证据的证明力都是影响检察官审查起诉决定的重要因素。雅各比教授进一步研究发现，将宽泛的审查起诉标准变成具体的工作指南相当困难。主要原因在于，无论是检察院还是法院，各自所承受的案件压力和需要处理的案件类型都不一样，这些都对案件的处理方式产生了根本性的影响。因此，各地区必须依据司法实践的要求，以起诉标准为参照，制定适合本地区的审查起诉政策。雅各比教授采用的“案件组”研究方法因为反映了司法实践中的实际状况，所以对检察官的审查起诉工作也起到了切实的指导作用。许多检察官采用这种方法衡量自己所在检察院审查起诉决定是否一致，找出需要明确的审查起诉政策，重点介绍新的起诉政策或者政策上的改变。比如在美国纽约的布鲁克林区，针

---

① 参见孔璋:《中美公诉制度比较研究》,中国检察出版社 2003 年版,第 351 页。

对某些检察官在执法过程不服从起诉或者减轻指控政策的问题，地区检察官根据雅各比教授的研究结论，调查了产生这些差别的原因，制定新的程序以促使起诉政策得到更有效率的实施。①

在美国，辩诉交易广泛适用，至2012年，95%的刑事案件通过辩诉交易定罪②，其中97%的联邦案件和94%的州案件通过辩诉交易定罪③。2013年度美国联邦检察官年度数据报告显示，联邦法院系统的定罪率高达92.24%，其中97%的有罪判决来自辩诉交易④。

根据美国司法部网站中提供的各州地方法院案件审理情况，以2013年哥伦比亚特区高等法院审理的案件为例，陪审团审理的案件比法官审理案件的有罪判决率更高，为77.5%，后者只有62.8%，而且陪审团审理的轻罪有罪判决率要远高出法官审理的有罪判决率，前者为72.4%，后者为61.9%。总体而言，重罪案件的有罪判决率要高于轻罪，轻罪的驳回起诉率更高、定罪率更低，这意味着法官更愿意看到严重犯罪被法庭审判、定罪，这也促使检察官更加积极主动地行使不起诉裁量权、辩诉交易权，将大量的无追诉必要的案件排除在诉讼程序之外。

表5-5　2013年哥伦比亚特区高等法院案件审判结果一览表

单位：件

	有罪答辩(Number of Guilty Pleas)	驳回起诉(Number of Dismissals)	有罪判决(Number of Convictions)	定罪率(Conviction Rate)
重罪	2118	770	2384	73.9%
轻罪	3819	6380	4508	39.9%
合计	5937	7150	6892	47.4%

① See Julie Vennard, Decisions to Prosecute: Screening Policies and Practices in the United States, 2014年8月28日。

② See Nina Totenberg, High Court Expands Defendants' Plea Bargain Rights, NPR News, March21, 2012, http://www.npr.org/2012/03/21/149093334/high-court-throws-out-conviction-in-bad-lawyer-case, 2014年8月28日。

③ See David G. Savage, Supreme Court expands defendant's rights in plea deals, LA Times, March 21, 2012, http://articles.latimes.com/2012/mar/21/nation/la-na-court-plea-20120322, 2014年8月28日。

④ See United States Attorney's Annual Statistical Report, http://www.justice.gov/usao/reading_room/reports/asr2013/13statrpt.pdf, 2014年8月28日。

表 5-6　2013 年美国各州地方法院审理案件情况表（案件流程）

单位：人

地区法院审理案件数				地区法院审理被告人数				治安法院审理被告人数			
开始			结束	开始			结束	开始			结束
未决	已决	终止	未决	未决	已决	终止	未决	未决	已决	终止	未决
72021	61529	61258	71751	113176	83825	82092	113893	22484	88371	84405	22951

表 5-7　2013 年美国各州地方法院审理案件情况表（案件处理）

单位：人

地区法院审理案件数						地区法院审理被告人数						司法处理	
有罪	无罪 ①	驳回	“规则 20” ②	其他 ③	合计	有罪	无罪	驳回	“规则 20”	其他	合计	法庭决定	陪审团决定
74522	46	5735	251	1478	82032	75672	48	6204	265	2216	84405	768	16
90.85%	0.06%	6.99%	0.31%	1.80%	100.00%	89.65%	0.06%	7.35%	0.31%	2.63%	100.00%	—	—

① 包括因精神问题而无罪的 12 件 12 人。

② 移送管辖（transfer for Plea and Sentence）。

③ 包括转处、由其他法庭审理、预审分流、法庭宣告诉讼中止等。

表 5－8　2013 年哥伦比亚特区高等法院审理逮捕案件情况表

单位：人

	数量 (Number)	比例 (Percentof Total)	开庭数量 (Cases Presented)	未开庭数量 (Cases Declined)	终止审理数量 (Cases Terminated)
重罪	4224	18.1%	3412	812	4041
轻罪	19099	81.9%	13204	5895	16913
合计	23323	100.0%	16616	6707	20954

表 5－9　2013 年哥伦比亚特区高等法院陪审团审理案件情况表

单位：人，%

	审判件数 (Number of Trials)	有罪案件 (Number Guilty)	有罪率 (Percent Guilty)	无罪案件 (Number Not Guilty)	无罪率 (Percent Not Guilty)	流审 (Number of Mistrials)	流审率 (Percent of Mistrials)
重罪	286	223	78.0	63	22.0	0	0
轻罪	29	21	72.4	8	27.6	0	0
合计	315	244	77.5	71	22.5	0	0

表 5－10　2013 年哥伦比亚特区高等法院法庭审理案件情况表（Cases Disposed of by Court Trials）

单位：人，%

	审判件数 (Number of Trials)	有罪案件 (Number Guilty)	有罪率 (Percent Guilty)	无罪案件 (Number Not Guilty)	无罪率 (Percent Not Guilty)	流审 (Number of Mistrials)	流审率 (Percent of Mistrials)
重罪	52	43	82.7	9	17.3	0	0
轻罪	1080	668	61.9	412	38.1	0	0
合计	1132	711	62.8	421	37.2	0	0

第三节　我国香港地区公诉标准考察

由于实行多元化的刑事案件检控制度，我国香港地区并没有专门负责检控刑事犯罪的机关，大部分刑事案件由律政司负责检控，少部分刑事案件由警务部门和廉政公署负责检控。由于律政司负责了绝大部分刑事案件的检控，因此，我们对香港起诉标准的分析也集中在律政司承办的刑事案件中。根据香港《刑事诉讼程序条例》规定，刑事案件可在裁判法院（较轻微的案件）、区域法院或原讼法庭（较严重的案件）审理。是否提出检控和以什么罪名提控的决定，由律政司司长或由刑事检控科的律师代表律政司司长作出，而司长则为所有检控决定负上最终责任。作出决定时，律师会依据《检控守则》指引行事。[①] 裁判法院的检控工作大部分都是由称为法庭检控主任的公职检控人员负责。刑事检控科的律师有时会在裁判法院进行检控，主要是因为案件重要或涉及复杂法律观点。刑事检控科的律师处理几乎所有上诉案件、大部分原讼法庭的检控工作，以及相当数目的区域法院案件。私人执业大律师和律师经常受聘代表该科执行检控工作（称为外判大律师或外判律师）。一般而言，区域法院、裁判法院中外判律师在区域法院、裁判法院进行指控的比例较高，大约在三分之一，在原讼法庭、上诉法庭中开庭比例较少，最多不超过两成。案多人少是刑事检控科的一个显著特点，如2017年律政司刑事检控科共提出152801多件检控，而当时其主要工作人员仅有143名检控官、136名法律辅助人员（包括法庭检控主任、法律翻译主任及律政书记）以及223名其他人员，总计不过502余人，其中承担检控职责的279名检控官及辅助人员，平均每人每年承办548件案件，平均每人每天要办理2件案件，而案件审讯前，刑事检控科的律师需要完

---

① 参见香港特别行政区律政司：《2012年工作报告》，http://www.doj.gov.hk/publications/doj2012/sc/text/t_prosecutions.html#1，2018年9月4日。

成大量工作，包括整理和评估证据，并进行所需的法律研究。①

表 5－11　中国香港律政司职位编制统计表（截至 2017 年 12 月 31 日）

单位：人

科别	首长级		非首长级		
	政府律师	其他人员	政府律师	法律辅助人员②	其他人员
律政司司长办公室	—	1	1	—	14
民事法律科	24＋1③	—	150	56	136
国际法律科	7	—	19	4	13
法律草拟科	15＋1④	—	29	26	61
法律政策科	11	—	38	8	33
刑事检控科	27	—	116	136	223
政务及发展科	—	4	1	—	206
小计	84＋2⑤	5	354	230	686
总计	89＋2⑥	1270	—	—	—

表 5－12　2016—2017 年中国香港律政司刑事检控科提供刑事检控情况表

各级法院审理的刑事/上诉案件数目	2016 年	2017 年
终审法院案件及相关的申请		
已审结的上诉案件数目	119	101
（包括控方提出的上诉案件数目）	－10	－2
上诉法庭		
已审理的上诉案件数目	444	380

① 参见香港特别行政区律政司：《主要数字及统计资料》，http://www.doj.gov.hk/sc/about/stat.html，2018 年 9 月 4 日。

② 法庭检控主任、法律翻译主任及律政书记。

③ 编外职位。

④ 编外职位。

⑤ 编外职位。

⑥ 编外职位。

续表 5-12

各级法院审理的刑事/上诉案件数目	2016 年	2017 年
(包括控方以案件呈述方式提出的上诉案件数目)	0	-1
(包括控方提出有关复核刑罚的上诉案件数目)	-3	-9
原讼法庭(裁判法院上诉案件) 已审理的上诉案件数目	657	620
(包括控方以案件呈述方式提出的上诉案件数目)	0	-3
原讼法庭 公诉书数目	330	156
区域法院 控罪书数目	1208	1157
裁判法院 根据《裁判官条例》(第 227 章)第 104 条提出的复核申请数目	47	20
由法庭检控主任处理的案件数目	147857	150387

诉讼的膨胀性、诉讼资源的有限性，导致香港检控机构要通过精选提起指控的案件，来确保指控的有的放矢，通过行使裁量权，斟酌起诉，将大量的没有起诉必要或者过于浪费法庭审理资源的案件分流出去，避免刑罚的弊端并节约诉讼资源，是香港《检控守则》的初衷。

一、香港地区的公诉标准

香港《刑事诉讼程序条例》规定："律政司司长在任何案件中如认为为了社会公正而不需要其参与，则并非一定需要检控任何被控人。"由此，检控决定的作出需要达到两个标准：一是现有证据足以支持提出或继续进行诉讼程序。二是基于公众利益（社会公正），有公诉的必要。检控人员不得单凭案件有嫌疑或表面证据成立便进行检控。因此，为了保证检控标准的统一性和指控的公平性、公正性，刑事检控科自 1993 年起发表刑事检控政策指引。他们参考检控人员的经验以及香港市民所关注的问题，也参考了其他主要普通法司法管辖区的发展情况，并汲取了国际检察官联合会同业的观点，与时俱进地修正刑事检控政策，历经 1998 年、2002 年、2008 年、2012 年的四次更新，最新的《检控守则》突出强调“公众利益是检控工作的首要考虑因素”。

（一）证据标准

根据《检控守则》（2013），判断“证据是否充分”需要控方必须在法律上有充分证据支持检控，即是这些可接纳和可靠的证据，连同可从这些证据作出的任何合理推论，相当可能会证明有关罪行。证据充分的验证标准是：根据这些证据，是否有合理机会达致定罪。要符合这项验证标准，检控人员必须先行对下列事宜作出判断：（1）所获得的证据；（2）对这些证据是否可接纳及/或是否可靠的任何可能质疑；（3）证人是否可出庭作供、证人的作证资格、证人证供的可信程度，以及法庭可能对证人作出的评估；（4）任何可合理预期的相反证据；（5）辩方可能提出的辩护；（6）合理的事实审裁者在妥为获悉有关法律后，按照案件所有证据及论点会如何作出处理。

同时，检控人员在证人方面需要考虑以下事项：证人的记忆是否可靠、是否有夸大其词的指控、与被告有没有联系（有利或不利联系）、是否有隐瞒部分事实的动机、证人能否出庭作供、证人的心理或其他个人特性（包括证人是儿童或无行为能力的人）、证人是否易受辩方攻击。

如果案件不符合证据充分的验证标准却继续进行检控，“便不合乎公众利益。必须负责任地将检控所需的资源只应用于公平而相当可能有效的法律程序”。

（二）公众利益标准

案件即使符合证据充分的检控验证标准，检控人员还须考虑有关公众利益的规定，只有符合公共利益考虑的，才能提起检控。

公共利益评估需要考虑的因素，主要涉及罪行的严重程度、罪责程度、行为人的人身情况（包括前科），并从犯罪一般预防的角度，强调审查罪行的普遍性以及指控对于预防此类情况再次发生的可能性大小，另外，刑罚可替代措施的有无也是决定起诉必要性的重要参考。如在处理涉及年轻犯案人士的个案时，检控人员都会寻求检控以外的其他处理方法，而提出刑事检控只是最后的处理方法。在“2008 年十七岁或以下的少年罪犯当中，有 2358 人（占 37.4%）受警方警诫，作为检控以外的处理方法”①。

具体在《检控守则》中列举了14项关乎公共利益考虑的内容，并表示并不限于下列方面：（1）罪行的性质及情况，包括任何导致加重刑罚或减轻罪责的情况；（2）罪行的严重程度：较严重的罪行，较大可能会基于公众利益而进行检控，这些较严重的罪行包括令受害者遭受重大伤害或损失的罪行，或涉及多名受害者的罪行；（3）检控对香港执法工作优先次序的影响；（4）检控有否任何延误及其因由；（5）触犯的罪行是否轻微、属技术性质、过时或含糊不清；（6）疑犯的刑事罪责程度；（7）涉及其他疑犯共同犯案；（8）疑犯有否与执法机关合作或表现悔意：如疑犯作出承认、表现悔意、已补偿受害者及/或在检控他人的程序中与当局合作，则不检控疑犯也可符合公众利益；（9）疑犯的任何犯罪记录；（10）疑犯、证人及/或受害者的态度、年龄、本质、身体或心理状况；（11）案件可能的最终处置安排；（12）罪行是否普遍及检控是否有阻吓力；（13）会影响任何法律程序公正的特殊情况；（14）检控以外的其他可行方法（例如警诫、警告或其他可接受的处理办法）及这些方法的成效。

另外，《检控守则》对少年犯指控采取了更为审慎的态度，“要检控少年，必须首先顾及他们的福利”②，由此决定了控方通常选择以刑事检控以外的其他方法处理涉及少年的指控，除非有关罪行十分严重，又或者基于其他情况须为公众利益而提出检控。

《检控守则》第15.4条规定了在决定检控少年是否符合公众利益时，应特别考虑下列因素：（1）指称罪行的严重程度；（2）少年过往的背景记录；（3）少年的年龄、能力及心智和身体的表面成熟程度；（4）少年从家庭和其他人可得的支持；（5）当时的学业或就业安排；（6）可供法庭选择的判处刑罚；（7）检控以外的其他可行方法（例如警诫）及这些方法的成效。

（三）精神状况

香港《检控守则》中的一大特点就是将被告人的精神状况单独作为

---

① 林燕：《香港刑事检控工作印象》，《检察日报》2009年6月25日第3版。

② 香港特别行政区律政司：《检控守则》，http://www.doj.gov.hk/chi/public/pdf/2014/pdcode1314c.pdf，2014年12月21日。

衡量是否有指控必要的一个因素，赋予控方可根据更加有利于照顾和保护精神病人的方针决定是否起诉。该《检控守则》第5.10条规定：“刑事司法制度具有保护社会及社会每一分子的作用。控方可能不时认为，宜对精神病患者起诉适用的罪名，主要目的是通过法庭行使其司法管辖权，作出有利于照顾和保护精神病患者及保护社会的命令。”

二、香港地区公诉标准的效果

香港的便宜起诉方针辅以《检控守则》中的起诉标准，使香港律政司能够用精要的人力资源处理大量的刑事诉争，甚至还有很大的时间和精力负责对各级公共机构提出的法律指引需求进行答复。根据香港律政司的年度报告，在2011—2013年的3年时间里，每年由法庭检控主任在裁判法院处理的案件数目都在170万件以上，这些基本上都是简易程序案件，另在区域法院或者原讼法院以控诉书或者公诉书的形式提起的正式起诉不过1500件、1600件左右，定罪率维系在半数以上，其中审理严重罪行的区域法院和原讼法庭的定罪率要高于审理轻微罪行的裁判法院，如2012年的定罪率（包括认罪案件）在裁判法院为73.3%，在区域法院、原讼法庭的定罪率就达到了91.4%和91.6%，超过9成的重罪指控得到支持，而尚有3成左右的轻罪未获法院有罪判决，2013年定罪率有所上升，但裁判法院的定罪率还是在72.3%，区域法院、原讼法庭的定罪率达到了95.3%和94%，无罪判决的数量和比例有了一定的下降，这也可以视作新《检控守则》带来的正效益。从2015年、2016两年的数据来看，重罪的定罪率均较之2013年有小幅下滑，但轻罪的定罪率一直处于上升，如2016年的定罪率（包括认罪案件）在裁判法院为74.00%，在区域法院、原讼法庭的定罪率就达到了94.60%和91.10%。

如陈某光（又名陈某生）涉嫌盗窃一案（KTCC 663/2014），嫌疑人陈某光于2014年2月7日被立案起诉盗窃罪，[①] 至2014年7月，律政司根据家事司法文件和警方最新的调查结果，检控科人员认为证据的整体情况有所改变。当中主要考虑包括：(1)新证据显示原有证据及证人供词的可

---

① 指她于2012年6月14日于通菜街东宝大厦地下大堂信箱偷走一封信，涉案地址上为何东舜铭通讯地址。陈坚称所拿走的只是广告宣传单张，并非私人信件，而且获得授权书进入该大厦。

信性存在问题，有相当机会不被刑事法院接纳为可靠证据；(2)虽然案发经过被闭路电视拍下，但鉴于家事司法文件及警方最新的调查结果，控方将会没有合理机会证明陈女士案发时有犯罪意图。因此，律政司检控科作出不继续检控的决定。其作出不起诉决定的理由也主要是根据证据情况的变化，有可能不被法院认定为可靠证据，犯罪嫌疑不足。再如马某珍案中，被告人马某珍系香港《东方日报》创办人，因涉嫌贩运毒品罪行于1978年潜逃至今仍被通缉，其后三次向法庭申请撤销拘捕令，均未获准。直至2014年4月香港律政司基于其第三次撤销申请，认为由于被控罪行发生于1978年，时间久远，很多证人相继不在，或者因为年纪已经很大而不记得相关事情，又或有些即使仍然在世，亦未必愿意合作，律政司在2005年复查检控工作时，已决定没有足够证据可以再继续，如果马某珍回到香港，控方会不提证供起诉。①

表5-13　2011—2013年香港律政司检控犯罪情况表

单位：件

各级法院审理的刑事/上诉案件数目	2011年	2012年	2013年
刑事检控科提供法律指引的次数	12067	10554	11307
终审法院案件及相关的申请 已审结的上诉案件数目 （包括控方提出的上诉案件数目）	131 （8）	119 （8）	—
上诉法庭 已审理的上诉案件数目 （包括控方以案件呈述方式提出的上诉案件数目） （包括控方提出有关复核刑罚的上诉案件数目）	458 （1） （14）	582 （1） （14）	—
原讼法庭（裁判法院上诉案件） 已审理的上诉案件数目 （包括控方以案件呈述方式提出的上诉案件数目）	866 （1）	789 （4）	—

① 参见《香港律政司：马某珍案证据不足，没有合理定罪机会》，http://www.chinanews.com/ga/2014/04-15/6064168.shtml，2014年12月4日。

续表 5－13

各级法院审理的刑事/上诉案件数目	2011 年	2012 年	2013 年
原讼法庭 公诉书数目	278	306	—
区域法院 控罪书数目	1388	1206	1185
裁判法院 由法庭检控主任处理的案件数目	171026	170774	170715

表 5－14　2012—2016 年中国香港地区起诉案件定罪情况表

单位：人，%

	认罪后被定罪的定罪率	经审讯后被定罪的被告人数	经审讯后裁定无罪的被告人数	经审讯后的被告人定罪率	包括认罪案件的定罪率
	(A)	(B)	(C)	(B)÷[(B)+(C)]	[(A)+(B)]÷[(A)+(B)+(C)]
裁判法院 Magistrates' Courts					
2012 年	5422	2690	2959	47.60	73.30
2013 年	4663	2409	2714	47.00	72.30
2015 年	4038	2357	2180	52.00	74.60
2016 年	3944	2061	2114	49.40	74.00
区域法院 District Courts					
2012 年	1238	204	135	60.20	91.40
2013 年	1115	269	68	79.80	95.30
2015 年	952	191	81	70.20	93.40
2016 年	1012	182	68	72.80	94.60
原讼法庭 Court of First Instance					
2012 年	353	94	41	69.60	91.60
2013 年	436	66	32	67.30	94.00
2015 年	430	77	35	68.80	93.50
2016 年	419	61	47	56.50	91.10

第四节　他山之石：域外公诉标准之借鉴

以英国、美国为代表的英美法系国家基于其当事人主义的刑事诉讼理念，通常采取起诉便宜主义的立场，在行使公诉权的过程中对于是否提出指控、指控罪名和范围的选择等一系列环节上，检察机关都拥有广泛的自由裁量权。随着以美国为代表的辩诉交易制度的盛行，检察机关的公诉裁量权在实质上进一步扩大和深化。以德国、法国等为代表的大陆法系国家则长期奉行职权主义的刑事诉讼理念，一般都以起诉法定主义为其基本立场，检察机关的公诉标准受到严格的限制，除轻微犯罪外，对于一般的刑事犯罪检察机关皆须依法予以起诉。检察机关在对起诉的罪名、起诉的范围进行裁量时也要受到比英美法系国家更多的限制。除此之外，第二次世界大战后的日本基于其特殊的历史背景，在司法传统上同时受到大陆法系和英美法系的影响，其检察机关的公诉标准具有典型的混合法系的特征，裁量权的行使比欧洲大陆国家更为灵活、广泛，公诉裁量权的范围和控制机制也介于两者之间。虽然大陆法系、英美法系的审判模式、证据规则有所不同，但二者在公诉标准的设定上都有一定共同之处。

一、通过一定的证据标准限制避免不当起诉侵犯人权

作为国家公诉权行使的代表，检察机关负有指控犯罪，追究刑事责任，维护刑法稳定、有效的职责。为使国家刑罚权得以实现，需要确保提起公诉行为能够顺利进行，但另一方面，公诉权的发动也应具备一定的条件，不能随意出入人罪，否则既是对诉讼资源的浪费，也是对当事人人权的侵害，由此决定了提起公诉的需要有一定的证据标准，不能凭借想象或者追诉的愿望，就任意提出指控主张。虽然刑事起诉证据标准越低，罪犯受到刑事处罚的可能性就越高，但是如果公诉标准过低，缺乏对公诉裁量权的制约，那么就不能避免检察官片面出于追诉、打击的需要，而故意将一些证据不足或者定罪可能性不大的案件提起公诉，从而使无辜公民被错误指

控的可能性大大增加。因此，必须合理地设定证据标准，以确保重大案件能够进入刑事诉讼程序得以审理，但又不能设定太低的证据标准，使公诉权能够轻易滥用。

二、公诉证据标准略低于审判有罪证据标准，提起公诉后并未停止收集证据

对提起公诉的证据标准提出过高的要求，则有违诉讼规律要求。随着诉讼活动的进行，用于证明案件事实的证据可能会越来越多，事实会越来越清楚，提起公诉只是整个诉讼中的一个中间环节，并非最终阶段，而且采纳证据、确定证据的证明力的是法官，对公诉提出过高的证明标准是不应当的。在规定较低的起诉标准的情况下，检察官可以较为从容地行使公诉权，不用过分担心案件被动辄驳回起诉。

提起公诉的证据标准虽然略低于审判有罪的证据标准，但公诉的提起并没有停止收集证据。如《德国刑事诉讼法典》规定，为了查明事实真相，法院应当依职权将证据收集扩大到所有对于裁判具有作用的事实、证据上。法官在检察官提起公诉后可以依职权收集控诉方和辩护方均未提出的证据。法国的检察官在提出控诉后也可以继续收集与案件事实有关的新的证据。英美法系国家的诉讼法也规定，在犯罪嫌疑人被逮捕后必须尽快对其提起公诉，检察官还可以向陪审团或法官移送被大陪审团审查过的证据以外的其他相关的证据。①

三、通过公共利益的衡量尤其是司法成本的考虑避免滥诉

各国普遍采取了起诉便宜主义，对达到起诉证据要求的案件也并非一概诉之，而是居中裁断，审查诉与不诉哪个更符合公共利益、更能起到诉讼资源合理利用的作用，更有利于被告人、被害人合法权益的保障，这是

---

① 参见孙长永主编:《刑事诉讼证据与程序》,中国检察出版社 2003 年版,第 125 页。

检察官裁量权的当然之意，也需要检察官能动行使裁量权，使案件能够妥当、合法的终结。公诉权的动用，虽然简单、方便，但有可能带来被追诉人及其家庭的灭顶之灾，所以从矫治、回归的角度，如果采用非刑罚方式更有利于惩戒、规范被告人行为的，可以考虑公诉权的审慎、谦抑行使。从长远看来，这种公诉裁量也有利于整个司法资源的节约，如减少法庭的审判、避免羁押成本等，因此，各国都强调公诉行动中对公共利益的考虑。

四、在预期可以进一步获取证据的特殊案件中可以适度降低证据标准，但公共利益标准仍需坚持

证据标准和公共利益标准是检测案件是否达到起诉标准的“两把钥匙”，但在某些特殊情况下，“两把钥匙”的标配也可以稍微变通。如在某些社会关注度极高、民愤很大的案件中，检察官在证据可能并不一定能获得有罪判决的情况下，也要提起公诉，这也是公诉行为代表国家、作为公共利益代言人的一个特点，不仅要考虑结果，还要做足这个公诉的过程，体现国家对特定犯罪行为反对、惩罚的坚决态度。

五、设定合理的公诉标准，并随着社会形势要求不断修正

随着刑事法网的日益扩张、犯罪手段的日新月异，各国的犯罪数量都呈上升趋势，而可供利用的司法资源则一直处于相对稳定的状态，无论是检法的司法人员还是对案件审查判断的时间、精力要求，都未能随着犯罪数量的增长而上升，由此导致案人比一直居高不下，司法机关的诉累繁重。为了合理化解案件压力，各国司法体制都设计为层层筛选、多种分流方式，通过赋予检察官的审查权、裁量权，来限制进入诉讼程序的案件，保障最终的法庭审理程序只适用于少部分刑事案件，对大部分的轻微刑事案件尽早采用非诉、转处等方式处理，合理地利用诉讼资源。检察机关自由裁量权也呈逐步扩大之势，但这种运用裁量权予以不起诉处理的分流方式是与整个诉讼资源的配置密切相关的，即不是简单地将案件不诉了之，而是通

过转处、起诉犹豫、暂缓起诉、处罚令等多种刑罚替代措施，来使被不起诉人能够得到相应的惩罚和矫治，使被害人权益能够得到相应的补偿，而且整个社会的资源、成本能够得以节约，这种制度设计的整体性、流畅性、呼应性，也是检察机关能够顺畅行使不起诉裁量权，运用公共利益标准裁量不诉的一个重要原因。

六、对检察机关行使裁量权的情况加强监督

无论是通过赋予被害人强制起诉权，还是增设审查委员会、大陪审团等第三方审查机构，都是为了抗衡检察官日益扩张的自由裁量权。绝对的权力就会导致绝对的滥用，在相对封闭的审前程序中，检察机关拥有将案件终结抑或提起公诉的权力，对此，需要加强程序制约和外部监督。各国的司法实践都是对滥用起诉权进行重点监督，对不起诉权的滥用则交给当事人进行监督。如英美等国家对检察官不起诉行为基本上没有限制，但对提起公诉则采用大陪审团审判、法官预审等制度加以控制，防止滥诉。各国对裁量权的监督重点是不当起诉行为，对检察官行使自由裁量权予以不起诉的，则将相应的救济权利交予当事人，如德国的强制起诉制度以及日本的准起诉制度，如果当事人双方没有意见的，就认为检察官的不起诉合理、正当。

同时检察机关内部也通过行业协会准则、组织培训等方式，对某一地区、某一类型案件的公诉标准进行统一规范。如苏格兰斯图尔特委员会的领导者威廉·查默斯本身就是皇家执法官（Crown Agent），他每年至少与苏格兰每个检察院的检察官都要讨论一次起诉政策。地区检察长（Regional Procurators Fiscal）相应地每月要定期与皇家执法官讨论起诉政策，并且将地方检察官（District Prosecutor）的意见带到讨论会上。再如“美国检察官行政办公室”（the Executive Office for the U. S. Attorneys，以下简称 EOUSA）是负责联系设在华盛顿的司法部和 94 名联邦检察官的主要行政机构，帮助联邦检察官制定政策，进行行政管理以及提供指导和进行监督。除此以外，它还通过下设的“国家律师中心”（National Advocacy Center）对联邦、州和地方检察院的检察官和律师提供有关律师和诉讼业务的培训。通过培训，刑事诉讼的各个参与者都按照统一的标准准备案件，有利于刑事诉讼程序顺利进行。

第六章　科学公诉标准的界定：刚性标准与弹性标准

第一节　公诉标准的含义与价值

一、公诉标准的含义

公诉标准是指检察机关对侦查机关侦查终结的案件经过审查后、决定提起公诉时，所应达到的条件、门槛。由于某些国家，如日本等，实行国家追诉主义，追诉权完全由国家垄断，私人自诉被禁止，在此场合公诉标准又等同于起诉标准。公诉的提起，必须达到法定标准，未达到标准的不能擅自动用国家权力予以追究，否则就是对国家权力的滥用。公诉标准的设定，是基于对滥用国家权力、侵犯公民合法权益的担心，而对国家追诉的一种限制和制约，同时秉承权力制衡的原则，在创设权力的同时，又创设对其的制约。

根据域外经验以及指控犯罪的需要，检察机关在对案件进行审查时，要分别考量公诉的合法性和公诉的必要性两个方面，公诉标准应当有两个维度：刚性标准与弹性标准。首先，案件必须达到公诉刚性标准，这是首先要考量的，需要犯罪嫌疑人有被定罪的现实可能性，主要是提起公诉时需要达到的证据标准问题。对公诉证据标准的确定，是建立在对刑罚权或称定罪期待之上，该标准的具备与否直接决定了案件是否交付审判，但并不意味着要与定罪的标准保持高度一致，否则就会导致审判程序事实上的前置、法庭审理的虚无化，影响诉讼效率。其次，并非达到了公诉法定标准的案件都必须提起公诉，案件同时还需要通过公诉弹性标准的检验，即案件应当具有公诉的必要性。这种必要性的考察，需要检察机关对公共利益进行衡量，综合考虑刑事政策、犯罪嫌疑人自身情况等因素，认为对国家、社会或对当事人而言，公诉的结果利大于弊，确实有诉至法院的必要之时才应当发动公诉。否则即便案件达到了公诉的法定标准，仍然不应该被提起公诉。正如有学者称，“目前，世界上没有任何一个国家在起诉时采用完全不考虑是否具有公诉的必要性而必定起诉的完全起诉法定主义”①。

现代公诉权理论有两个立足点：保障公诉权行使和防止公诉权滥用。其中后者已经成为现代公诉权理论的重点。② 公诉标准是检察机关行使公诉权的一把标尺。其中公诉的证据标准是第一层次的标准，即只有达到一定证据标准，具备相应证据的质和量的案件，才具备进入法庭审判的资格，否则就得存疑不诉之。公诉裁量标准是第二层次的标准，是检察机关对案件进行的再次过滤，将那些既能够诉、又需要诉的案件选拔出来，移送法院接受正式审判。公诉权的行使需要受到严格约束，公诉标准的设计就是为了给公诉权行使确定妥当的尺度，对于那些达到公诉标准的案件，检察机关应当提起公诉，这不仅是在行使权利，也是在履行职责；对于没有达到公诉标准的案件，检察机关应作出不起诉决定，将其排除于审判程序之外。达到公诉标准而不诉、没达到公诉标准而强行公诉，都是违反检察机关法定职责的行为。

二、公诉标准的价值

在我国，公诉标准问题在刑事诉讼法中并没有得到明确规定，理论界对这个问题的关注也比较有限。在审查起诉、提起公诉环节，对公诉证明标准和证明标准层次理论等领域，学者关注较多，对各种“标准”

---

① 冯涛：《日本起诉犹豫制度探析——兼论与暂缓起诉的区别》，载徐静村主编《刑事诉讼前沿研究》（第七卷），中国检察出版社 2008 年版，第 318 页。

② 参见龙宗智：《论刑事公诉制度的几个问题》，载龙宗智《相对合理主义》，中国政法大学出版社 1999 年版，第 294 页。

“条件”等概念研究颇多，但尚未对刑事案件公诉标准进行系统论述。我们所探讨的公诉标准这一概念，是指刑事案件在审查起诉阶段，检察机关用以判断案件是否应该被提起公诉所参照的标准，也即检察机关提起公诉时案件所应达到的标准。要对公诉标准进行准确的界定，需要对公诉权本身进行分析。刑事公诉权是公诉权力要素的集合体，对刑事公诉权权能做横向划分，可分为积极公诉权和消极公诉权，前者为起诉权，后者为不起诉权。从起诉权来看，公诉权是一种积极的犯罪诉追权，它以追究被告人的刑事责任、打击犯罪、维护社会稳定秩序、恢复被破坏的法律秩序为使命；从不起诉权来看，不起诉权随着检察官起诉裁量权的行使，极其有可能被滥用，致使犯罪分子得以逃脱刑事审判，社会秩序和法律秩序得不到有力的维护。[①] 因此，着眼于公诉权的两个维度，公诉标准也有相应的刚性标准和弹性标准之分。公诉标准的刚性标准旨在解决积极公诉权行使的问题，对于指控的罪行必须达到相应的证据标准才能被提起公诉，否则就只能存疑不诉，但在某些特定场合，如公共利益需要，这种证据标准可以适当变通；公诉标准的弹性标准则旨在解决消极公诉权行使的问题，即对于未达公共利益要求的案件，不能随意发动公诉权。二者相互补充、互为对照，形成了统一的公诉标准。公诉标准起着限流、分流的作用，将案件分成两类，一类进入审判，另一类则排除于审判程序之外。妥当地把握公诉标准，可以防止滥用不起诉权的消极公诉行为，也可以减少任意扩大公诉范围、降低公诉门槛的积极公诉行为。

三、公诉标准与相关概念的界分

（一）与公诉证明标准的关系

诉讼活动是一个对过去事实进行追溯的过程，而追溯的基础就在于案件的证据，因此，证据的充分与否，往往制约着诉讼流程能否顺利进行。具体到公诉环节，审查起诉的一个主要结论就是应否提起公诉，其主要依据就是在案的证据情况，因此公诉的证明标准就像一枚卡尺，用以衡量各

---

① 参见谢佑平、胡超：《试论公诉条件及其审查程序》，《杭州商学院学报》2002 年第 6 期。

个刑事案件，只有通过卡尺衡量的，才有流入下一个环节的可能，从这个角度看，公诉的证明标准是确定案件是否起诉的关键一环，但并非唯一因素。但公诉标准和公诉证明标准两个概念的内涵和外延并不相同。

第一，二者的外延不同，公诉标准包括公诉证明标准。证明标准①，是指根据法律规定，承担证明责任的主体运用证据证明自己的事实主张或认定案件事实所要达到的标准。不同诉讼阶段的证明标准并不相同，具体到公诉阶段，公诉的证明标准指的是人民检察院运用证据证明起诉书的事实主张所要达到的程度。证明标准“告诉当事人什么时候诉讼证明成功，其证明责任得以卸除，而事实主张得以成立”②。提起公诉的案件必须要达到公诉的证明标准，这是检察机关在提起公诉之前必须完成的证明任务，然而并非所有达到了证明标准的案件都将被提起公诉。因为要达到公诉标准，除了必须符合证明标准以外，还必须满足其他条件。即公诉证明标准是提起公诉的必要非充分条件。

第二，二者的内涵不同。公诉标准主要是为了解决公诉案件的取舍问题，公诉证明标准则是解决公诉案件还原案件事实程度的问题。前者的研究基础主要是价值论，后者的研究基础则是认识论。证明是一个“用可靠的材料来表明或断定人或事物的真实性”③ 的过程，是根据已知事实推断未知事实的思维判断过程，从本质上来说是一种推断，即它是一种认识活动。正是因为刑事证明是一种认识活动，“它必须遵循和体现其证据制度赖以存在的某种特定的认识论，并受该认识论的规范与制约”④。认识是有局限性的，案件真相是不可能绝对复原的，因此，只能依据证据的证明及法律的规定对案件真相作出越来越接近的推定；同时，认识又是一个无限发展的过程，但对案件真相的探求却不能无限进行下去，因此需要设置证明的标准来对证明的结果做一个判定，只要达到这

① 证据标准抑或证明标准，二者的界分在我国刑事诉讼法学界并不明显，很多场合都将二者同义语之。我们认为，证据标准稍偏向静态，是衡量一个案件证据充实程度的标准，而证明标准则偏向动态，多为证明主体运用证据进行认证、支持自己主张的标准，但鉴于实践中二者的使用多混同，本书也将二者做同义语处理。

② 宋振武：《诉讼证明标准与认识论》，载何家弘主编《证据学论坛》（第七卷），中国检察出版社 2004 年版，第 220 页。

③ 中国社会科学院语言研究所词典编辑室编：《现代汉语词典》，商务印书馆 1996 年版，第 1608 页。

④ 卞建林主编：《刑事证明理论》，中国人民公安大学出版社 2004 年版，第 31 页。

个标准的，就可以（而非必须）对其提起公诉（其他诉讼阶段也是如此，如立案、判决等），以此推动诉讼程序向下进行。而公诉标准并非针对人类认识程度的问题，它反映一国检察职能的理念设计，关乎刑事诉讼价值目标之间的平衡，涉及一国刑事诉讼构建对追求公正和保证效率的取舍。制定公诉标准之时需要考量与平衡的因素很多。故而证明标准是认识论指导下对认识结果（此种认识结果在诉讼中即为证明结果）的判定，而决定构建何种公诉标准的关键因素更多的是一种价值取向。

（二）与公诉裁量权的关系

公诉权的行使是基于法律和刑事政策，而成文法的稳定性和概括性，也就要求了在适用法律的时候，要结合现实情况进行针对性、动态性的适用，如对法律中“数额巨大”“数额特别巨大”“情节严重”“情节特别严重”的理解和适用，就不仅需要司法解释的明确，也需要司法者根据当地当时的具体情形予以明确；另一方面，便宜起诉原则也赋予了公诉检察官可以斟酌起诉的权利。“在世界史上没有任何一个法律制度无自由裁量权。为了实现个体的正义，为了实现创设性正义……自由裁量权都是不可缺少的。取消自由裁量会危害政治程序，会抑制个体正义。”① 现实中，公诉裁量权主要表现为起诉裁量权、不起诉裁量权、选择起诉权、公诉变更权、辩诉交易权、量刑建议权等方面，其中涉及公诉提起与否的主要是起诉裁量权和不起诉裁量权。公诉裁量权的存在，也就决定了公诉标准不是僵硬、固定、一成不变的，而是会随着社会形势、公众对犯罪的感受程度以及打击犯罪的必要性而呈动态变化的，从这个角度说，公诉裁量权是公诉标准的裁量基础，但公诉标准并不能等同于公诉裁量权，二者的内涵和外延并不一致。公诉标准主要是衡量一个案件能否被起诉的尺度性问题，其中的证据标准不仅是裁量问题，还涉及自由心证的问题（是否达到有罪指控程度），无论是国外的“有罪指控之可能”“表面证据”标准，还是我国的“检察机关认为事实清楚、证据确实、充分”标准，都并非是自由裁量问题，而是需要经验衡量，是一个具体到抽象再具体的过程，而公诉裁量权除了解决公诉提起与否的问题，还可以涉及变更、选择起诉以及量刑建议等问题，外延要大于公诉标准。

① 张文显：《二十世纪西方法哲学思潮研究》，法律出版社 1996 年版，第 625—628 页。

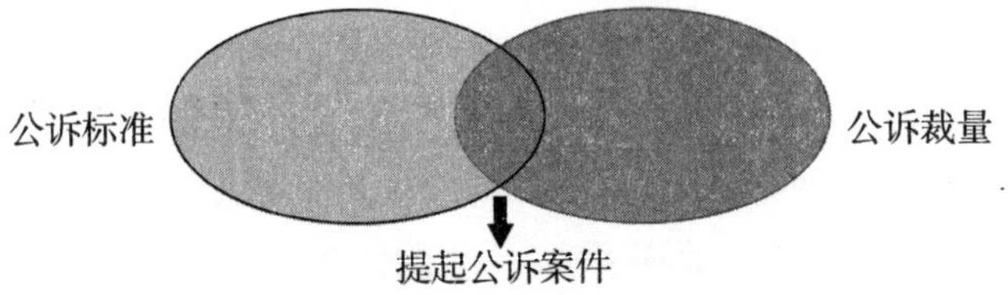

图6－1　公诉标准与公诉裁量关系图

（三）与公诉条件的关系

“公诉条件”的表述多见于学者的文章中，但具体含义有所不同，主要有如下两种情况：一种观点认为，公诉条件即检察机关提起公诉时应当符合的实体性条件和程序性条件。如台湾学者的见解，诉讼条件应分为程序条件（形式性诉讼条件）与实体性条件（诉追条件），这种划分着眼于“其所判断之方式所产生之效果”，程序性诉讼条件之有无欠缺，则应以不受理或者管辖错误之刑事判决结束诉讼，实体性诉讼条件之有无判断，则需涉及实体面而为判断。① 陈光中教授在《刑事诉讼法》一书中认为公诉的条件是：（1）犯罪嫌疑人的犯罪事实已经查清，证据确实、充分；（2）对犯罪嫌疑人应当依法追究刑事责任；（3）人民检察院提出公诉应当符合审判管辖的规定。② 又如龙宗智教授、杨建广教授主编的《刑事诉讼法》将公诉的条件规定为以下四点：（1）犯罪嫌疑人的行为依法已经构成了犯罪；（2）犯罪事实已经查清，证据确实、充分；（3）依照法律应当对犯罪嫌疑人追究刑事责任；（4）检察机关对此案件具有公诉权，案件属于受诉法院管辖。③ 另一种观点认为，公诉条件即为检察机关提起公诉时应当符合的实体性条件。如有学者认为公诉条件包含如下三个方面：（1）犯罪嫌疑人的行为已构成犯罪；（2）有证据证明犯罪行为为犯罪嫌疑人实施；（3）应当依法追究犯罪嫌疑人或被告人的刑事责任。④ 这种对公诉条件的定位只是规定了公诉条件的一个方面——

---

① 参见黄东熊：《刑事诉讼法论》，台北三民书局1991年版，第269页。

② 参见陈光中主编：《刑事诉讼法》（第二版），高等教育出版社、北京大学出版社2005年版，第316页。

③ 参见龙宗智、杨建广主编：《刑事诉讼法》，高等教育出版社2007年版，305页。

④ 参见杨诚、单民主编：《中外刑事公诉制度》，法律出版社2000年版，第267页。

实体性条件，这种只强调实体性条件而忽视程序性条件的做法是一种“重实体，轻程序”的体现。[①] 公诉条件为公诉权的正确行使提出了具体要求，公诉权的正确发动必须基于事实和法律的根据，并且要依照法定程序进行。[②] 因此公诉条件应该包含程序条件。

上述两种观点，尤其是第二种观点中的公诉条件与我们所要论证的公诉标准在研究范围上重合度相当大，尽管如此，公诉条件和公诉标准也并不是相同的概念，以《辞海》中的解释为例：“标准”即“衡量事物的准则”，常用来作为标尺，对事物进行非黑即白的判断，对“标准”的使用借助的是判断式，设定标准的重点在于对临界的把握；而“条件”一词，多“指制约事物存在和发展变化的诸因素”，事物是复杂的，条件也是多方面的，故而对“条件”的应用借助的是列举式，重点在列举的全面性，设定条件的关键在列举的周延性。[③] 因此，对于公诉标准，重点在于对决定是否起诉的关键因素——实体条件进行研究，而一些程序性问题，如检察机关对此案是否具有公诉权、案件是否属于受诉法院管辖等，虽然是审查起诉时必须审查的内容，但这些程序性问题并不存在尺度可以选择性适用的问题，直接根据相关规定作出判断即可。而公诉条件则不同，公诉条件必须包含有程序条件，因为当案件不满足程序条件之时，仍不可能由该检察机关向该法院提起公诉。公诉条件理应包括实体条件和程序条件两个方面内容，而公诉标准仅研究公诉的实体条件，也即本书的弹性标准和刚性标准两个层面。

（四）与公诉政策的关系

法律往往是刚性的、概括的，并在一定时期保持绝对的稳定，为了避免与世事的脱节，各国往往在法律之外，为了司法实践的灵活性，另行制定不同的公诉政策。公诉标准非常重要的依据就是公诉政策。只有统一的公诉政策后，各个检察官才可能依据共同的标准进行公诉裁量。[④] 这种公诉政策也被称为公诉方针、起诉方针，是指“在起诉时，检察机

---

① 参见陈卫东：《程序正义之路（第二卷）》，法律出版社 2005 年版，第 140 页。

② 参见龙宗智：《论刑事公诉制度的几个问题》，载龙宗智《相对合理主义》，中国政法大学出版社 1999 年版，第 297 页。

③ 参见郭玉：《公诉标准问题研究》，硕士学位论文，中山大学，2010 年。

④ 参见谢小剑：《司法平等理念下的公诉制度》，《河北法学》2008 年第 9 期。

关所掌握的证据需达到何种程度方可对该案决定起诉，也就是说，刑事起诉的证据标准如何把握。进一步而言，在因证据和事实上的某些不确定性标准导致定罪前景不明朗的情况下如何斟酌起诉”[①]。公诉政策的概念也强调了提起公诉时所应参照和考量的因素问题，其影响的是公诉标准中的裁量权问题，对于证据标准，由于有明确的法律规定和约定俗称的审查要求，一般不受公诉政策的影响，因此公诉政策可以视为公诉裁量标准的依据，但并不就此等同于公诉标准，即使是出于公诉政策的需要，也不能忽视了证据的准绳作用。纵观呼格吉勒图等冤错案件，往往就是为了实现“命案必破”“维护稳定”等公诉政策乃至刑事政策、社会政策的需要，而置单个案件的合法性要求于不顾，终铸成大错。

（五）与侦查标准、审判标准的关系

1. 侦查标准

侦查标准一般是指启动侦查程序的标准，即立案标准。根据我国2012年《刑事诉讼法》第110条的规定，立案的标准是“认为有犯罪事实需要追究刑事责任的”，同时规定对于“没有犯罪事实或者犯罪事实显著轻微不需要追究刑事责任的”，不予立案。由于我国刑法采取的定性兼定量的立法模式，对犯罪的追诉又有各种情节、数量、结果要求，为明确法条中的罪状要求，又出台了数量庞杂的司法解释，对情节、数量等进行解释，如最高人民检察院、公安部自2008—2012年就先后3次就公安机关管辖的刑事案件出台相关立案追诉标准，对常见的刑事罪名的刑事立案追诉标准都进行了明确，由此，对于“犯罪事实显著轻微不需要追究刑事责任的”，通常理解为没有达到立案标准。由于侦查立案是刑事案件的开端和入口，对侦查标准的设定不宜过高，否则会大大限制进入刑事诉讼视野的案件，不利于对公民权利的保护，因此侦查标准中需要达到的证据标准只是“认为有犯罪事实”即可，可以认为是刑事诉讼中最低的证明标准。与其他刑事证明标准相比，这一规定也体现了刑事诉讼过程的层次性，具有较强的合理性和实用性。

需要关注的是逮捕标准的问题，由于审前羁押的常态化以及羁押与定罪的不当等价化，尤其是各种考核指标的作用（如捕后无罪率的考

---

① 龙宗智:《论刑事证据标准及起诉方针》,《人民检察》1996年第11期。后收录于龙宗智著《相对合理主义》,中国政法大学出版社1999年版,第300页。

查），使逮捕的标准越来越向审判有罪的标准看齐，忽视了逮捕作为羁押手段，只是为了解决保障诉讼顺利进行的问题，因此，审查逮捕所要求的证明程度仅仅要求检察机关主观上相信犯罪嫌疑人有重大犯罪嫌疑即可，而不需要在批捕阶段即查清全部犯罪事实，做到证据确实、充分。我国现行的审查逮捕证明标准过分强调客观性，忽视了主观性，而且附加了加大侦查力度、逼取嫌疑人供述等多重目的，从而形成了逮捕与有罪判决的变相等价关系。为降低审前羁押的适用，并将逮捕等人身强制措施回归保障诉讼的实际功能，可以借鉴美国的逮捕标准，即只要是主观上相信逮捕是有根据的即可。

2. 审判标准

根据《刑事诉讼法》的规定，作出有罪判决的标准是“案件事实清楚，证据确实、充分”，这次《刑事诉讼法》的修改，通过对“证据确实、充分”予以解释的方法，将“排除合理怀疑”引入了我国的证明标准体系。根据2012年《刑事诉讼法》第53条第2款的规定，“证据确实、充分”应当符合以下条件：（1）定罪量刑的事实都有证据证明；（2）据以定案的证据均经法定程序查证属实；（3）综合全案证据，对所认定事实已排除合理怀疑。应当说，“证据确实、充分”的标准本身有其合理性，要认定某个人有罪，当然要有确实、充分的证据来证明其实施了犯罪行为。但是，单纯的“证据确实、充分”的表述，更侧重于对有罪证据的评价，容易造成对无罪证据的忽视，且易造成这样一种错误倾向：只要案件的各个环节上均有相应的有罪证据予以证明，即认为达到了证据确实、充分，而忽视与之矛盾的证据，忽视其他的可能性。因此，引入“排除合理怀疑”有助于促进证据审查主体从反面重视无罪证据、辩护证据，重视案件中可能存在的其他可能性，从而能够更大限度地避免错误定罪。

而公诉标准的设定要与检察机关的诉讼中间性地位相适应，同时要秉承客观中立的立场。“刑罚权的行使是代表国家的问题，检察官应从公益代表人的角度出发，追求实体的真实。既然检察官本身尚无确信，提起诉讼是不妥当的”①。而且，“如果办案人员自己心中都无把握，似是而

① 日本法务省刑事局编：《日本检察讲义》，杨磊、张仁等译，中国检察出版社1990年版，第9页。

非，对犯罪嫌疑人是否有罪还拿不准，存有疑虑，这样的案件就不应起诉。因为自己都未能真诚确信，又怎能说服法庭确认被指控事实呢。在内心确信的基础上实施指控是检察人员职业道德的体现，是对法律负责也是对犯罪嫌疑人本人负责的体现，否则，就是不负责任的滥用起诉权”①。所以，我国公诉标准是一种检察官的自我心证，只要能合理预期有罪判决的极大可能即可，无须从法官的角度作出排除合理怀疑的决定，否则，要求公诉标准与审判标准一致，就会给特定犯罪公诉带来负面影响。“被指称腐败的警官经常不会被提起公诉，因为担心陪审团不会认可个别公民的陈述，特别是他们曾有针对该警官的犯罪记录。同样，应用该审查方法就意味着，由于难以令陪审团理解，难以凭借所涉及的复杂证据作出有罪判决，这些原因使得难以对复杂的诈骗犯予以起诉。了解了检察官对陪审团的这种认识而采取行动，我们可以理解，对于地位不同的人使用该审查方法会产生不同结果，可以使身居高位的被告人躲过被起诉命运。”②

第二节　公诉标准的两个维度

一、刚性标准

作为国家行使公诉权的尺度，公诉标准应当是客观性、确定性，具有一定的刚性，其中的公诉证据标准更是如此。其核心问题就是从检察机关的角度考量，现有证据达到什么程度时，才可以向法院提起公诉。因此，公诉案件的公诉证据标准实际上为检察机关是否提起公诉划定了一条红线：如果案件达到了提起公诉的证据标准，那么检察机关就可以作出提起公诉的决定；如果案件没有达到提起公诉的证据标准，那么检察机关就不能作出提起公诉的决定，而只能作出不起诉的决定。提起公

① 龙宗智:《论刑事公诉制度的几个问题》,载龙宗智《相对合理主义》,中国政法大学出版社 1999 年版,第 305 页。

② 日本法务省刑事局编:《日本检察讲义》,杨磊、张仁等译,中国检察出版社 1990 年版,第 9 页。

诉的证据标准要从四个方面衡量：[①] 一是指控的犯罪事实、情节清楚。二是证据确实。这里的证据既包括定罪证据，也包括量刑证据。三是证据充分。定罪、量刑事实都要有充分的证据予以证明。四是证据合法。结论是：侦查获得的证据足以认定被告人构成所指控的犯罪，应当判处指控的刑罚。

公诉审查的标准从三个方面衡量：一是起诉书指控的犯罪事实清楚；二是证据充分（这里的证据只涉及犯罪构成的证据，不包括量刑证据）；三是证据形式合法。通过审查，可以得出现有证据是否可以认定被告人有罪的结论。通过前述对各国公诉标准的考察，可以看出各国在确定公诉标准时首先要达到的条件就是符合相应的证据标准，如《德国刑事诉讼法典》规定，提起公诉要求有“足够的事实根据”，而中间程序审查后要求有“足够的犯罪嫌疑”。英国《皇家检察官守则》第5.1条规定，提起公诉时要求，“检察官必须确信对每个被告人提出的每一项指控都有足够的证据提供现实的定罪预期”，而起诉审查要求“有罪证据充分”。美国公诉审查的标准为“形式上有罪”或“相当理由”，可以解释为：“就已存在之证据，作最有利于检察官解释，足以担保有罪判决成立。”

公诉证据标准是刚性的，也就意味着对于不满足证据要求的案件不得起诉，否则就会产生滥用和错案的问题。如对近年来曝光的冤错案件进行考察，可以看出这些错案的发生、发展与检察机关没有坚持刚性的公诉证据标准、片面强调打击的刑事司法理念有很大关系。在同一案件中，既没有充分的证据证明犯罪嫌疑人、被告人有罪，也没有充分的证据证明犯罪嫌疑人、被告人无罪，案件事实不清，犯罪嫌疑人、被告人介于有罪与无罪之间，此时，检察机关如果不能秉承客观中立的立场，而是以控方的积极追诉立场为指引，尤其是被社会舆论、被害人情绪所绑架后，就很容易产生超越公诉证据标准的指控冲动。根据“疑罪从无”原则的要求，对于这类案件，应当对犯罪嫌疑人作出存疑不起诉，但司法实践中，检察机关往往被要求做到对犯罪嫌疑人、被告人“不枉不纵”，“不冤枉一个好人，也不放过一个坏人”。而无论根据诉讼规律还是司法实践都表明，面对疑罪案件时，很难做到两全其美、不枉不纵。但

① 参见韩红兴：《我国刑事公诉审查程序的反思与重构》，《法学家》2011年第2期。

是在疑罪从轻理念的指引下，起诉后的“留有余地的判决”往往成为“妥协”与“折中”的手段。

二、弹性标准

对于达到公诉证据标准的案件是否一概起诉，是起诉法定主义与起诉便宜主义的重要区别。随着各国对诉讼资源节约、诉讼分流、多元化纠纷解决机制的重视，起诉便宜主义逐渐深入人心，起诉行为所能获得的公共利益考量，成为制约公诉权发挥的一个重要因素。布莱克法律词典对“公共利益”有两种解释：一是使承认和保护获得根据的公众普遍利益，二是公众作为一个整体所存在的利益，比如使政府的管理获得合理依据的利益。这两种对公共利益的解释方法都很抽象，只能说明公共利益与公众利益有关，但至于什么是“公共利益”，则并没有给出一个准确的界定。但有一点可以明确，即公共利益代表的是社会整体利益。在各国确立的、检察官审查起诉所坚持的公共利益标准中，所涉及的内容既有被告人的利益、被害人的利益，也有诉讼效率等因素，不过它们是公共利益标准的组成部分，是检察官行使自由裁量权时需要考虑的一个因素。无论是被害人的利益，还是被告人的利益都不能等同于公共利益。公共利益也不等于公众意见，公众意见只有通过媒体宣传等途径被决策者采纳并类型化之后才能作为公共利益标准由检察官适用。不过公共利益本身并不是不能认识的，从各国检察官起诉指南所列举的公共利益标准的内容来看，总体包括被告人的年龄、犯罪时的心理和身体状况，被害人是否得到赔偿，违法行为的严重程度以及司法资源和诉讼效率等因素。

一方面，公诉的弹性标准主要作用在于约束检察官起诉裁量权的行使。作为公诉机关，检察官必须代表公共利益起诉，如果案件不存在公共利益因素，检察官就不能提起公诉。随着公诉职能的确立和不断完善，为了维护公共利益而提起诉讼不仅成为检察官的重要职能，而且成为检察官的义务。根据《关于检察官作用的准则》中的规定，检察官应在刑事诉讼（包括提起诉讼中）根据法律授权，在调查犯罪、监督调查的合法性、监督法院判决的执行和作为公共利益的代表行使其职能中发挥积极作用；检察官应始终一贯迅速而公平地依法行事，尊重和保护人的尊严，维护人权；检察官在履行其职责时应保证公共利益，按照客观标准行事，适当考虑到嫌疑犯和受害者的立场等。英国、德国等国家至今保留刑事自诉制度，就是因为某些违法行为不涉及公共利益，所以不适合由检察官提起公诉。是否应该进行私人起诉，一般情况下可以根据案件类型直接作出判断，如发生在家庭成员之间的虐待、暴力犯罪一般来说就不存在公共利益因素，要通过刑事自诉的方式解决。但是大多数情况下，判断案件是否存在提起公诉的公共利益因素，则需要由检察官结合证据一起判断。如果说证据标准是检察官行使起诉裁量权需要跨过的第一道门槛，那么需要跨过的第二道门槛就是公共利益标准。英国《皇家检察官准则》就明确规定检察官审查起诉要分两个阶段进行：第一个阶段是证据标准检验阶段；第二个阶段是公共利益标准检验阶段。案件只有经过证据标准和公共利益标准的双重检验之后，检察官才能作出起诉决定。

另一方面，公共利益标准的确立为检察官行使不起诉裁量权提供了依据。相比起诉裁量，检察官的不起诉决定更能体现检察官自由裁量权的程序分流价值。而检察官能在多大范围内行使不起诉裁量权，在很大程度上取决于对公共利益标准的设定和运用。公共利益标准的内容并不都是有利于检察官作出不起诉决定的因素。例如，英国《皇家检察官准则》确立的公共利益标准就分成支持起诉的公共利益因素和反对起诉的公共利益因素。尽管各国对公共利益的解释不同，公共利益与检察官起诉决定之间的关系也在发生变化，但不可否认的是承认这些公共利益因素主要就是为了使由检察官主导的、非公开、非正式的起诉裁量过程能够得到认可，将检察官的起诉裁量权、特别是不起诉裁量权的存在合理化、合法化。从检察官利用公共利益标准行使起诉裁量权的情况来看，公共利益标准主要是在为检察官程序分流、对案件作出不起诉处理提供依据。检察官究竟基于公共利益标准中规定的哪个因素行使自由裁量权，取决于其所追求的刑事诉讼价值。如果以恢复、和解为目的，那么如何解决被告人和被害人之间的利益冲突将成为检察官主要考虑的公共利益因素；如果以实现诉讼效率为目的，那么节约司法资源，同时快速处理案件将成为检察官追求的公共利益；如果为了增强公众对刑事司法系统的信心，那么从社会控制的角度出发行使自由裁量权就是符合公共利益的。无论如何界定公共利益标准，首先需要做的就是将这些公共利益标准公开规定在起诉规则中，只有这样才能为检察官进行程序分流提供明确指导。在各国有关公共利益标准的规定中，被告人、被害人的利益，节约司法资源都成为各国关注的重点。

三、公诉标准不同维度的关系

（一）刚性维度是公诉标准的底线

证据是认定案件事实的基础，没有证据的支撑，我们无法对过去的事实进行还原，而采取什么样的证明标准，意味着对案件事实认定的充分程度。哪些案件的证据已经确实充分，哪些案件的证据欠缺，需要检察官的心证和裁量。由于办案水平以及其他非案件因素的影响，可能导致证据标准的怠用或者滥用；就单个证据来讲，对于案件事实有决定作用的合法证据没有引起足够的重视而予以忽略，或者对于非法证据没有绝对排除或者进行证据补强而予以采信，都可能导致公诉权的滥用。公诉机关对于事实的查证活动，是对过去事实的“回溯性”证明过程。犯罪的诡秘性和隐蔽性，决定了查证犯罪事实是一项复杂的劳动和逻辑思辨过程。有时犯罪嫌疑人实施了多次犯罪，但不是每次犯罪都有确实充分的证据。由于泛刑罚主义和重刑思想的影响，检察官可能以某一笔或几笔证据确实的事实为基础而认定所有犯罪事实；反之，检察官可能由于畏难情绪、被告人翻供或者认为多做多错，将某些基本事实清楚而符合起诉条件的事实不予认定。因此，确立合理的公诉证据标准，并在实践中坚守之，既不将公诉证据标准抬高至审判有罪的证明标准，也不任意降低，作为案件正确处理的一条红线。纵观各种错案的发生，在公诉阶段都是未能坚持有极大有罪判决可能的公诉证据标准，将存在矛盾证据、检察官自身都不能被说服的案件，仅在相关部门协调下就贸然起诉，法院也随之盲从。起诉质量关就没有把好，导致不合格的产品流出检察机关，直奔法院，最终被加工成一个瑕疵案件甚至是错案。因此，对公诉证据标准的坚守，是防范冤错案件、确保公诉案件质量的一道底线。

（二）弹性维度是衡量公诉权行使充分度的标尺

虽然起诉权属于请求权，这种权力不具有实体处分的性质，并且是否适用刑罚的最后决断权在法官，但提起公诉的决定足以发挥对被告人的震慑作用，对社会成员的警戒作用和一般预防作用。[①] 检察机关在行使自由裁量权过程中，不可避免地会受到许多非法律因素的影响。如个人能力、舆情应对、社会环境压力等，都影响着检察官自由裁量权的范围和幅度。若可能出于偏见、先入为主或者私利而滥用起诉权，将不符合起诉条件的案件提起公诉以实现所谓的“正义过程”；或者受目标考核的制约，为了降低不诉率而将可以相对不诉、存疑不诉的案件提起公诉。特别是我国起诉、审判绝大部分均以对被告人收监羁押而剥夺其人身自由作为程序的前提和代价，因此，起诉权一旦被滥用，就有可能侵犯被告人人身、财产以及名誉等权利。另一方面，适用相对不起诉标准不一，执法随意性较大，也不符合公诉权行使的公正性要求，如对于同样是符合相对不起诉条件的案件，对于情节相对较重、犯罪数额较大的作出了相对不起诉决定，而对于情节相对较轻、犯罪数额较小的案件却作出了提起公诉的决定，将本应起诉而且没有其他从宽情节的案件改为不起诉，就不符合裁量权行使的标准和要求，不符合检察机关客观公正的角色设定。其中弹性维度中最为关键的是公共利益的界定，对公共利益考虑的范围大小、轻重因素的排序、影响因子的确定，都会影响最终案件的处理方式，从检察官利用公共利益标准行使起诉裁量权的情况来看，公共利益标准主要是在为检察官程序分流、对案件作出不起诉处理提供依据，而不是相反。

（三）二者互为前提、互相补充

如果将证据标准形容为高考录取线，达到证据标准的，就拥有了进入某所高校（刑事审判程序）的入门资格，那么弹性标准就是决定最终能进入哪个专业、哪个学院（案件能够流向何方）的相关参考因素。高考成绩是一个既定事实，如果没有达到录取分数线，结果就是落榜，达到录取线的，也要根据分数的高低、专业选择、个人特长等进行双向选择。对于刑事案件的审查起诉也是如此，检察官经过审查，认为案件已经达到起诉的证据标准，但采取何种处理方式，还要根据案件的实际情况、案件中的公共利益程度进行分析。英国、德国等国家至今保留刑事

---

① 参见徐鹤喃:《公诉权的理论解构》,《政法论坛》2002 年第 3 期。

自诉制度，就是因为某些违法行为不涉及公共利益，所以不适合由检察官提起公诉。是否应该进行私人起诉，一般情况下可以根据案件类型直接作出判断，如发生在家庭成员之间的虐待、暴力犯罪一般来说就不存在公共利益因素，要通过刑事自诉的方式解决。但是大多数情况下，判断案件是否存在提起公诉的公共利益因素，则需要由检察官结合证据一起判断。如果说证据标准是检察官行使起诉裁量权需要跨过的第一道门槛，那么需要跨过的第二道门槛就是公共利益标准。英国的《皇家检察官准则》就明确规定检察官审查起诉要分两个阶段进行：第一个阶段是证据标准检验阶段；第二个阶段是公共利益标准检验阶段。案件只有经过证据标准和公共利益标准的双重检验之后，检察官才能作出起诉决定。检察官究竟基于公共利益标准中规定的哪个因素行使自由裁量权，取决于其所追求的刑事诉讼价值。

（四）特殊场合，可以降维

“降维”是来自于科幻小说《三体》中的一个概念，是指通过降低一定的标准达到伤害对方的目的。在本书中，也是指刚性标准和弹性标准的结合方式并非一成不变，公诉活动遵从检察机关的职责身份、遵从刑事处理的比例要求，在特殊场合中，刚性标准可以弹性化、弹性标准也可以刚性化。要根据犯罪行为的危害程度、犯罪嫌疑人可能受到刑罚的严重程度、犯罪嫌疑人的人身情况、对被害人造成损害情况，按照比例原则确定如何分流。犯罪行为越严重，对公共利益的破坏越厉害，就越需要正式的诉讼程序予以纠正。重大、复杂、疑难案件由法院审理；对于轻微违法犯罪行为，出于诉讼经济的考虑，由检察官处理更为妥当。但在某些特殊场合，如强调对被害人权益的保护，检察官即使认识到案件有判无罪的风险，也需要在公共利益考量的基础上，秉持控方角色，对案件予以追诉，此时的公诉证据标准这一刚性标准就可以稍稍放松，凸显弹性标准的重要。英国《皇家检察官准则》中的最低限度标准规定的就是此种情形。

第七章　公诉的刚性标准：证据标准

公诉证据标准是检察机关提起公诉时应达到的证据量和质的统一，我国的提起公诉证明标准是要达到“事实清楚，证据确实、充分”，与法院裁判的证明标准完全一致，带来了较高的公诉风险。而这种强调客观真实的证明标准，目的往往是为了查清犯罪事实，让有罪的人不能逃脱法律制裁。这种讲求“实事求是”的公诉标准，表达了司法者追求客观真实的愿望，但这种客观真实本身由于案件本身的不可回溯性，往往是可望而不可即的理想境界而已，作为现实的证明标准并不适宜，而且也有违人类认识的递进式发展规律以及诉讼证明的层次性深入特点，因此有必要对其加以改进。在具体设计时，可以参考国外的“盖然性理由”“犯罪嫌疑”等起诉标准，区别于审判的“排除合理怀疑标准”。如《德国刑事诉讼法典》规定，对于所指控的犯罪行为已有足够的事实根据证明存在犯罪的嫌疑，德国学者对此解释为：“有足够的不利被告人的证据，可以正当地要求被告人在法庭的公开审判中回答对他提出的指控。因此，检察机关是根据充分的重大嫌疑对他提起公诉的。”[①] 在日本也是如此，“侦查大体上有眉目就要决定起诉或不起诉”[②]，检察官起诉必须具有一定的证据，检察官在完全不具备有罪证据或证据极不充分的情况下提起公诉，是滥用职权的行为。

---

① 杨诚、单民:《中外刑事公诉制度》,法律出版社 2000 年版,第 196 页。

② 汪建成、刘广三:《刑事证据学》,群众出版社 2000 年版,第 287 页。

第一节　递进：证据标准的层次性

一、证明标准的层次性是各国立法的普遍现实

通过考察两大法系的公诉证据标准，可以看出，二者都是以定罪证明标准为参照物，而普遍低于定罪证明标准。各国对公诉证据标准都规定了比较模糊的概念，如“定罪的现实可能性”“合理根据”“足够的事实根据”“有犯罪嫌疑”等，与定罪标准的“排除合理怀疑”“形成内心确信”有明显区别。而且从证明的程度、充分性上来看，都要低于定罪证明标准。之所以公诉证明标准普遍低于定罪证明标准，与两大法系侦查职能的分配密切相关。检警一体的侦查模式，起诉并非侦查活动的终结，控方在决定起诉后仍可以继续收集相关证据。如在大陆法系国家，由于预审制度的存在，检察官可以启动预审程序，通过预审法官的强制权力进一步收集证据；在英美法系国家，虽然有迅速审判的要求，同时也允许控方在决定提出指控后，通过讯问犯罪嫌疑人以外的方法继续发现和收集案件证据，双方还可以通过证据开示程序了解对方持有或者控制的证据。由于两大法系在诉讼模式（当事人主义还是职权主义）、庭前程序完备与否、起诉审查制度方面有着较大的差异，大陆法系国家提起公诉的证据标准要高于英美法系国家，但都与定罪证明标准还有一定差距，均高度接近后者，“检察实务中的起诉标准，虽然达不到法院作出有罪判决时所要求的高度标准，但在提起公诉的时候，作为检察官的认识来说，必须达到接近确信的程度，也就是法院作出有罪判决的证明标准”①。

---

① ［日］松尾浩也:《日本刑事诉讼法》(上卷)，丁相顺译，中国人民大学出版社 2005 年版，第 161 页。

二、证明标准的层次性是刑事诉讼不同阶段证明任务的要求

公诉证据标准与定罪证据标准的差异性和趋同性，是刑事诉讼主体们在不同的诉讼阶段根据不同的任务需求，合理地确定自身的证明尺度，从而限定进入刑事诉讼程序的案件，起到保障人权与诉讼效益最大化的双重需要。一方面，可以避免不必要的诉讼案件进入审判领域，减少法院诉累，节约司法资源，虽然公诉证明标准的提高意味着侦查、起诉成本的提升，但与审判事实的查明、裁判之正确相比较，诉讼成本的总量是经济的；另一方面，可以有效地保障犯罪嫌疑人、被告人的权利保护，较高的公诉证明标准可以限定提起公诉的随意性，起到过滤诉讼的目的，减少不必要的追诉。

从证明主体、证明对象、证明阶段而言，各个不同主体对于不同证明对象在不同阶段的证明标准也应有所差异，这是由收集证据的过程性以及认证主体的身份所决定的。例如，侦查阶段伊始证据的收集，就不能要求其在立案时就达到证据确实、充分甚至排除合理怀疑的程度，否则就会大大限制刑事受案的范围，不利于被害人人身、财产的保护。而公诉机关作为追诉犯罪的责任主体，其往往更加重视对有罪证据的收集和整理，法院的居中裁判地位决定了其需要对控辩双方提交的证据进行充分的审查后才能得出结论，公诉机关的控方地位以及掌握证据的单方性，都影响其对案件证据体系、证明程度的判断，虽然公诉机关努力追求有罪判决，但上述条件制约导致其起诉时的证据事实有可能与法院审查认定的证据事实不一致，否则，如果公诉机关的指控与法院的判决完全一致，不但辩方没有了作用的舞台，法官的审判意义也不大了。这种证明标准的层次性和阶段性是符合刑事诉讼设置的流程需要的。但司法实践中，存在高证明标准前置的问题，如将有罪判决的证据标准作为起诉的证据标准，甚至逮捕的证据标准也提高了有罪判决的证明标准，这种做法违背诉讼规律，也不利于打击犯罪。因此，需要对各个阶段的证据标准进行重新地厘定，如何家弘教授曾经将各个阶段的证明标准分为五个等级，其中立案的证明标准是合理犯罪嫌

疑，逮捕的证明标准是确有证据证明，移送起诉的证据标准是优势证明标准，[①] 也有学者将“充足证据证明有犯罪事实”与“紧迫的犯罪嫌疑”作为逮捕的证明标准、将“确实、充分证据的唯一性”作为公诉的证明标准，将“排除合理怀疑的唯一性”作为有罪判决的证明标准。[②]

三、证明标准的层次性符合认识规律、诉讼规律

证据标准应当根据诉讼阶段的不同而有层次性，判决时应当达到最高的证据标准，依次往前，提起公诉、侦查终结移送起诉、逮捕、立案的证据标准相应降低，这也符合对事物认识的规律。因此，有学者认为，“从一定意义上讲，移送审查起诉和提起公诉并不能决定犯罪嫌疑人和被告人的最终命运，为了兼顾诉讼效率，也没有必要达到事实清楚，证据确实、充分的程度”[③]。“只要人民检察院认为案件已经达到定罪标准，有定罪的可能，就应当起诉，至于案件证据是否真正已经达到了确实、充分的程度，要开庭审理后才能确定”[④]。抬高公诉证据标准要求，还将导致“检察机关在行使公诉权时，谨小慎微，求全责备，不敢冒任何风险，又将会使某些应该打击而且可能定罪的罪犯逃脱法网，这显然也有悖于检察机关作为国家公诉机关的职责以及严格执法的要求”[⑤]。这一观点主张，我国的公诉证据标准太高，不切实际；而且也不利于节约诉讼成本，不符合法律适用中的及时性要求。

① 参见何家弘：《刑事证据的采纳标准和采信标准》，《人民检察》2001 年第 10 期。
② 参见郭志远：《刑事证明标准层次性研究》，中国公安大学出版社 2010 年版，第 96 页。
③ 黄达亮：《我国刑事证据标准之不足》，《人民检察》2001 年第 3 期。
④ 张穹主编：《公诉问题研究》，中国人民公安大学出版社 2000 年，第 332 页。
⑤ 龙宗智：《相对合理主义》，中国政法大学出版社 1999 年版，第 302 页。

第二节 限度：公诉证据标准的划定

一、当前我国公诉证据标准的设定

我国2012年《刑事诉讼法》172条规定："人民检察院认为犯罪嫌疑人的犯罪事实已经查清，证据确实、充分，依法应当追究刑事责任的，应当作出起诉决定，按照审判管辖的规定，向人民法院提起公诉。"同时，2012年《刑事诉讼法》第195条也规定了有罪判决的标准："案件事实清楚，证据确实、充分，依据法律认定被告人有罪的，应当作出有罪判决。"可见，我国刑事诉讼法对起诉证据证明标准和对有罪判决的证据标准的要求都是"证据确实、充分"，二者没有本质区别。《人民检察院刑事诉讼规则（试行）》第390条规定："具有下列情形之一的，可以确认犯罪事实已经查清：（一）属于单一罪行的案件，查清的事实足以定罪量刑或者与定罪量刑有关的事实已经查清，不影响定罪量刑的事实无法查清的；（二）属于数个罪行的案件，部分罪行已经查清并符合起诉条件，其他罪行无法查清的；（三）无法查清作案工具、赃物去向，但有其他证据足以对被告人定罪量刑的；（四）证人证言、犯罪嫌疑人供述和辩解、被害人陈述的内容中主要情节一致，只有个别情节不一致且不影响定罪的。对于符合第（二）项情形的，应当以已经查清的罪行起诉。"第404条规定："具有下列情形之一，不能确定犯罪嫌疑人构成犯罪和需要追究刑事责任的，属于证据不足，不符合起诉条件：（一）犯罪构成要件事实缺乏必要的证据予以证明的；（二）据以定罪的证据存在疑问，无法查证属实的；（三）据以定罪的证据之间、证据与案件事实之间的矛盾不能合理排除的；（四）根据证据得到的结论具有其他可能性，不能排除合理怀疑的；（五）根据证据认定案件事实不符合逻辑和经验法则，得出的结论明显不符合常理的。"

因此，根据我国的司法解释，只有同时符合以下要件才能认为证据确实、充分：一是起诉所依据的每一证据都具有证据能力，明知为非法法收集的人证或者有非法方法收集之疑的口供、缺乏印证的传闻证据、不具有鉴定资质的人所作的鉴定结论等，不得作为起诉的根据；二是起诉所依据的每一证据都已查证属实，即证据不仅与指控的犯罪事实是相关的，而且是真实可靠的；三是指控的每一次犯罪行为的每一个要件事实（特别是被告人就是犯罪行为人这一事实）均有必要的证据予以证明，即证据必须达到一定的量，可以覆盖所需要证明的指控事实；四是起诉所依据的证据与证据之间、证据与案件事实之间必须协调一致，矛盾得到合理的解释或排除；五是全部公诉证据结合起来能够得到嫌疑人犯罪的唯一结论，且其罪行达到指控的程度，排除了其他可能性。对于不符合上述条件的案件，可以补充侦查，经过两次补充侦查，仍然认为证据不足，不能达到上述条件的，应当根据 2012 年《刑事诉讼法》第 171 条规定和办案程序及时决定不起诉。但是，如果事后发现新证据，与原来证据结合起来达到上述条件的，可以决定起诉。

二、域外公诉证据标准的设定

根据第四章、第五章对各国公诉标准的考察，各国实行的公诉证据标准大致分为两类：一类是英美法系所采取的“现实的定罪预期”“获得有罪判决的可能性”，其主要特点是强调定罪可能以及胜诉可能，不要求确定无疑。如英国《皇家检察官守则》中规定：“不能只看是否存在足以构成刑事案件的证据，还必须考虑是否会合理的导致有罪判决的结果，或考虑在一个依法从事的无偏见的陪审团审判时，有罪判决比无罪开释是否具有更大的可能性。”这里，所谓的“更大的可能性”，即“51% 规则”，指如果有罪判决可能性大于无罪开释的可能性，此案就应起诉。[①]与之相对的是大陆法系的公诉证据标准——“充分、足够的证据或嫌疑”证明对被告人提出的指控，其主要特点是强调有足够的、充分的证据证明指控或者犯罪嫌疑，但对于什么是“证据充分、足够”，由于无法量化考查，因此检察机关仍拥有较大自由裁量的空间。

上述两种起诉证据标准虽然立足点、文字表述有所不同，但普遍设

① 参见龙宗智:《相对合理主义》,中国政法大学出版社 1999 年版,第 302 页。

定的要比法院有罪判决的证据标准要低。如英美法系的公诉证据标准为“现实的定罪预期”，其有罪判决的证据标准是“排除合理怀疑”；大陆法系的公诉证据标准为“有足够的证据证明控诉或犯罪嫌疑”，其有罪判决的证据标准则是法官运用自由心证审查被告人有罪是否具有“高度盖然性”。各国普遍不要求控方在决定起诉时控诉证据必须达到最后定罪所必要的标准，主要是因为起诉的及时性要求以及起诉后侦查行为可以继续。对于控方而言，起诉的及时性要求使得它在决定起诉时不可能拥有大多的证据；同时，起诉后补充收集或者获悉的证据可能会进一步加强控诉证据的证明力，因此，也没有必要要求公诉证据标准必须达到最终足以定罪的程度。在保留预审制度的大陆法系国家，检察官可以启动预审程序，通过预审法官的强制权力进一步收集证据；在英美法系国家，一方面要求控方必须在逮捕嫌疑人后尽快提出指控，另一方面允许控方在决定提出指控后，通过讯问嫌疑人以外的方法继续发现和收集证据，控辩双方还可以通过证据开示程序了解对方持有或控制的证据。两大法系的公诉证据标准的设定与其诉讼制度、诉讼模式、证据制度密切相关，并与检察官的角色设置有直接关系，同时随着两大法系的相互融合与借鉴，两种诉讼模式已不再泾渭分明，而是呈现互相融合、互相借鉴趋势。如在公诉证据标准问题上，司法实践中两种标准的渐渐趋同，在考虑现实定罪预期的英美法系国家也要考虑证据是否充分、足够，对于明显不能作出有罪判决的案件，检察官们也更为慎重地提起公诉。

第三节　界分：公诉证据标准与审判证据标准

一、公诉证据标准与审判证据标准的若即若离

如上所述，我国《刑事诉讼法》在立法条文中，对起诉证据证明标准和对有罪判决的证据标准的要求都是“证据确实、充分”，二者没有本质区别，在学界也存在公诉证据标准从宽抑或从严两种观点。宜宽论者主张公诉证据标准应当低于有罪判决的证明标准，我国公诉证据标准应

当予以降低；宜严论者则主张现阶段我国公诉证据标准应当等同于或基本等同于定罪证据标准，认为公诉证明标准应基本同于有罪判决标准，可以吸收借鉴西方国家经验，对公诉证明标准予以解释和补充，将“定罪的可能性”纳入证明标准。上述宜宽论者和宜严论者各有其道理：宜严论者主要基于对我国现实国情的考量，认为公诉证据标准从严是我国现实国情下的应对性选择，忽视了从诉讼规律等更深层次论证其应从严设置的科学性；相较之下，宜宽论者采用了诸如诉讼认识论以及审判中心主义理念等一系列被普遍接受的法学理论，体现出理念层面的先进性，但是否忽视了对国情和司法实践需求的考量，则有待进一步论证。本书同意宜宽论者的主张，认为公诉证据标准宜以审判证据标准为参照，不宜等同于审判证据标准，具体理由如下。

（一）公诉证据标准以审判证据标准作为参照物，有助于防止滥诉、错诉

在现代刑事诉讼中，公诉权是检察机关享有的一项垄断性权力，检察机关对什么案件提起公诉享有较大的自由裁量权。如果检察机关提起公诉的证据标准与有罪判决的证明标准趋同，那么检察官的自由裁量权就会受到严格的限制。为了尽可能地保障起诉的成功，检察机关在对侦查终结的案件进行审查的过程中，就会对所有证据按照法律规定的证据规则进行严格审查，那些经不住检验的证据将会被排除，那些没有足够胜诉把握的案件也不会向法院提起公诉。因此，按照较高的起诉标准，能够防止检察官任意行使起诉的自由裁量权，将一些明知证据不足的案件草率地或者恶意地向法院提起公诉。

（二）公诉证据标准与审判有罪的证据标准保持一定距离，符合诉讼规律

在刑事诉讼中，侦查、起诉和审判三个诉讼阶段由于参与诉讼活动的主体范围、诉讼主体实施诉讼行为的方式、诉讼主体之间的法律关系、各个阶段的诉讼任务等方面存在较大差异，因此，侦查人员、检察人员和审判人员对案件事实的认定是一个渐进和逐步深入的过程。检察官认为符合起诉标准的案件事实在转化成法官认为符合证明标准的案件事实之前，由于控诉证据没有受到辩护方和法庭的有效检验，因此，仍然存在诸多不确定性的因素。在案件存在诸多不确定因素的情况下，要求检察机关提起公诉的证据标准达到有罪判决的证明标准通常是不现实的。而且，刑事案件的起诉标准是检察官在刑事审判前程序中自行掌握的一种阶段性标准，而有罪判决的证明标准是法官在经过法庭审判以后，在控辩双方共同参与以及他们对案件结局产生积极影响的情况下，对案件作出处理时掌握的一种最高和最终的证据标准。因此，刑事案件的起诉证据标准与有罪判决的证明标准之间并不能画等号，让二者实行相同的证据标准，将会混淆二者之间的界限。

二、新公诉证据标准的提出

根据我国2012年《刑事诉讼法》第172条的规定，我国公诉证明标准是“人民检察院认为犯罪嫌疑人的犯罪事实已经查清，证据确实、充分。”在法条表述上，与法院定罪的证明标准同为“事实清楚，证据确实、充分”，但公诉证明标准强调的是“人民检察院认为”，即建立在检察官的主观认识的基础上，无须预测证据的变化，预测法官是否会对公诉案件作出有罪判决。只要检察院认为案件“应当”作出有罪判决就应当起诉，这样在主观判断的基础上又具有较大的客观性。我们主张，公诉证据标准应当稍低于审判有罪的证据标准，以“检察官认为证据充分、有定罪的极大可能”为证据标准比较妥当。

（一）采用检察机关认为证据充分、有定罪极大可能的证据标准，有利于保障当事人权利

如果采用与有罪判决证明标准相同的证据标准，公诉证据标准过高，则会出现前述存疑不诉高发、动辄以有可能判无罪为由而拒绝发动公诉权的消极公诉现象，不利于对被害人权益的保障。一方面，国家公诉权本身是被害人诉权的延伸和代理，如果检察机关置被其代表的被害人利益于不顾，只考虑诉讼风险以及无罪判决的考核压力，怠于行使公诉权，行使公诉权时谨小慎微，大量案件将因为证据不足而作出不起诉处理，从而不能保证打击犯罪的力度，使一些应该打击而且可能定罪的犯罪分子逃脱法律的制裁。在起诉证据标准等同于有罪判决证明标准的情况下，使检察官对于证据虽不扎实、但犯罪嫌疑人有可能（实际上也是）实施犯罪或者没有把握被法院作出有罪判决的案件，不愿意冒败诉的风险，

从而作出撤销案件或者不起诉的决定。而在检察机关放弃公诉权的情况下，被害人要求国家惩治罪犯的愿望以及要求罪犯赔偿经济损失的愿望都有可能无法得到顺利实现。另一方面，如果过分降低提起公诉的证据标准，也不利于对犯罪嫌疑人人权的保障。证明标准降低，可能会为权力滥用提供不良指引，导致检察机关的滥诉或者在起诉工作中消极怠工。公诉证据标准的设置应该能够督促检察机关勤勉地工作，避免检察机关将证据不充分的案件诉至法庭、浪费司法资源，滥诉将会导致一部分本不应该受到追诉的人遭受身心折磨，带有报应刑的色彩，宁枉毋纵的起诉观念不符合无罪推定原则。因此，在降低原有不合理的证明标准的同时，又不能矫枉过正，注意使制度的变革与中国的法律文化相适应，同时也可以减轻一部分因改革带来的舆论压力。

（二）采用检察机关认为证据充分、有极大定罪可能的证据标准，加入了办案人员心证的内容，更符合刑事认证的规律

证明标准之立法上长期回避证明标准的主观性，已经成为我国与其他大部分法治国家在证明标准上的明显不同。无论是英美法国家常常提及的盖然性还是大陆法国家的自由心证之内心确信，都将刑事公诉的证明活动置于公诉人主观心理状态下进行论证的，而在我国，长期以来，受苏联证据法学以及马克思主义唯物认识论的深刻影响，坚持诉讼证明标准的客观性，长期否定自由心证制度，闭口不提检察官对于现有的证据形成的“内心确信”。我国的刑事证明标准强调案件事实的客观性，即事实达到了什么程度、证据达到了什么程度，并不从司法人员的主观思维状态提出要求和设立标准。正如陈瑞华教授所界定的，这种“证明标准客观化”的立法模式，只是一种证明要求，并不具备证明“标准”的属性，而且这种客观化的证明标准无法衡量裁判者形成内心确信的程度，容易产生司法者对“事实清楚”进行任意解读的现象，由此，陈教授主张应当在证明标准中引入主观证明要求，将“排除合理怀疑”标准引入刑事有罪判决证明标准中，尤其是在疑罪中，更要发挥主观证明标准的出罪作用。[①] 我们也主张这种主客观要素并入的证明标准，据此拟定公诉证据标准为检察机关“认为有极大定罪可能”，强调检察官心证的过程，

---

① 参见陈瑞华:《刑事证明标准中的主客观要素的关系》,《中国法学》2014 年第 3 期。

并系对检察官内心状态的约束，而且这种客观证明标准的降低并不意味着主观不努力，反而会促使检察官忠实地履行审查起诉职责，防止因客观标准降低而出现消极不作为。

（三）采用检察机关认为证据充分、有极大定罪可能的证据标准，并保证检察机关的补充侦查权利，可以防止诉讼拖延，更好地节约司法资源

如果按照审判有罪的证据标准要求提起公诉的证据标准，检察官如果发现所审查的案件有证据指向有罪可能，但又不能达到排除合理怀疑的程度，其要么作出不起诉决定，要么建议侦查机关补充侦查，甚至辅之以自行补充侦查的方式来补强证据，以健全有罪指控的证据体系。简单的不起诉处理，虽然有助于防止诉讼拖延，能够让犯罪嫌疑人早日从刑事诉讼中解脱出来，但随着时过境迁，继续补充证据、完善证据的可能近乎没有，一旦存疑不起诉，对遭受犯罪行为侵害的被害人权益如何挽回、如何保障，基本上是不可能完成的任务。虽然《刑事诉讼法》规定，存疑不起诉的案件，如果发现新证据、事实的，侦查机关可以重新移送审查起诉，但由于监督机制的缺失，侦查机关在案件压力下，也会倾向于处理当下的案件，对这种已经有过处理意见的案件往往不会继续投入时间和精力，也就是说，存疑不起诉基本上意味着案件就此终结。负责任的做法当然是充分行使补充侦查权，继续完善证据，但也会造成一定程度的诉讼拖延、耗费更多的司法资源。因此，对提起公诉的证据标准稍稍降低，以检察机关形成有极大定罪可能的标准来衡量是否达到起诉证据标准，同时增强补充侦查、引导侦查的能力，不仅可以防止简单存疑不起诉所带来的保护不力的负面效应，将案件的最终处理决定留给法庭。即使法庭最终作出无罪判决，也不能就此否认检察机关的工作，而且无罪判决的终局性效力可以让嫌疑人体面地离开刑事诉讼，也可以从法律的层面正告被害人此案的终结。总体来看，对于平复被害人利益、恢复被损害的社会关系而言，利大于弊。

第四节　底线：对存疑不起诉的把握

一、存疑不起诉适用的合理回归：公诉证据标准的把握

通过对存疑不起诉的实践运用进行分析，发现在检察机关认定案件证据不足、未达起诉标准时，两种情况比较疑难复杂：一是存在无法弥补的某些关键证据缺失；二是存在矛盾证据势均力敌的如何审查判断。前者是由于现实的取证问题导致某些关键证据天然缺失，影响了证据体系的完整性，使检察机关在审查判断证据时陷入困境。一般而言，现实的取证问题往往是因为未及时取证或者取证方式不够完整、缜密，导致时过境迁后续的补证不能等。一旦这种补证不能的是关键证据，即可以证明特定犯罪嫌疑人、被告人构成犯罪的证据，或者在已经证明特定犯罪嫌疑人、被告人构成犯罪的同时还具有某种法定从重、加重情节时所不可缺少的言词证据或实物证据，则有可能影响整个指控证据体系的基础。虽然个别关键证据的缺失并不必然导致公诉失败，只要有充分的间接证据加以补强，也能实现起诉的目的。而在证据体系存在天然瑕疵的案件中，检察官的审查判断大都依据间接证据，凭借经验常识来推定，而不同的推定就成为审查判断证据难的根源。对于第二种情况，即存在矛盾证据势均力敌的如何审查判断，往往是证据相互矛盾、甚至是“一对一”的情况下，通常发生在行贿、受贿案件中。行贿、受贿案件的特殊性在于发生的场所具有隐蔽性，绝大部分都是在受贿人与行贿人“一对一”的场合中发生，多以言词证据为主，缺乏相关客观证据予以印证，由于证明受贿人有罪的证据多来自于行贿方的证明，而一旦受贿人否认罪行，行贿方的证言如何采信就是认定犯罪的关键。

上述两种证据审查中的问题与现行公诉证据标准的客观化有直接关系，现行公诉证据标准以“证据确实、充分”为准，忽视了法条对“证据确实、充分”的限定：“检察机关认为”“事实清楚，证据确实、充分的”，应当认为我国公诉证据标准强调了“检察机关认为”这一主观的心

证标准，不应片面强调客观标准而与法院审判有罪的证据标准趋同，允许合理矛盾的存在，这是基于人类认识能力的有限性以及诉讼阶段、证据收集程度的渐进性所决定的。由于记忆能力、感知能力、表述能力的个体差异性，导致事后对事实的描述不可能与事实完全一致，这就有可能产生证言之间甚至一人多份证言之间的矛盾，如果这种矛盾是合理的，则不能就此认定为非法或者反面证据予以排除。例如，被害人估计犯罪嫌疑人年龄在二三十岁，而犯罪嫌疑人实为35岁，虽然二者有所差异，但这种差异是符合认知能力的，应为合理矛盾。不能仅凭部分矛盾就否认证据的整体价值，证据之间存在非合理矛盾才是影响案件审查判断的根本因素。

二、引导侦查能力的提升：疑案处理的关键

检察人员对侦查活动的引导，是强化案件证据体系、确保案件质量的关键环节。但司法实践中，检察机关对侦查的引导主要采用“场外介入”的模式，即要求侦查机关对相关证据的补充与调取。如，要求侦查人员对犯罪嫌疑人在某一事实细节上进行讯问、核实，或者要求调取相关的书证、物证。这种引导侦查还是缺乏亲历性，将侦查与审查起诉活动隔离的一种表现。具体而言，强化引导侦查工作，应当从以下三个方面入手。

第一，建立提前介入程序。提前介入侦查的前提是检察机关能够及时获悉刑事案件的发生，因此需要建立侦查机关刑事案件备案制度。[①] 检察机关通过审查备案材料，识别有提前介入必要的案件，在侦查机关立案后通过书面方式及时通知侦查机关，要求侦查机关给予配合。例如，河南省检察院制定了“两个第一时间介入”的命案工作办法，即案发时第一时间出席命案现场，案破时第一时间介入公安机关第一次讯问。要求命案发生后，省辖市公安局1小时内通报同级检察院，检察机关根据案情答复是否派员出席，重大案件检察机关应当及时派员出席。公安机关首次讯问犯罪嫌疑人前，要通知同级检察机关，重大命案检察机关必

① 要求侦查机关在重大案件受理、立案、破案环节，应当将相关材料抄送检察机关备案，以便检察机关了解基本案件，供介入侦查的决策参考。

须派员介入首次讯问。同时规定出席现场、介入首次讯问的公诉人员即为移送起诉后案件承办人，全程负责案件审查起诉、出庭公诉。

第二，完善捕诉衔接机制，确保引导侦查的持续性。根据司法实践，侦查监督与公诉两个部门均有引导侦查的职责，如侦查监督部门可以对侦查机关提请逮捕的案件出具继续补充侦查提纲，要求其对涉及定罪量刑的问题继续补充侦查，但后续的侦查效果如何往往缺乏监督，案件起诉至公诉部门后，仍然会存在补查不力、关键证据缺失等问题，因此侦查监督与公诉两个部门前后衔接，侦查监督部门将提出的补查意见报公诉部门留存，待该案移送审查起诉时，重点审查批捕阶段的补查意见是否被执行、执行的效果如何，对于未执行或者执行效果不好的，可以予以重点监督、引导。另外，部分地区检察机关试行捕诉合一的制度改革，这样更加有利于强化对侦查机关的引导，避免侦查监督部门在单独介入时，仅就批捕阶段的证据标准要求提出参考性意见，案件进入到审查起诉阶段后，又出现因不符合审判所需证据标准的而难以提起公诉或指控不利的尴尬局面。

第三，对于采取“场外介入”模式引导侦查机关取证的，要进一步健全与完善沟通机制。检察人员应当向侦查人员详细说明取证的目的，所需证明的内容等情况，不能简单以“加强对嫌疑人口供突破力度”等不具备针对性的指导意见替代。此外，应当进一步探索建立检察人员现场监督侦查讯问机制，防止刑讯逼供行为的发生。

第五节　理性：无罪判决的接受

一、转变公诉工作观念，片面追诉不是实现司法公正的方式

《中共中央关于全面推进依法治国若干重大问题的决定》明确了推进以审判为中心的诉讼制度改革，确保侦查、审查起诉的案件事实证据经得起法律的检验。以审判为中心要求公诉程序的办案标准符合审判程序

的法定标准，检察机关应当充分发挥公诉的审前过滤功能，运用不起诉等公诉权，从源头上减少证据不合格或者程序违法案件“带病”进入审判程序。这就需要我们转变公诉工作观念，既要克服积极公诉观，又不能消极公诉、不作为。一方面，要避免“一刀切”，不能认为所有案件都起诉，所有犯罪嫌疑人都判刑才是工作成绩。这种积极公诉观表面上虽然显示了公诉的力度，但并未彰显公诉工作的质量——治病救人，对司法资源更是一种浪费。另一方面，还要避免“要面子”，不能对明知定罪证据不足的案件以抗诉等方式使案件久拖不决。同时，发挥二审检察机关的法律监督作用，对证据不足的案件，勇于发表“事实不清、证据不足”的出庭意见，支持二审法院改判无罪。

二、正确对待疑罪从无，改进公诉案件质量标准评价标准

要认识到疑罪从无是法治必须付出的代价，检察机关提起公诉的案件应当是证据确实充分的案件，如果证据不足的案件流入审判程序被判决无罪，检察机关也应当承担审查把关不严的责任。中共十八大以来，各地已对多起重大冤错案件改判无罪。错案的纠正从“真凶再现型”“亡者归来型”到纠正“证据不足型”，集中体现了司法观念的重大改变。各级检察机关应当顺应时代要求，及时转变陈旧的办案观念。正确对待疑罪从无原则，也要防止三种错误观念：一是将疑难案件“混淆”为疑罪案件；二是将疑罪从无视为检察工作的“绊脚石”，认为其保护被告人，不利于检察机关审查案件；三是将疑罪从无作为司法懒政的尚方宝剑，一旦发现案件不好办、证据复杂，就干脆作不起诉按无罪处理。上述三种错误观念都是对疑罪从无的误读。既要防止理解偏差，又要注意矫枉过正。

无罪案件被夸大的一个重要原因与案件质量考核制度密切相关，正确对待无罪案件，需要改变现有的考核指标和考核制度，不能将无罪案件的存在作为否定办案质量的唯一标准。一是将是否在检察环节履行了保障人权的法律规定纳入案件评查范围。二是以终结性法律文书网上公开为契机，大力加强司法规范化建设，通过公诉法律文书评查、抽查等

方式促进规范文明司法。三是定期对生效无罪判决案件进行全面清理和逐案评查，以无罪案件的分析评议为切入点，全面查找公诉执法环节存在的问题，对生效无罪案件和检察机关撤回起诉的命案进行通报，定期编辑典型案例加强对下指导。四是可以试行无罪案件反向考核机制，即对于无罪案件、不起诉率都纳入正向考核机制，无罪率和不起诉率的上升都能体现检察机关充分履行了自身职能，在严格审查无罪原因后，对仅因事实、法律适用甚至是证据采信、认定与法院有不同意见，导致无罪的，都不能认定错案，同时要考察检察官在此次事件中引导侦查行为的充分性和妥当性，对于引导侦查有利，仅因检法分歧导致无罪的，不但不应记过，在视无罪为猛虎的当下，甚至可以稍微鼓励，至少是不做否定评价。

三、充分听取律师意见，对被告人的无罪辩解认真核实

建立长效机制保障律师合法权益，保障律师阅卷、会见、通信、调查取证和申诉控告权的行使；落实听取辩护律师意见制度，充分发挥辩护律师在非法证据排除中的作用，积极听取律师对证据合法性的意见；重视律师提出的被告人不在犯罪现场、未达到法定刑事责任年龄的线索，防止和纠正各种无故拖延、推诿、刁难律师依法履职的情况发生。树立以审判为中心的证据意识，无论是对被告有利或者不利的证据在审查起诉时均要求侦查机关随案移送，在提起公诉时均应当向法院移送。还要加强对立案、侦查活动的法律监督，加强对非法证据的审查和排除。勇于纠正刑讯逼供、暴力取证、隐匿无罪证据等违法行为。根据侦查违法行为的程度，采取移交职务犯罪线索、发出纠正违法通知书和提出检察建议等多种形式开展法律监督。另外，还要加强公诉环节对经济犯罪案件的审查，防止用刑事手段插手经济纠纷的现象发生。

同时，要合理对待当事人诉求、有效化解社会矛盾。对于因证据不足而不批捕、不起诉、撤回起诉、判决无罪的案件，没有新犯罪事实和确实的定案证据，不能因当事人闹访随意撤销原处理决定对犯罪嫌疑人再次采取强制措施。还要建立公检法联合接访机制，加大对刑事被害人的救助力度，共同做好矛盾化解工作。

四、权责明确，确立主任检察官负责制[①]

解决当前刑事诉讼程序中存在的问题，固然要有相关制度的规范与完善，但更为重要的是，这种制度能够保证一批能够运用法治思维办理案件的检察人员依法行使检察权。应当看到，法治思维的形成不仅有赖于司法人员自身的修养，也有赖于周边制度环境的影响。中共十八届四中全会提出："完善主审法官、合议庭、主任检察官、主办侦查员办案责任制，落实谁办案谁负责"；"实行办案质量终身负责制和错案责任倒查问责制"。主任检察官办案责任制的推行实施，是当前预防刑事冤错案件语境下，检察职能转变与完善的核心任务之一。通过主任检察官办案责任制度，保障检察机关依法独立行使检察权，保障案件审查机制的精细化运行模式，增强检察人员的职业荣誉感与责任感。通过这项改革推动司法公正，应当关注以下方面。

第一，选拔合格的检察人才进入主任检察官队伍是当前的关键。在以往遴选检察人员的过程中，我们通常采用的模式是理论考试、结构化面试、征求意见等类似公务员考试的选任方式。这种选任方式并不完全适合选拔具有司法属性的主任检察官，因为这容易使人唯考试论、唯统一标准论。此外，选任的条件也不应当过多设定级别的限制条件，因为司法的属性不是级别、权力，而是科学的认知。因此，在选拔的条件与方式上，应当更侧重于人员的任职经历、过往案件的办理情况，在考试或考核过程中，应当注重法律思维的评判以及法律知识结构的完整与否。

第二，建立与完善主任检察官职业保障体系，有助于法治思维的形成。在传统的行政化模式管理下，优秀的检察官只能通过竞争处长、副处长等领导职务才能获得提升。在这种行政化的管理模式中，在晋职晋级的利益机制推动下，不仅造成检察官"上升渠道"的狭窄，而且更容易导致盲目服从的思维模式：检察官办理案件时，不得不将揣摩上级领导的意图作为首要思考起点，但求"独善其身"。正如埃尔曼教授所说：

---

① 因本书写作时，员额制改革尚未推行，故采用"主任检察官"的说法。本书所倡导的"主任检察官负责制"即现行的员额检察官负责制。

“如果法官希冀飞黄腾达，小心翼翼、自我抑制和职业上的溜须拍马在他们大多数人看来还是颇有效用的态度。这促成了大多数法官的持续的社会化，把他们变成这样一种人，即致力于制度的维持，而不是法律和司法程序所要追求的目标。”① 在谋求个人职业生涯与发展空间中，经过利益计算与权衡，使许多检察官不得不在一定程度上牺牲法治思维与独立品性。在司法实践中，有些检察官就因此而怠于对争议案件的处理提出自己的意见，习惯将争议问题提交领导或上级院，或者完全以上级领导的个人意志替代自己对案件审查后形成的意见。

第三，建立完善主任检察官办理案件的具体实施细则，有助于法治思维的落实。赋予主任检察官相关案件办理中的权利，并明确其职业权利保障的同时，我们也应当进一步细化其在办理案件过程中所必须遵守的流程，防止检察权的“恣意妄为”。以公诉部门主任检察官办案责任制为例，规定主任检察官在案件审查起诉过程中，应当根据法律规定，依顺序重点审查程序证据、法律认定、起诉必要性三个层面。在法律认定层面，应当规定主任检察官依照相应顺序重点审查：犯罪嫌疑人是否实施了相关行为；实施的行为是否为不法行为；实施的不法行为与刑法上所规制的行为是否具有同一性；刑法所保护的法益是否受到侵害；实施的刑法上的不法行为与法益侵害是否具有因果关系；实施的行为是否具有正当防卫、紧急避险等违法阻却事由；嫌疑人对其行为的性质、侵害的对象、行为的方式及程度、危害后果是否具有认识以及认识的程度、对认识内容的意志程度。主任检察官在撰写案件审查报告过程中，应当将上述审查过程予以反映，以备查阅。

第四，建立与完善对主任检察官的责任追究机制，应当将侧重点放在预防主任检察官严重不负责及故意违背法律、事实的滥用权利方面。对于在诉讼中主任检察官已经尽其注意义务，且客观上不能避免的“指控不力”或“指控错误”不能追究责任。正如林钰雄教授指出：“无罪判决未必可归责于检察官，因此，以无罪判决作为检察官未尽证明义务的不利负担，既非有效，亦不妥当；如果硬要用实体证明负担来强迫检察官尽证明责任，而后检察官将会越来越像‘打击被告人的追诉狂’，所

① ［美］H·W. 埃尔曼:《比较法律文化》,清华大学出版社 2002 年版,第 126—127 页。

有客观性义务的良法美意将荡然无存，刑事诉讼也只会沦为优胜劣汰的达尔文主义之战场。”[①] 也就是说，对于现有的考评制度，不能简单地以数量、效率或有罪判决率等单纯数据进行评价。此外，还要建立干预案件报告制度。对于案件处理中有领导干部违规插手案件处理的，案件承办人应当按照相关程序向有关部门报告并备案。

① 林钰雄:《严格证明与刑事证据》,法律出版社 2008 年版,第 183—184 页。

第八章　公诉的弹性标准：公诉裁量

第一节　背景：公诉裁量的土壤与环境

一、公正与效率的要求

犯罪率居高不下，是一个世界性的趋势，根据最高人民法院的统计数据，改革开放之后，随着经济转轨、社会转型及利益格局调整等复杂原因，社会治安状况恶化、刑事案件数量持续增长，1978 年全国法院审判刑事案件 15 万余件，2008 年达 76 万余件，增长 4.07 倍，尤其是在 1997 年新《刑法》颁布之后，刑事案件的审判数量更是呈直线上升趋势，这一点也可以从最高人民检察院的工作报告中得出同样的结论，同期的批捕、起诉案件也与法院判决数量呈正态表现。

同期司法人员的增加则非常缓慢，案多人少的矛盾日益突出。从全国法院系统统计来看，2006—2010 年，法院审结案件数量增长了 28.57%，而同期法官人数仅增加了 3000 人，增长比例 1.58%，二者相差 18 倍之多。同样，对北京市检察机关进行考察，2000—2011 年的 12 年间，北京市检察机关审结起诉案件人数从 16730 人增加到 27103，增长了 60%，同期检察人员[①]从 2000 年的 3632 人增加到 2011 年的 3646 人，绝对数增加了 14 人，几乎未增长，案件增加数是人员增加数的 6 倍。

① 因为统计问题，未能区分专门从事公诉业务的干警人数，但总体上占全院人数的比例比较稳定。因此，将同期检察人员总数作为对比对象也能间接反映出公诉干警与审结案件人数之间的比例情况。

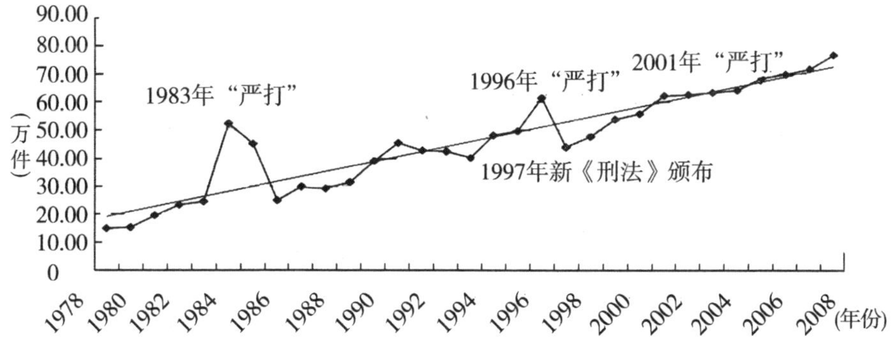

图 8－1　1978—2008 年全国刑事一审案件统计图

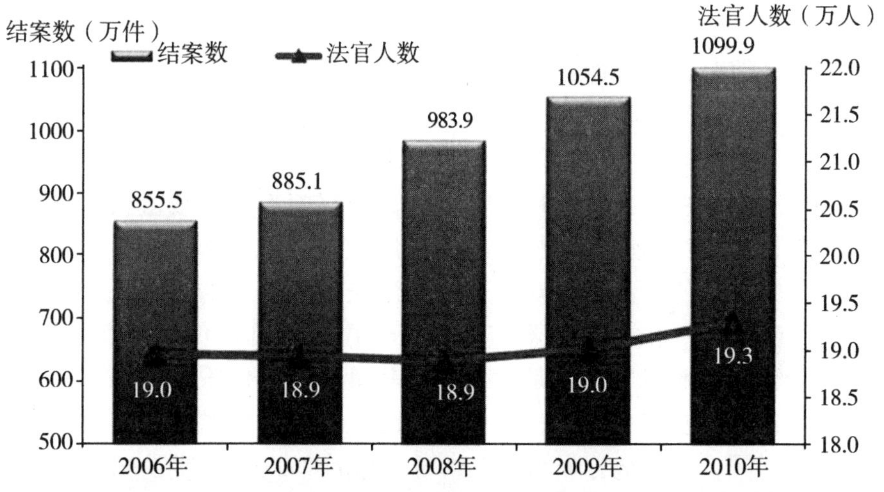

图 8－2　2006—2010 年全国法院审执结案件数量与法官人数走势情况图

而与这种逐步增大的办案资源紧张同步发展的还有当事人维权意识的稳步提高，以及整个社会对司法公正的关注加大。继《律师法》修改后，《刑事诉讼法》修改也在秉承一个加大辩方权利、平衡控辩双方力量的改革方案，如律师介入刑事诉讼时间的提前、介入范围的增加以及律师意见听取的强制性要求等。而两高证据规则的出台、非法证据排除规则的引入，将很多先进证据理念也带入司法实践，这些都体现出司法对人权保障的重视，对犯罪的指控不仅是为了平复被害人的所受损失，也

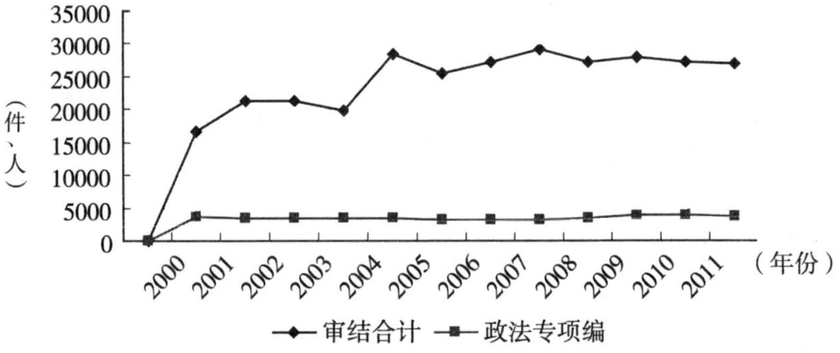

图 8－3　2000—2011 年北京市人民检察院审结案件数量与检察人员数量比较图

要尊重和保护被指控对象的权利。在这种情况下，社会对司法的要求越来越高，平等武装下辩方的对抗能力也在逐步增强，诉讼风险不断加大，翻供、翻证情况日益普遍，无罪判决、撤回起诉案件、改判案件数量的居高不下就是很好的印证。

纵观我国检察机关公诉权行使的情况看，无论是公正还是效率都没有得到应有的重视。主要表现在对公诉裁量权中不起诉裁量权的行使控制过于严格，而对起诉裁量权却不加控制。一是从我国立法、司法实践来看，检察机关公诉裁量权在实体性司法决定中适用的范围狭小，仅限于犯罪情节轻微，依照刑法不需要判处刑罚或者可以免除刑罚的情况，不适用于其他一般犯罪；二是对不起诉裁量权的行使限制不合理，不利于充分发挥起诉便宜主义的机能。如为防止不起诉的滥用还存在一个不起诉率的问题，有的地方强制规定相对不起诉率必须控制在一定的比例，有的地方甚至把不起诉率的高低作为考评工作好坏的一项重要指标等，人为地限制不起诉裁量权的适用；三是对可能会发生侵犯当事人人权的起诉裁量权却没有任何防范审查机制，只要检察官认为嫌疑人符合起诉条件，一般而言，该嫌疑人、被告人必然要到法庭上去“走一遭”，没有什么事先的防范控制措施。因此，我国检察机关行使的公诉裁量权实际并不是太大，而是太小，需要扩大。我国检察机关拥有的真正意义上的公诉裁量权实际仅限于相对不起诉，而相对不起诉又仅限于“微罪不检举”，在诉与不诉以及如何公诉等方面的自由裁量权极为有限，检察机关对本已极为有限的公诉裁量权亦慎于甚至惧于行使，司法实践中的有关严格控制不起诉率的规定，便是很好的说明。事实上，我国检察机关对相对不起诉权这些极为有限的自由裁量权还施加了多种限制，《刑事诉讼法》规定对检察机关的不起诉决定，公安机关有权申请复议、复核，被告人、被害人有权申诉，甚至被害人还可抛开检察机关的不起诉决定，自己提起自诉。可以说，立法体现了对检察机关公诉自由裁量权的担心，但公诉裁量权的不能切实、充分行使的结果，必然导致起诉便宜主义的优点得不到充分发挥，起诉便宜主义对提高诉讼效率以及有利于诉讼经济等的明显作用便无法体现。

在上述三者夹击之下产生的积极公诉观，自然就引发了轻刑率高、诉讼资源浪费的后果。任何法律程序的运作都会消耗一定的司法资源，随着犯罪案件的日益增加，司法资源的相对短缺已成为一个日益严重的问题，如何利用有限的司法资源获取尽可能多的司法产出是一个值得探讨的课题。为解决这一问题，许多国家在诉讼程序中都设置了速决程序（或称简易程序），在一定程度上缓解了司法资源的不足。但是，普通、速决程序之别是在审判阶段。而在公诉阶段，检察机关行使公诉裁量权，对于犯罪嫌疑人依法不起诉而终结诉讼程序，同样可以节约审判程序所需大量的人力、物力和财力，缩短诉讼时间，降低诉讼成本，提高诉讼效率。

二、审判中心主义的要求

中共十八届四中全会提出：“推进严格司法，坚持以事实为根据、以法律为准绳，推进以审判为中心的诉讼制度改革。”全国法院第六次刑事审判工作会议也提出，“全国各级人民法院要切实转变和更新刑事司法理念，突出庭审的中心地位，有效发挥审判对侦查、起诉的制约和引导作用，确保刑事司法公正”。2012 年《刑事诉讼法》中落实“庭审中心主义”的趋势也愈加明显。例如，对证据收集合法性的证明，检察机关可以提请人民法院通知有关侦查人员或其他人员出庭说明情况，人民法院也可以直接通知有关侦查人员或其他人员出庭说明情况。这表明，无论从法律制度上还是从司法运作层面上，“庭审中心主义”都成为当前刑事司法领域的发展方向。“庭审中心主义”包含三个方面：一是证据调查在法庭；二是定罪量刑在法庭；三是裁判结果在法庭。具体而言，就是对犯罪事实的认定，应当根据证据裁判主义要求，以经法庭调查、认定的证据为基础，未经法庭调查的事实、证据不得作为认定案件事实的依据。同时，法庭要充分保证被告人及其辩护人的质证权、辩论权等各项诉讼权利，要组织控辩双方就定罪量刑问题展开充分辩论，并以此作为定案的重要参考。最后，在上述基础上，由直接审理案件的法官形成裁判意见。“审判中心主义”要求在庭审过程落实中“全面落实直接言词原则”，落实庭审中心主义，推进庭审实质化，需要对进入庭审的案件进行合理的限定。从各国的审判实践来看，并非所有的刑事案件都要进入刑事法庭进行审理。相反，大部分的案件都是在审查起诉阶段由检察机关终结，无论是暂缓起诉还是辩诉交易，大量的案件从正式的庭审程序中分流出去，只留下那些疑难、复杂、双方对定罪量刑有一定争议的案件，通过控辩双方的积极举证、质证，使法官和陪审人员能够在充分了解案件证据的情况下，形成是否有罪的内心确信，这既兼顾了公平，又强调了效率，也是审判中心主义实现的必由之路。

针对不同特点的刑事案件，《刑事诉讼法》设置了两种诉讼程序：普通程序和简易程序。对于案件事实清楚、证据充分，被告人认罪的案件，适用简易程序审理；对于事实、证据有争议、有重大社会影响、被告人不认罪或者被告人的人权需要特殊保护的案件，则适用普通程序审理。刑事诉讼呈现出“简者更简、繁者更繁”的发展趋势，一方面需要不断完善普通程序，加大被告人权益保护力度，确保程序公正；另一方面需要在确保底线正义的前提下，简化诉讼程序，提高诉讼效率。在建立审判中心的问题上，注意案件的不同样态，采取不同方式对待十分必要。[①] 即，一方面，对于在案件总量中占大多数的事实清楚，证据充分，被告人认罪的案件，仍然采用以侦查为中心的诉讼制度，以信任侦查取证和控诉意见为基础，适用简易程序解决，其中部分具备条件的案件还可以进行刑事和解，节约司法资源，提高诉讼效率，同时使被告人能够比较快速地从刑事诉讼的漩涡中解脱出来。另一方面，则只对较为严重的，有重大社会影响的，而且是有争议的案件按照程序

① 参见龙宗智:《论建立以一审庭审为中心的事实认定机制》,《中国法学》2010 年第 2 期。

正当化要求，采用以庭审为中心的比较彻底的实质化审理。鉴于公正与效率诉讼价值目标的平衡，以及我国现阶段大量的刑事案件系事实清楚、证据充分，被告人认罪的轻罪案件的司法现状，应当建立多元化的刑事司法体系，不是所有的案件都有必要进入审判程序。实践证明，一个国家的司法资源始终是有限的，资源的供与求始终是一个难解的结。“如果将一切犯罪者都不分轻重和具体情节，一律推向程序严格、复杂、实质化的审判程序，不但使整个刑事诉讼制度被案件的数量拖垮，对被告来说也是一大负担。”① 因此，在以审判为中心的诉讼制度下，检察机关承担着重要的审前程序的筛选和分流功能，“对刑事案件在审前进行科学分流、完善多元化的案件处理机制，是‘以审判为中心’的应有之义。这就要求扩大检察机关的起诉裁量权，强化其审前调节职能。”② 检察官的起诉裁量权主要体现在酌定不起诉案件上，法定不起诉和存疑不起诉不存在裁量权的问题，但是实践中检察官往往不敢运用也不擅长运用法律赋予的酌定不起诉权力，唯恐把握不好适用标准承担办案责任，宁愿把案件推向审判程序。在以审判为中心的背景下，检察官的起诉裁量权势必得到加强，检察官应当运用好这项权力，将一部分案件分流，减轻法院审判的负担；同时将更多的司法资源配置在需要进入审判的案件上面。

三、检察机关客观公正义务的要求

检察官在不同的刑事诉讼模式下有不同的职能定位。当事人主义审判模式强调控辩双方平等对抗，检察官在刑事诉讼中主要作为一方当事人代表国家追诉犯罪，检察官和被告人之间是平等对抗的关系。职权主义审判模式则强调国家官员在追诉犯罪中的积极作用，不仅要积极履行公诉职能，而且要收集有利于被告人的证据，以保证刑事诉讼程序能够顺利进行。正是因为两种审判模式下的检察官存在职能定位上的差异，所以检察官客观公正义务首先在德国、荷兰等采用职权主义审判模式的大陆法系国家确立起来，检察官也很快认可自己在审前程序中作为中立

① 段明学：《刑事审前程序探析》，《重庆交通大学学报（社会科学版）》2013 年第 2 期。
② 王守安：《以审判为中心的诉讼制度改革带来深刻影响》，《检察日报》2014 年 11 月 10 日第 3 版。

第三者的身份，荷兰检察官就有“站着的法官”之称。但是相比之下，客观中立义务对实行当事人主义审判模式的检察官来说接受起来并不容易。在传统的当事人主义诉讼模式下，检察官将自己定位为刑事诉讼中的一方当事人，认为应该更专注于自己的起诉职能，而不是在被告人和被害人之间进行修复，认为帮助犯罪嫌疑人并不是检察官的职责。如，美国检察官就认为在审前阶段和犯罪嫌疑人接触的机会很少，评价嫌疑人认罪态度的机会并不多，所以也无法依据被告人是否有悔改表现决定如何行使自由裁量权。而且检察官也不应该被情感的东西所左右，每个人在被逮捕以后看起来都很可怜和值得同情，所以检察官主要考虑的应该是对犯罪嫌疑人判处什么样的刑罚，而不是如何利用起诉裁量权宽恕犯罪嫌疑人。[①] 美国律师协会制定的《检察官作用准则》（Standards Relating to the Prosecution Function）要求检察官只要证据充分就应该起诉。该准则列举的检察官是否起诉应该考虑的因素中，没有规定违法者的态度。联邦司法部制定的政策要求检察官起诉所有已经得到证明的违法行为，不用考虑起诉对违法者能否回归社会的影响。美国的检察官认为，作为职业法律人，检察官应该避免自己的主观好恶对案件的处理结果产生影响，避免适用法律上的不一致性。在美国，为了保持法律适用的一致性，如果检察官对警察已经立案的案件作出不起诉处理的，必须汇报给司法部。这类终止案件的理由（T－reason）被分成 12 类，每类下面又分 12 小类，检察官人手一份。美国司法部规定的检察官拒绝起诉的理由主要包括：没有犯罪嫌疑人（没有充分证据证明犯罪发生）；缺乏充分证据（证人不可信）；搜查、扣押没有得到承认（逮捕依据的合理理由存在问题）；找不到被害人作证，或者被害人不愿意作证（被害人要求不起诉）；找不到证人作证，或者证人不愿意作证（证人特权）；有其他案件（以更重或更轻的罪起诉）；司法利益（违法行为的性质，当事人之间的关系）；其他正当程序方面的考虑等。

而且公诉权的行使往往是执行国家政策的需要，因此公诉标准一般由隶属于政府的最高司法行政长官统一制定。如，《法国刑事诉讼法典》规定：“司法部长负责引导政府确定的公诉政策，保障此种政策在共和国

---

① See David T. Johnson, *The Japanese Way of Justice: Prosecuting Crime in Japan*, Oxford: Oxford University Press, 2002, p. 112.

领域内执行时协调一致。为此目的，司法部长向检察机关发出有关公诉的总体性指示。"① 与之相似，德国司法部长也承担了制定统一的公诉标准的职能。美国检察机关虽然具有地方化的特点、公诉实践各地存在较大差异，但随着近年来美国司法部对公诉标准的司法指南的制定和公布，并将其作为指导公诉权运作，各地公诉标准不统一的局面正在逐渐改善，"当然，各州仍然采取其自行制定的司法指南，但联邦的司法指南无疑为其提供了一个很好的参照标准。"②英国《犯罪起诉法》授权检察总长有权制定统一的公诉标准，即《皇家检察官守则》，并随着实践不断修改完善。各国对于统一公诉标准的追求，都是力图在审查起诉时同样情形同样处理，从而实现对犯罪嫌疑人的平等保护。

同时，检察官行使自由裁量权必须考虑警察、法官、辩护律师、社区等相关机构和群体的利益，有时要依据这些利益群体的需要，而不是依据证据标准决定是否起诉，是否行使起诉裁量权。检察官行使起诉裁量权所处的诉讼阶段决定了其必须具有灵活性。作为刑事诉讼的中间环节，检察官作出的起诉决定对侦查机关、法院、监狱以及律师的工作都产生影响。所以检察官在作出起诉决定时必须考虑其他部门的利益和要求，并且适当根据其他部门的要求调整起诉政策，这就是检察官自由裁量权具有灵活性的表现。结合当下正在进行的司法体制改革，可以赋予主任检察官相关案件办理中的权利并明确其职业权利保障，进一步细化其在办理案件过程中所必要遵守的流程，防止检察权的"恣意妄为"，如规定主任检察官在案件审查起诉过程中，应当根据法律规定，依顺序重点审查程序证据、法律认定、起诉必要性三个层面。在法律认定层面，应当规定主任检察官依照相应顺序重点审查：犯罪嫌疑人是否实施了相关行为；实施的行为是否为不法行为；实施的不法行为与刑法上所规制的行为是否具有同一性；刑法所保护的法益是否受到侵害；实施的刑法上的不法行为与法益侵害是否具有因果关系；实施的行为是否具有正当防卫、紧急避险等违法阻却事由；嫌疑人对其行为的性质、侵害的对象、行为的方式及程度、危害后果是否具有认识以及认识的程度、对认识内

① 罗结珍译：《法国刑事诉讼法典》，中国法制出版社 2006 年版，第 31 页。

② Ellen S. Podgor, "Department of Justice Guidelines: Balancing Discretionary Justice", *Cornell Journal of Law and Public Policy*, Vol. 13 Iss. 2, Spring, 2004.

容的意志程度。主任检察官在撰写案件审查报告过程中，应当将上述审查过程予以反映，以备查阅。

第二节　方式：降格指控模式的提出

一、域外经验

（一）英美法系的辩诉交易

19世纪的美国，随着资本主义经济发展而带来犯罪率的急剧增长，这种不断增加的案件压力使有限的司法资源不得不思考应对问题，一些大城市的检察官开始采用与被告人及辩护人协商和交易的方式进行结案，如减少指控罪数或者向法官提出降低处刑幅度，与被告人进行交易，促使被告人作有罪答辩从而尽快结案。这种方式因其简捷、经济性，而被广泛适用，美国联邦最高法院在1970年以司法判例的方式确认了辩诉交易的合法性。随着辩诉交易的进一步发展、规范，90%以上的案件被辩诉交易的方式在庭外解决。

英美法系的辩诉交易都是针对控辩双方在被告人作有罪答辩的基础上，控方进行指控的减让，而且适用于所有案件类型。美国的辩诉交易主要分为指控交易和量刑交易两种。指控交易是指被告人作有罪答辩，控方作降格指控或减少指控。降格指控是检察官将指控减至证据所支持的控诉，将指控罪名由较重罪名降为较轻罪名，一般设计法律规定罪行的严重程度及其刑罚有等级之分的罪名。如将强奸罪降格为猥亵罪，将夜盗罪降格为盗窃罪，将醉酒驾驶罪降格为鲁莽驾驶罪等，但有时被减轻指控的罪名与原始罪名也没有逻辑上的联系，如将法定强奸减轻为“促成未成年人犯罪”、将纵火罪减轻为非法入侵他人住宅等。[①] 另一种降格指控的方式是减少指控，在被告人犯有数罪的情况下，检察官仅指控其中一个或数个罪行，其余罪行不予指控。降格指控是控辩双方在审

① 参见冀祥德：《建立中国控辩协商制度研究》，北京大学出版社2006年版，第9页。

判前就已经达成协议，一般也无须征得法院同意，而且由于不告不理原则的限制，只要控方减少了指控，法院不能再超出这个范围进行裁判，直接决定了最终的裁判结果。与之相比，辩诉交易的第二类量刑交易就需要借助法院的同意或认可，因为这种情形，都是被告人以有罪答辩换取检察官同意请求法官判处较轻的刑罚，保证或承诺向被告人建议判处被告人较轻的刑罚或不阻止法官轻判，如应当判处长期监禁的判处短期监禁，应当判处短期监禁的判为缓刑或者罚金等。对量刑交易的结果，虽说不是由控辩双方所决定的，但通常情况下法院也是会尊重控辩双方的意愿，对交易内容予以认可。

与美国的辩诉交易范围不同，英国辩诉双方只能进行指控交易，而不能进行量刑交易，而且辩护方还可以在检察官在场的情况下，直接与法官进行交易，获得刑期减免三分之一到四分之一的优待，有罪答辩越早、量刑折扣越大。

“辩诉交易能够在美国盛行主要是与陪审团制度的高成本、低效率密切相关的。此外，这种诉讼制度的存在还与对抗制诉讼的结果对于控辩双方来说具有高度的不确定性、被告人自愿认罪被看作是与民事诉讼当事人的自认具有同等不需要进行证据调查的效力等因素有关。”[①] 可以说，美国辩诉交易的产生的根源正是司法能动主义（实用主义）的作用：对政治型检察官而言，胜诉率高低往往影响其业绩、业界的声誉，甚至制约其政治生涯，而对抗式的诉讼程序兼之以“排除一切合理怀疑”的超高证明标准，导致了很高的诉讼风险，如果适用了辩诉交易则可以很好地规避无罪判决的风险，“半块面包总胜过没有面包”；对法官而言，正式的法庭审理程序烦琐而拖沓，如被称为“世纪审判”的辛普森杀妻案的法庭审理就长达13个月之久，其间示证、质证、证人聆讯、证据排除、陪审团合议等程序，繁之又繁，严重占用了司法资源，反观辩诉交易制度，其将九成的刑事案件都排除在正式庭审程序之外，法官免于工作之忧，而且还有一部分案件是在控辩双方达成合意的情况下提交给法官，不出意外的话，法官基于合意作出判决，天下皆欢；对被告人而言，其中获得迅速结案、量刑折减的好处更是不用多说，对被害人而言同样可以解决正式判决的不确定性和裁

① 张建伟：《辩诉交易的历史溯源及现实分析》，《国家检察官学院学报》2008年第5期。

量结果的拖延问题，获得及时的正义；对政府而言，由于罪犯、刑期的减少，直接可以减少惩罚罪犯的后续司法成本（如监狱、社区矫正），而且纠纷的解决也有利于社会秩序的重建和恢复，变相减少了维护社会秩序的成本。所以，这种司法能动主义的典范在各国生根发芽，根据各国国情、需求的不同，结出了不同的“能动司法之花”。

加拿大的辩诉交易更加范围广阔，不仅适用于所有的刑事案件，控辩双方就罪名、罪数和量刑均可交易，而且控辩双方可以在案件庭审前可以协商，即使在案件进入开庭程序后，控辩双方均可要求法官暂停审判而交易协商，甚至庭审中法官可以在双方协商的基础上进一步减让，作出轻于交易意见的决定。例如，根据学者对加拿大安大略省法院认罪庭审的考察，在由一名法官主持的认罪庭开庭中，2 个小时审理并当庭判决了 9 个罪案，法官的最后判决全部轻于控辩双方的意见，因为法官认为判决的目的不是为了单纯的惩罚，对于被告人已经认罪悔罪并已经被羁押一段时间的，应当尽量考虑社区矫正和缓刑。[①]

（二）大陆法系的起诉裁量

与英美法系中的控方主导辩诉交易类似，由于大陆法系检察官通常享有较为广泛的起诉裁量权，其在审前程序中即可以对案件进行分流处理，其中不乏与辩方达成交易而终结程序，虽然有可能是“强调最大的收益和最小的劳动的官僚主义态度”[②] 使然，但同样不能忽略司法能动主义在其中的潜移默化。

尽管德国不存在辩诉交易的名义，但德国的司法实践中，普遍存在着协商制度，而且适用范围也是从轻微犯罪扩展到了暴力犯罪和故意杀人犯罪等重罪案件，体现了从关注罪刑均衡、犯罪预防到关注犯罪人的矫正回归、社会关系修复的刑罚目的改变。这种诉讼程序中的协商主要是在审前阶段进行，包括三种情况：其一，控辩双方在诉前程序中协商（有时还有法官），被告人承认有罪，并支付一笔罚金后，控方即终结指控程序、撤销案件。如《德国刑事诉讼法典》第 153 a 条规定，在轻罪案

---

① 参见冀祥德：《域外辩诉交易的发展及其启示》，《当代法学》2007 年第 3 期。

② 如根据美国法官的观察，助理地区检察官数量的增长完全是与案件的增长相同步的。检察官们说辩诉交易是减轻负担（backlog）的一种途径，但实际上它仅仅是减少劳作（work）的一种办法。参见张建伟：《辩诉交易的历史溯源及现实分析》，《国家检察官学院学报》2008 年第 5 期。

件中，如果被告人的罪责较轻，并且公众对追究其刑事责任不存在兴趣，就可以暂时考虑不起诉，同时规定被告人特定的义务或者指示，并根据完成情况决定最终撤销诉讼程序，如果不是针对轻微犯罪，则需要法官的批准。其二，控辩双方在诉前程序中协商，被告人认罪后，检察官向法官申请发布处罚令，法官书面签署后即可终结诉讼。这种情形仍只适用于指控有事实依据的轻罪案件，且处罚令的内容限于判处罚金、监禁的缓刑、一年以下监禁或者禁止驾驶。其三，控辩双方在主审判程序或先前的程序步骤中协商，如果被告人认罪，就可以被允诺判处轻微的刑罚。这种情形不仅包括控方在诉前作出的降格指控（包括罪行、量刑），而且可以在审前准备阶段甚至主审判程序开始后，由法官与辩方达成刑罚优惠的合意。德国的这种协商制度甚至作用超出了美国的辩诉交易，因为其不仅涵盖了美国的降格指控，对轻罪案件，控方可以直接在辩方履行赔偿等义务后即放弃追诉的权利，充分体现了检察机关起诉裁量权范围之广、之大。

二、降格指控的实践运行

（一）对罪名、罪刑皆降格处理：以未成年人犯罪案件为例

虽然对辩诉交易还未上升到立法层次，但在实践中，检察机关利用自由裁量权进行的降格指控也是一个非常普遍的现象，如对未成年人犯罪进行考察发现，相当多的案件在起诉环节就被分流处理，以不起诉、暂缓起诉等方式，避免了大量刑事案件流入法庭审判。即使进入审判环节，也会以建议从宽处罚的方式，实现检察机关的降格指控。

1. 未成年人犯罪轻缓化处理的立法趋势

随着宽严相济刑事政策的贯彻，少年司法理念也逐步走向非罪、宽缓，最高司法机关出台的司法解释变迁也充分体现了这一点。最高人民法院于2006年1月颁布施行的《关于审理未成年人刑事案件具体应用法律若干问题的解释》，就未成年人的年龄认定问题、罪与非罪、情节轻微的理解、适用缓刑、免予刑事处罚的情形等问题作了较为详细的阐释。2006年12月，最高人民检察院在《关于在检察工作中贯彻宽严相济刑事司法政策的若干意见》中规定，办理未成年人犯罪案件，要对未成年犯

罪嫌疑人的情况进行调查，了解未成年人的性格特点、家庭情况、社会交往、成长经历以及有无帮教条件等情况，除主观恶性大、社会危害严重的以外，根据案件具体情况，可捕可不捕的不捕，可诉可不诉的不诉。对确需提起公诉的未成年被告人，应当根据情况依法向人民法院提出从宽处理、适用缓刑等量刑方面的意见。随即，最高人民检察院在新修订的《人民检察院办理未成年人刑事案件的规定》中增加、完善了办理未成年刑事案件的九项制度，并就“可诉可不诉”原则进一步具体化。2007年最高人民检察院下发的《人民检察院办理不起诉案件质量标准（试行）》进一步明确规定了不起诉的五种情形，对于符合犯罪情节轻微，依照刑法规定不需要判处刑罚或者免除刑罚的条件，同时具有下列五种情形之一的，依法决定不起诉：“未成年犯罪嫌疑人、老年犯罪嫌疑人，主观恶性较小、社会危害不大的；因亲友、邻里及同学同事之间纠纷引发的轻微犯罪中的犯罪嫌疑人，认罪悔过、赔礼道歉、积极赔偿损失并得到被害人谅解或者双方达成和解并切实履行，社会危害不大的；初次实施轻微犯罪的犯罪嫌疑人，主观恶性较小的；因生活无着偶然实施盗窃等轻微犯罪的犯罪嫌疑人，人身危险性不大的；群体性事件引起的刑事犯罪中的犯罪嫌疑人，属于一般参与者的。”其中之一就是未成年人犯罪。在这种宽缓刑事政策的影响下，检察机关在处理青少年犯罪案件时，一般都有“轻刑化”的考虑，如笔者前述针对抢劫罪量刑标准拟定问题进行研究后发现，实践中很多抢劫案件都因为是有未成年人犯罪的法定从轻情节，而被减轻处罚，甚至一些多次抢劫、抢劫数额巨大、应当判处10年以上刑罚的案件，直接被“跳档减”，即减轻两个量刑档次，这种做法随着《刑法修正案（八）》对减轻处罚的限定，可能不再有存在的空间，但有可能直接以《刑法》第37条的“情节轻微、不需要判处刑罚”而被定罪免刑。

2. 对未成年人案件降格处理方式之一：不起诉

例如，一项针对北京市海淀人民检察院2004年至2007年的调查表明，[①] 三年中对未成年犯罪嫌疑人不起诉率达3.8%，高于同期2%的整体不起诉水平，而且呈逐步上升趋势，2005年为1.3%、2006年为

① 参见李华、庄晓晶、程晓璐：《宽严相济刑事政策下未成年人不起诉案件实证研究》，《少年司法》2009年第2期。

6.7%、2007年为4.3%，不起诉的适用案件类型也从传统的盗窃、伤害等轻罪扩大到寻衅滋事、抢劫等重罪。不起诉率的大幅提升，反映出宽严相济刑事政策对未成年犯罪从宽处理的政策导向，而对检察机关而言，在审查起诉环节，即对未成年人犯罪扩大相对不起诉的适用，也是利用公诉裁量权对刑事政策的回应。另外，与成年人犯罪相比，未成年人犯罪案件中减少公安机关认定的事实更为多见，甚至改变罪名的现象也有发生，如最高人民法院《关于审理未成年人刑事案件具体应用法律若干问题的解释》中规定："已满十六周岁不满十八周岁的人犯盗窃、诈骗、抢夺罪，为窝藏赃物、抗拒抓捕或者毁灭罪证而当场使用暴力或者以暴力相威胁的，应当依照刑法第二百六十九条的规定定罪处罚；情节轻微的，可不以抢劫罪定罪处罚。"甚至同时规定："已满十四周岁不满十六周岁的人使用轻微暴力或者威胁，强行索要其他未成年人随身携带的生活、学习用品或者钱财数量不大，且未造成被害人轻微伤以上或者不敢正常到校学习、生活等危害后果的，不认为是犯罪。已满十六周岁不满十八周岁的人具有前款规定情形的，一般也不认为是犯罪。""已满十四周岁不满十六周岁的人偶尔与幼女发生性行为，情节轻微、未造成严重后果的，不认为是犯罪"等。将未成年人犯罪处罚标准进一步提高。实践中检察机关也将此作为法定不起诉或者相对不起诉的依据。除了这些法律有明文规定的情形外，"在一些青少年犯罪案件中减少事实或者改变罪名与案件本身的事实和证据无关，就是为了作出有利于犯罪嫌疑人的处理决定。"①

3. 对未成年人犯罪案件降格处理之二：附条件不起诉

2012年《刑事诉讼法》开辟专章列入了附条件不起诉的规定，而附条件不起诉的实践发展就是源于对未成年犯罪案件分流方式的多元化、非罪化。未成年人犯罪与成年人犯罪相比，具有更大的矫正可能以及更大的被刑罚污染的可能，因此在考虑未成年人犯罪处理问题上，一定要充分考量处罚的必要性和对未成年人改造的有利性。附条件不起诉制度无疑是这两点很好的体现，因为在不起诉期限内，检察机关始终保留有起诉的可能性，而这种起诉与否的不确定性的存在，对犯罪行为人来说，

---

① 郭松：《迈向统一的公诉政策——以实践中两类公诉政策的适用为分析对象》，《贵州警官职业学院学报》2007年第6期。

既是一次改过自新的机遇，同时也是促使其弥补过错的一种外在压力与动力。它时刻警醒着未成年行为人要远离违法犯罪行为，从而能够很好地实现刑罚的特殊预防功能。同时考验期内行为人须得履行一些附加义务，如对被害人作出损害赔偿和（或者）赔礼道歉等，对于未成年人也可以起到再教化的作用。

4. 对未成年人犯罪案件降格处理之三：量刑建议从宽

宽严相济刑事政策导引下的公诉机关，充分利用了起诉裁量权，对未成年人犯罪大量适用降格起诉，不仅体现在罪名的降格上，还体现在罪刑的降格上，适用的阶段也不限于审查起诉阶段，在法院庭审阶段，也可以通过发表从轻、减轻的量刑建议方式，进一步完成对指控的降格。

（二）对罪刑降格处理：以行贿罪和走私珍贵动物制品罪为例

1. 行贿罪的降格处理

行贿罪作为受贿罪的对向犯，二者在成立范围上虽然稍有不同，前者要求谋取不正当利益才能构成，而后者强调对公职人员的处罚不论为他人谋取利益的正当性和非法性，但这些许的立法差别，加之对受贿罪更加痛恨的司法心理，甚至有时行贿人会被视作潜规则的“受害者”而得到同情。使得实践中更偏重打击受贿犯罪，而对行贿犯罪往往采取了降格指控的方式。如，我们对2008年至2011年3月期间北京市人民检察院第二分院查处的行受贿犯罪进行了考查，发现同期进入起诉环节的受贿案件36件40人，已审查起诉32件36人，涉案金额2.7亿余元。这些受贿案件对应涉及的个人或单位行贿线索120件，其中，已被立案侦查的30件32人，占所涉及行贿个人或单位总数的25%，立案后被提起公诉的案件减少了一半之多，总计13件14人被起诉至法院，涉及金额2073万余元，占同期所对应受理的受贿案件涉案总额的7.5%。可以看出，从立案侦查到移送审查起诉再到提起公诉，这三个环节里，对行贿罪层层过滤，在审查起诉环节更是对66.7%的行贿案件进行了转处——作出不起诉处理。其中，在仇某等人受贿案中，涉及行贿的单位和个人25人，但只有6人受到了刑事追究（其中，4人被判处刑罚、1人作相对不诉、1人还在审查起诉阶段），其余的行贿单位或个人只是作为证人在案件中出现，未受到任何追究。造成这种行受贿犯罪处罚范围不一致的一个重要原因，就是指控犯罪、打击重点不同，加上行受贿犯罪“一对一”的犯罪特点，犯罪手段隐蔽性强、侦破该类案件取证难度很大。侦破此类犯罪的关键往往在于行贿人的供述，为了破除行受贿双方的攻守同盟，取得行贿人的配合，侦查机关会给予行贿人某些承诺，如从轻、减轻处罚，或者不予追究行贿责任、仅作为证人使用。这种类似污点证人、辩诉交易的做法也得到司法实践的认可，大量的行贿案件即使进入审查起诉环节，也会以社会危害不大、情节轻微等缘由适用相对不起诉处理。而吴某芝单位行贿案中，[①] 犯罪嫌疑人吴某芝为北京秦武田医药科技有限公司法定代表人，该公司在经营过程中违反企业之间不得融资借贷的法律规定，以投资、借款为名向中铁北京公司非法借款 900 万元，后为感谢中铁北京公司总经理齐某民、总经济师康某在资金上给予的支持，吴某芝先后给予齐某民 14 万元，给予康某价值 1 万元的扇面 1 幅、现金 5000 元。共计涉嫌单位行贿 15.5 万元。本案中符合《关于人民检察院直接受理立案侦查案件立案标准的规定（暂行）》中的立案条件，即“单位行贿在 10 万元以上不满 20 万元的”，且“为谋取非法利益而行贿的”，构成单位行贿罪，但鉴于行贿数额刚刚达到定罪标准，且有自首情节，检察机关提出对吴某芝作单位行贿不起诉的决定。

2. 走私珍贵动物制品罪的降格处理：情节降档

虽然降格指控的提法并不通俗，但实践中，检察机关利用自由裁量权进行降格指控的例子也随处可见。如在有直接被害人的犯罪中，立法已经吸纳了刑事和解的内核，确立了当事人意思优先、公权力行使克制的原则，不仅可以不起诉还可以从宽量刑。另外在经济犯罪领域，也是降格指控大有可为的阵地，而且不仅体现在传统的不起诉、量刑建议从宽，还体现在情节降档、罪名降档等方式。如走私珍贵动物制品罪中，随着经济形势发展、社会容忍度的提高，该罪的定罪量刑标准在不断提高，相当多的案件在审判阶段被轻处。与法院的积极从宽不同，公诉机关的从宽处理（从宽量刑建议、不起诉）稍稍落后，但也仍在被动前行，逐步扩大不起诉等非罪化、轻刑化手段的适用。

其一，走私珍贵动物制品罪的立法轻刑化趋势。

随着人民生活水平的提升，越来越多的人选择走出国门、开阔视野，

---

① 京检二分刑诉(2007)403 号。

回国时不仅收获了精神食粮，往往还会兼之以带回当地名贵特产留作纪念，这也就导致走私珍贵动物制品行为的高发。根据北京市检察机关的统计，自2008年至2010年，全市检察机关起诉走私犯罪案件共125件151人，其中走私珍贵动物制品案件22件29人，仅次于走私毒品犯罪（69.60%、64.24%），占了全部走私犯罪的17.60%和19.21%。走私对象涉及象牙及其制品、貂皮、豹皮等。从1997年《刑法》到2011年5月1日的《刑法修正案（八）》，14年时间里先后有4个法律及司法解释对本罪的定罪量刑标准予以修正，尤其是在犯罪数额与量刑档次的对应关系上，呈反比的态势。以犯罪数额（走私珍贵动物制品的价值）20万元为例，同类犯罪在2002年之前被认定为情节特别严重，适用无期徒刑或者死刑，而在2002年以后随着裁量标准的进一步放宽，如果同时具备“珍贵动物制品购买地允许交易”和“入境人员为留作纪念或者作为礼品而携带珍贵动物制品进境，不具有牟利目的”这两个条件，就成为一般情节，适用5年以上有期徒刑的量刑档次，最高刑不过15年。这种轻刑化趋势在2011年颁布实施的《刑法修正案（八）》中得到了进一步提升：不仅取消了该罪死刑，而且将一般情节对应的法定刑档次缩减为5年以上10年以下，最高刑降低了一半之多。

表8-1　1997—2011年走私珍贵动物制品罪的立法变迁一览表（以犯罪数额为例）

法律法规名称	生效时间	量刑档次			
		无期徒刑或死刑	五年以上有期徒刑、并处罚金	五年以下有期徒刑、并处罚金	不以犯罪论
《刑法》	1997年10月1日	情节特别严重，并处没收财产	未规定情节	情节较轻，并处罚金	—
最高人民法院《关于审理走私刑事案件具体应用法律若干问题的解释》	2000年9月26日	20万元以上	价值10万元以上不满20万元	10万元以下	—

续表 8－1

法规名称	生效时间	量刑档次			
		无期徒刑或死刑	五年以上有期徒刑、并处罚金	五年以下有期徒刑、并处罚金	不以犯罪论
最高人民法院、最高人民检察院、海关总署《关于办理走私刑事案件适用法律若干问题的意见》	2002 年 7 月 8 日	—	同时具有上述两种情形，走私价值 20 万元以上的	同时具有上述两种情形，走私价值 10 万元以上不满 20 万元的	（一）珍贵动物制品购买地允许交易；（二）入境人员为留作纪念或者作为礼品而携带珍贵动物制品进境，不具有牟利目的
《刑法修正案（八）》	2011 年 5 月 1 日	取消死刑；情节特别严重的，处十年以上有期徒刑或者无期徒刑，并处没收财产	五年以上十年以下有期徒刑，并处罚金	—	—

其二，走私珍贵动物制品罪的司法实践。

从司法实践对上述犯罪的处理来看，刑罚轻缓的趋势非常明显。如北京市检察机关 2008—2010 年受理的 22 件走私珍贵动物制品案中，只有 1 件案件由于证据不足或考虑诉讼效果由侦查机关撤回案件，另外 21 件 26 人均向法院提起公诉，而同期法院作出裁判的 20 件案件 23 人中，① 有 11 件 13 人被法院以“虽不具有法定的减轻处罚情节，但根据本案的特殊情况，可报请最高人民法院在法定刑以下量刑”（根据我国《刑法》第 63 条第 2 款）给予特别减刑的，占到全部起诉案件的半数以上。其中，涉案金额达到人民币 20 余万元的，依据刑法规定应判处主刑为无期徒刑或者死刑，经特别减刑，减为判处有期徒刑 2 年；涉案金额达到人民币 40 万元至 90 余万元，经特别减刑减为判处有期徒刑 3 年至 6 年不等；涉案金额达到人民币 200 万元至 400 余万元，经特别减刑减为判处有期徒刑 8 年至 13 年不等。另有 6 件 6 人被法院认定犯罪情节轻微处以定罪免予

① 1 件 3 人已起诉至法院未收到判决。

刑事处罚，占30.00%和26.09%。涉案金额为人民币20万元至40余万元，依据刑法规定应判处主刑5年以上有期徒刑。上述两种判决比例多达85%和82.61%。其余4人（1人因自首减刑）都在法定刑最低档被判处有期徒刑4年至5年6个月不等。

其三，对罪行的降格指控：情节降档。

由于我国刑法采用了“定性＋定量”的立法模式，大量的犯罪行为性质轻重往往取决于其所侵害法益的价值大小，而通常这种价值就表现为涉案物品的数额。这种量刑方法虽然简单、便于操作和统一，但绝对化的以犯罪数额作为量刑依据，缺乏对社会发展程度、经济发展水平、当事人经济能力的综合考量，诟病颇多。走私珍贵动物制品罪的定罪量刑同样存在这个问题。一方面，由于该类案件涉案物品核价过高，容易造成量刑过重、罪刑责不相适应。目前涉案珍贵动物及其制品（主要为象牙及其制品）的价值核定，参考依据是根据2001年6月13日《国家林业局关于发布破坏野生动物资源刑事案件中涉及走私的象牙及其制品价值标准的通知》的规定，一根未加工象牙的价值为25万元……对于无法确定是否属一根象牙切割或者雕刻成的象牙块或象牙制品，应根据其重量来核定，单价为41667元/千克。同时规定，“按上述价值标准核定的象牙及其制品价格低于实际销售价的，按实际销售价格执行。”然而在司法实践中，上述价值标准已远远高于实际销售价，如黑市价格最高价仅为每千克人民币1万元左右。被告人和辩护人也无一例外地提出定价过高、有失公平。按此规定，若携带超过4.8公斤象牙制品核价就超过20万元，依法最低被处以5年有期徒刑以上，导致量刑过重。

另一方面，社会容忍程度的提升也降低了该类行为的社会危害程度。走私珍贵动物制品罪是指违反海关和野生动物保护法规，逃避海关监管，运输、携带、邮寄珍贵动物制品进出国（边）境的行为。侵犯的客体是国家海关监管制度和野生动物保护制度。2008年至2010年北京市检察机关所受理的22件走私珍贵动物制品案件均主要为象牙制品，[①] 都是从国外购买，在案有发票等证据证实购买地允许交易，有的国家还允许限量出口，涉案人员的行为并没有直接侵害野生动物，在案也很难有证据证

① 案件证据显示，犯罪人有时除了走私象牙制品，还同时走私其他动物制品，但所占比值很小。

实涉案人具有牟利的目的，即使有口供证据证实有牟利目的，考虑到涉案物品都被查获并予以没收，社会危害不大，法院予以特别减轻刑事处罚。另外，由于此类案件的案发动机多为馈赠、纪念，涉案人员主观恶性不大，且都为初犯、偶犯，认罪、悔罪态度好，也导致刑罚的宽缓适用。尤其从定罪免予刑事处罚的判决来看，涉案人员都是外派人员，一般在国外工作多年工作生活比较辛苦，回国就是为了购买纪念品送人，在案发后能够如实供述犯罪事实，其所在单位也希望司法机关能对其从轻处罚。

因此，无论是从立法趋缓还是从司法实践来看，都是采用情节降档认定的方式来达到罪责刑能够均衡的目的。如库某走私珍贵动物制品案①中，被告人库某自哈萨克斯坦进入我国海关时，被发现其在地毯中藏有羚羊角。后经鉴定，被告人携带入境的羚羊角有 2 公斤，价值 360000 元。一审检察机关、法院均认定其行为已构成走私珍贵动物制品罪，判处无期徒刑，并处罚金 10000 元。库某上诉后，二审法院经审理认为：考虑上诉人所在国对羚羊角管理和其走私羚羊角数量较少等特殊情况，应对被告人从轻处罚，拟对上诉人库某以走私珍贵动物制品罪，判处驱逐出境，并报经最高人民法院核准。最高人民法院复函认为，驱逐出境不属于法定刑以下减轻处罚范围，不需要报请最高人民法院核准，由二审法院自行处理。最终，二审法院撤销一审判决，以上诉人库某犯走私珍贵动物制品罪，判处驱逐出境。本案从一审的无期徒刑到二审的判处附加刑，反映的是司法者对罪刑关系的慎重考量，也是降格指控、降格裁判的发生基础。在上述司法实践的指引下，检察机关积极回应此类犯罪的处理必要性，对犯罪数额在 20 万元以下且不具有牟利目的的案件，多采用不起诉或者建议移送单位撤回的处理方式。如，在一件走私珍贵动物制品案②中，被告人从安哥拉乘飞机抵达北京，被海关查获豹皮 1 张和象牙制品 4 件（经鉴定豹皮价值人民币 60000 元、4 件象牙制品价值人民币 11458.42 元），检察机关经审查起诉认为，鉴于安哥拉并未加入《濒危野生动植物种国际贸易公约》，况且被告人走私珍贵动物植物数量少、价值低，并不具有牟利目的，可以不作为犯罪处理，最终将案件建议移送单位撤回处理。

---

① （2003）新刑终字第 513 号。

② 京检二分刑诉（2011）411 号。

第三节　制约：公诉裁量的边界

借鉴美国司法部、美国律师协会等颁布的公诉行为规则，我国检察机关也应当制定符合实际又具有可操作性的公诉标准。该标准应包括各种情境下公诉行为的一般原则，也应包括在特定案件、特定程序中行使公诉权或做出相应行为时需要权衡的具体因素，如案件的事实和性质、被告的特殊情况及案发后的表现、被害人的态度、起诉的效果及影响、可能的裁判结果以及宽严相济等刑事司法政策，还应明确检察官需要遵循的评价原则。通过这些规定，不是“消灭或减少裁量”，而是“避免出现不公平的、武断的、歧视性的或者压迫性的裁量”①。在某些地方，还存在片面追求定罪率、充当少数党政领导实现法外意图乃至打击报复的“司法工具”的现象，所以，裁量权行使的明晰化和规范化有助于检察官树立正确的司法理念，增强履行“客观义务”的意识，并减少法外因素对批捕和审查起诉活动的不当影响。

一、裁量不诉的一般原则

（一）是否适用不起诉要充分考虑量刑情节的影响

自首、立功、从犯、未成年等法定量刑情节对于适用减弱追诉必要性具有重要作用，在犯罪人人身危险性较小的情况下，酌定情节作为案件整体危害性、行为人主观恶性、罪后表现态度的综合反映，在相当程度上也如实反映了对犯罪行为追诉的必要性，如初犯、偶犯、积极退赔、被害人谅解、悔罪程度、民情民愤、政策导向等也可以作为不起诉的依据。因此，应当通盘考虑案件的法定和酌定情节，全面考量案件的追诉必要性。

① 周长军：《刑事裁量论——在划一性与个别化之间》，中国人民公安大学出版社2006年版，第360页。

（二）是否适用不起诉要从有利于被告人改造的角度出发，衡量诉与不诉个别预防的效果

《日本刑事诉讼法》第248条规定，根据犯罪嫌疑人的性格、年龄及其境遇、犯罪的轻重及情节和犯罪后的情况，没有必要追诉时，可以不提起公诉。被告人个人情况应当考虑其社会危害性、人身危险性以及被告人个体的特殊情况。一是社会危害性。社会危害性是犯罪的本质属性，它是客观危害与主观恶性的统一。客观危害可以从犯罪客体，犯罪对象，危害结果，犯罪的时间、地点、手段，以及行为与结果的因果关系等几个方面把握。主观恶性可以从罪过形式、罪过程度、犯罪动机、犯罪目的、犯罪嫌疑人与被害人的关系等方面把握。二是人身危险性。人身危险性反映了被告人再犯的可能和改造的难易程度。人身危险性主要由犯罪嫌疑人的年龄、心理、生理状况、个人经历、道德观念、受教育程度等个人基本情况，以及犯罪前、犯罪中、犯罪后的表现，是否累犯、再犯、有无前科等方面组成。三是被告人的特殊情况：（1）未成年人，应当贯彻"教育、感化、挽救"的方针，对于犯罪情节轻微，有悔罪表现的可以依法不起诉；（2）古稀、耄耋之年的老人，除重大犯罪或者应当判处10年以上有期徒刑的犯罪，可以考虑不起诉；（3）盲、聋、哑人、过失犯，可以结合量刑情节和实际后果，决定是否起诉；（4）患有严重疾病、在犯罪时患有严重疾病以及尚未完全丧失或控制自己行为的精神病人、有心理疾病患者，应当在矫正疾病和保障公正之间寻求平衡，以决定是否起诉；（5）犯罪情节较轻（如5年以下有期徒刑），有减轻、免除处罚情节，如防卫过当、避险过当及犯罪预备、未遂、中止、从犯等情况，可以考虑不起诉；（6）边缘被告，即处于犯罪行为边缘的被告人和比主要犯罪者的罪行小得多的被告人，可以基于诉讼周期和费用的考虑不起诉。被告人的个人情况不仅是衡量起诉与否的因素，而且还往往是考虑适用简易程序或简化审理的重要依据。考虑起诉是否会对被告人矫正、改造、再社会化产生重要负面影响时，对于罪行较轻、本人有认罪悔罪表现，起诉以至有罪判决（即使是定罪免刑或缓刑判决）会对其前途产生消极影响，不利于其改造的，一般可以适用不起诉。如对在校学生、有正当职业者、偶犯的处理时，应当注意上述情况。

（三）是否适用不起诉要从当时的刑事政策、社会环境的角度出发，应充分发挥不起诉的分流价值、经济效果

当社会治安良好，犯罪率下降时，检察官可以利用不起诉、降格起诉、减少罪名等方式进行刑事政策的调控；当社会治安恶化，犯罪大幅度上升时，可增加起诉或罪名以打击刑事犯罪。我国尚处于完善法治的进程中，刑事政策对于补充法律规定的不足起着很重要的作用，在严格司法的同时，更要考虑到刑事政策的运用，尤其是在诉和不诉，以及如何起诉的裁量上，刑事政策的作用至关重要，一是确定在何种情况下，哪些犯罪必须起诉，以打击犯罪，实现社会公平；二是在何种条件下，可以由起诉主体自由裁量，放弃起诉，采用其他救济手段，以减少司法成本；三是通过公诉和自诉的调控，实现诉权的合理配置。因此，行使公诉裁量权时应考虑国家的经济政策、社会治安情况，贯彻惩办与宽大、“严打”与预防、追诉与教育等刑事政策，使公诉裁量权与国家的宏观政策同步。考虑是否起诉应当结合当时的刑事政策，如当前在打击商业贿赂活动中，出于稳定、宽严相济的考虑，对一些犯罪的立案标准可以适当提高，从而增加不起诉的范围，以满足刑事政策需要。

（四）是否适用不起诉要从公共利益的角度出发，判断是否有追诉必要

要充分考虑是否有利于社会矛盾的解决，对于仅侵犯公民个人权利且双方已经就赔偿、谅解达成一致，或者追诉犯罪与发生犯罪的时间距离较大，罪行比较轻微，被告人在此期间内没有违法犯罪记录的等情况，因为追诉的必要性已经不大，国家权力应当适度紧缩，故一般情况下可以适用不起诉。提起公诉是为了实现公正。因而是否提起公诉应当考虑：(1）提起公诉会不会起到反作用，即形式合法而事实上违背公正性的要求。(2）公诉替代措施的可行性及其效率。(3）从整体和个人的角度而言，考虑被指控犯罪的普遍性以及对其加以阻止的必要性。(4）提起公诉结果的有罪判决是否过于严厉，让人无法忍受。(5）公众的情绪和反应。(6）按照法律提起公诉会不会造成明显不公或对公共利益有重大影响。(7）政治原因和国家安全。如果启动起诉程序将给国家的安全、国防、外交造成严重的不利情况或者重大影响的，可以考虑不起诉；已经起诉的可以撤回起诉。如某些危害国家安全犯罪、外国人犯罪、国际知名人士犯罪，可以综合各种情况通盘考虑。《德国刑事诉讼法典》第153d条以及英国《皇家检察官守则》第6.5条对此也都作了规定，值得借鉴。(8) 时效将尽。从最后一次犯罪到审判之日的大概日期为若干年以上，除非严重犯罪，或迟延是被告人所引起的，或仅在最近才暴露，或犯罪的复杂性决定需要长时间侦查，否则，一般可以不起诉。对于被告人的羁押期限与可能判处的刑罚大致相等，也可以考虑不起诉。

二、限制适用裁量不诉的消极条件

具备上述条件在一般情况下应当作出不起诉处理，但宽严相济刑事政策的要求，不能一概从宽，应当考虑案件的社会危害性、被告人的人身危险性以及社会对案件的反应。如果综合全案认为客观事实虽然符合上述条件，但从社会公共利益的角度考察，起诉更有利于促进社会矛盾修复的，则不宜适用不起诉制度。下列因素可以作为被告人人身危险性或案件社会危害性的反映。

1. 行为人系累犯，或有与指控罪行相关的前科劣迹的。一般而言，如果行为人具备前科劣迹，从一定程度上证明其具有很强的再犯可能性，人身危险性较大，如果适用不起诉制度则不利于矫正其行为，更不利于防卫社会。

2. 存在适用升格法定刑的其他法定从重处罚情节的。《刑法》总则中对于法定从重处罚的条款，仅有累犯以及教唆未成年人犯罪两款，而分则中则针对具体罪名规定了适用升格法定刑的若干量刑情节，一旦具备升格法定刑条件，说明行为人的社会危害性很大，不应作不起诉处理。如，抢劫罪中规定的多次抢劫、抢劫数额巨大、入户抢劫、持枪抢劫、抢劫金融机构等8种升格法定刑情节，行为人一旦具备上述情节之一，应当适用10年以上法定刑期间，无论是从法律上还是从社会一般观念上，都应属于重罪行为，应当严格追究其刑事责任。

3. 一人犯数罪的，或取保候审阶段再犯新罪，缓刑、假释期间再犯罪的。我国实行同种数罪不并罚的制度，导致认定数罪时，只限于不同罪名之间；累犯制度也仅限于前罪刑罚执行完毕5年之后再犯新罪，对于刑罚并未实际执行完毕的缓刑、假释期间的再犯罪（不限于同种罪名），规定应当撤销缓刑、假释，将新罪与旧罪刑罚（或尚未执行完毕的刑罚）按照数罪并罚的规则确定新的宣告刑。无论是何种情形，行为人数次犯罪，尤其是在仍受刑罚制约的阶段又犯新罪，说明行为人人身危险性较大、尚不足以复归社会，因此，有必要继续通过刑罚手段对其进行教育、矫正，此时如果适用不起诉制度，会起到相反的作用，故不宜适用不起诉。

4. 被抓获后脱逃的，包括取保候审期间不到案的。犯罪分子犯罪后的态度在很大程度上反映了其对于自己罪行的反省程度以及对法律的尊重程度，同时犯罪后的及时到案（或主动归案）可以大大节约司法资源。因此，犯罪后的到案方式也是决定是否适用不起诉的重要因素。如果行为人有脱逃行为或者取保候审阶段不到案的，会引发司法机关投入更大的人力、物力、时间，制约破案率的高低，甚至会影响当事人或社会的安全感，因此，对此类犯罪分子不宜适用不起诉制度。

5. 犯罪后订立攻守同盟，毁灭证据，妨害作证，逃避或者对抗侦查、审查起诉的。这也是犯罪分子对待法律以及自己罪行的反省态度，如果有抗拒司法正当审判的行为，说明主观恶性较大，同时也会对及时准确地指控犯罪造成拖延和破坏，不宜适用不起诉。

6. 因犯罪行为给国家或集体造成重大经济损失或有严重政治影响的或者需要人民检察院提起附带民事诉讼的。从社会公共利益的角度考虑，某些犯罪不仅是公民个人权利的冲突，而且是犯罪行为对国家权力、社会秩序的一种严重破坏，如洗钱罪、介绍卖淫罪等破坏社会、经济秩序的犯罪以及责任事故类无被害人的犯罪，此类犯罪中虽然缺乏具体的被害人，但该犯罪行为对国家或集体所造成的损失或负面影响，往往更甚于个体之间的犯罪行为。从公共利益的角度考虑，惩罚必要性更大，一般不宜不起诉。但对此类案件进行处理时，应当注重社会效果和法律效果的统一，如果行为人主观恶性较小，如过失犯罪中的次要责任人，应当严格把握犯罪构成，区分刑法中的因果关系与事实上的因果关系，不能仅从杀一儆百的一般预防角度，任意扩大刑罚的处罚范围，任何时候，罪刑法定都是刑罚适用的第一前提。

7. 案件被公众或媒体广泛关注，不起诉社会效果不好的。由于媒体的“发达”，案件在尚未得出法律处理之前，受媒体左右的公众已经对案件的裁量形成片面性的看法。不可否认，这种社会舆论对于监督案件正确、妥当地处理具有重要作用。如，针对国家工作人员渎职犯罪轻刑化、非刑化现象，媒体进行大规模报道，并对煤矿事故后的有关责任人员追究问题进行深入报道，带动了社会舆论对于国家工作人员犯罪从轻处理的热烈探讨。对此，最高人民检察院发表声明，表示今后一定加强对责任事故后渎职行为的查处力度，对媒体关注的责任事故一定要追查清楚。这可以清楚地表明社会舆论对于案件处理的重要影响，因此，与前述探讨的公共利益原则是相一致的。检察机关作为分流案件、指控犯罪的法定机关，其对触犯《刑法》的行为的处理方式，一定程度上代表着社会、国家对犯罪行为的容忍程度，也受到社会舆论的影响，应摆正接受监督与独立行使检察权的关系，对起诉裁量权的把握除严格依法外，还应适当考虑公共政策。

8. 共同犯罪中起主要作用或犯罪集团的首要分子的，或者同一案件中，其他情节较轻的同案人已经被提起公诉或已被判处刑罚的，或者同案犯一并起诉、审理更为适宜的。

上述情形均是从公平或者司法统一的角度出发，起诉的平等意义要大于不起诉的政策意义，司法的终极价值就是公平，这种公平不单是对犯罪人个体的公平，还要横向考察各个犯罪人受到的处理待遇是否相同，要尽量防止同罪不同罚。

三、对裁量权行使的监督和制约

检察官自由裁量权是以诉讼经济原则为基础确立起来的。效率是20世纪70年代开始的世界范围内司法改革的原动力，当以绝对公正、绝对正义为目标设计起来的诉讼模式造成费用高昂、诉讼迟延、诉讼结果不确定，从而使司法系统难以有效运转时，包括英美和大陆法系国家在内的世界各国开始改革刑事诉讼制度，检察官的职权得到加强，辩诉交易制度、不起诉裁量权、暂缓起诉制度等检察官自由裁量权纷纷在各国确立起来，减少司法资源消耗，降低诉讼成本，加速诉讼进程，缓和诉讼拖延的司法目标也得到了实现。但是，强调效率并不是否定公正的价值。“司法过程充满了矛盾和妥协。程序公正使程序在时间和金钱上都更沉重了。但要减弱它，则不仅削弱了司法程序，也削弱了整个法律制度的合法性。”[①] 司法公正既是一种理念，更是刑事司法制度最基本的价值追求，现代刑事诉讼制度就是以公正为基础构建起来的，否定司法公正的价值，就是否定以被告人人权保障为核心构建起来的现代刑事诉讼制度。既然如此，那么在效率和公正之间建立一种平衡关系则成为刑事诉讼程序的理想状态，建立检察官自由裁量权的制约机制就是途径之一。检察官必须严格按照提起公诉的证据标准和公益标准审查起诉，只有两个方面兼顾，才能有效制约检察官自由裁量权，保障实现司法公正。

（一）对公诉裁量权的外部控制

1. 建议设立预审机制，防止起诉权的滥用。世界各主要国家为了防止不当起诉，往往都设立了预审程序或者类似的其他庭前审查程序对起诉进行事先“过滤”。无论是英美法系还是大陆法系，都有一个共同的发展趋势，即法院有权对起诉决定进行司法审查。[②] 我国刑事诉讼法也可以尝试针对一些特别重大和复杂疑难、取证较难的案件设立预审程序。经过庭前程序审查和实体审查，由法官在控辩双方的参与下，作出是否准予起诉的决定。检察机关对裁定不准起诉不服的，可以向上一级预审法庭抗诉，但法院的预审法官不得担任该案件今后的实体裁判。在司法实践中，许多重大复杂案件取证相当困难，但嫌疑人在审判前的羁押期限却几乎与其他一般案件相同，由于侦查羁押期限不够，往往还造成超期羁押的违法情况发生。笔者认为，与其延长侦查羁押期限，还不如让其尽快进入审判前的预审程序，并规定凡进入预审程序的嫌疑人，其羁押期限应由预审法官决定。这样一方面可以最大限度地防止超期羁押的发生，保障嫌疑人的基本人权；另一方面也可保障侦查的公正和合法进行。

2. 建议废除“公诉转自诉”，设立“强制起诉”制度。我国刑事诉讼法规定，被害人不服检察机关不起诉决定的，既可以向检察机关申诉，也可以直接向法院起诉。但该制度实际运行的效果不理想，也受到了广泛批评。所以应当废除被害人的自诉制度。被害人不服不起诉决定的，

---

① ［日］谷口安平：《程序公正》，载宋冰编《程序、正义与现代化——外国法学家在华演讲录》，中国政法大学出版社1998年版，第381页。

② 参见陈卫东、李奋飞：《刑事庭前审查程序改革研究》，载樊崇义主编《诉讼法学研究》（第二卷），中国检察出版社2002年版，第114页。

首先应当向上一级检察机关申诉，对于检察机关维持不诉决定的，有权在法定期限内向法院提出起诉请求，由法院进行司法审查。法院经审查认为检察机关不起诉决定不当的，可以决定强制起诉，但这种起诉仍然应当属于公诉案件，而不是自诉案件，以改变起诉的自由转换状况，同时也可以更好地保护被害人的利益。

3. 推广完善不起诉公开审查制度。对于触犯法律，符合具体犯罪构成拟决定不起诉的案件，检察机关在作出不起诉决定前，可以由检察官主持，召集侦查人员、被害人或其代理人、犯罪嫌疑人及其辩护人就不起诉问题进行磋商，听取各方的意见，最后作出是否不起诉的决定。这种公开审查制度，已经在部分省市开始试点，可以进一步完善适用范围、参与人的选择机制、听证程序以及听证结果公开等，增加诉讼民主化和透明度，充分听取双方当事人和有关人员的意见，避免不起诉决定的失误，防止权力的滥用。

4. 进一步完善人民监督员制度。检察机关已全面推行人民监督员制度，对于拟不立案、不起诉、撤案的职务犯罪案件，提交人民监督员会议决定，可以说是检察机关加大外部监督的有益探索，但目前还存在适用范围较窄、人民监督员会议形式化等问题，可以充分利用这种制度并借鉴日本的检察审查委员会制度，设立不起诉专门审查委员会。委员会可以由人民监督员、社会知名人士、人大代表等若干人组成，根据控告人、检举人、被害人的申诉，专门审查不起诉决定是否适当。委员会的决议对检察机关无拘束力，仅供参考。检察机关参阅决议书，认为应当起诉的，可以提起公诉。

（二）对公诉裁量权的内部控制

1. 上级检察机关的控制。“检察一体化”的检察体制，决定了上级检察机关对下级检察机关的决定具有审查制约的权力。上级检察机关根据被害人、被告人的申请，可以就起诉、不起诉的适当性进行审查并决定是否更改，并通知下级检察机关执行。在上级检察机关的审查中，一是应当尽快答复和决定，避免拖拉；二是对于答复和决定应当采用书面形式，而不是电话或口头意见；三是对于上级检察机关作出的决定，下级检察机关应当坚决执行，不得再提异议。

2. 检察委员会的控制。加强检察委员会对不起诉的控制，一是必须改变检察委员会的成员由检察机关各部门领导组成的情况，可以邀请专家咨询委员会人员、检察专家或专门人才参与，加强决策的民主性和科学性；二是结合主任检察官制度改革，将不起诉的决定权交由主任检察官行使，变事前决定为事后监督。对当事人不服提起申诉的，再引入检察委员会的制约，由其讨论并决定是否变更；三是完善检察委员会的工作程序，建立检察委员会委员自行回避制度、检察长最后发言制和一票制以及决定事项必须达到法定人数等制度。

3. 内部督查控制。目前部分地区检察机关实行了内部督查制度，由案管办牵头成立专门的案件质量评查小组，吸收业务部门、纪检部门的人员，定期或不定期对所有起诉、不起诉的案件进行案件质量评查。这种质量评查也是事后检查，通过中立方的定期督察，加强办案人员的责任性和办案水平。案件质量评查的主要内容是审查事实的认定、证据的把握、情节的遗漏是责任心问题还是其他问题，评查的重点是提起公诉的合法性、合理性方面，而不是片面强调起诉事实与法院判决完全一致，甚至文字、语法等较低级问题，认真分析认定事实、把握证据方面的问题，针对性地提出督察意见，尤其是对类案、相似问题及时提出意见，加强质量控制。

（三）丰富刑罚替代措施

1. 进一步扩大附条件不起诉范围。随着刑罚目的由惩处转为以教育、矫治为主，非罪化、非刑罚化已成为世界通用语言，刑罚氛围逐渐宽缓。2012 年《刑事诉讼法》规定了对未成年人犯罪试行“附条件不起诉”制度，体现了非刑罚化的发展趋势，也符合“轻轻重重”“轻重相济”的国家刑事政策，而且还可以防止交叉感染。但该制度也存在适用对象单一、适用罪名范围窄、适用程序烦琐、考察方式形式化等问题，笔者建议，附条件不起诉的适用对象可以进一步扩大。对于被告人的行为虽已构成犯罪，但根据犯罪情节和悔罪表现，适用暂缓起诉确实不致再危害社会的，检察机关可以作出暂缓起诉的决定。同时对暂缓起诉应规定一定的考验期限，在考验期限内由检察机关进行考察。如果没有再犯新罪，期满原罪就不再起诉；如果再犯新罪，则撤销暂缓起诉，实行数罪并诉。①

---

① 参见谭世贵:《处罚权:检察制度改革的新视野》,《法学研究动态》1990 年第 4 期。

2. 完善认罪案件从宽从快处理机制。在德国，对于轻罪案件，可以由检察官提出处罚令。约整个刑事程序的一半左右，便是以处罚令程序来处理的。[①] 虽然处罚令最终必须由法官批准，但在实践中，法官对检察官的处罚令一般都予以同意，因而德国检察官赢得了“法官前的法官”称号。在我国，对于判处拘役、管制或者单处附加刑的案件，在没有必要提起公诉但又必须定罪处罚时，可以探索由检察机关提出具体的刑罚意见报法院签发。这既可以体现公正，也可以提高效率。大陆法系和英美法系的主要国家，检察官不仅有求罪权，也有求刑权。我国可以借鉴辩诉交易制度的一些合理内容，明确规定检察机关的求刑权，以制约法官的量刑裁判权，体现检察机关的法律监督职能，也可以提高检察官的业务水平。

---

① 参见[德]约阿希姆·赫尔曼:《〈德国刑事诉讼法典〉中译本引言》,载李昌珂译《德国刑事诉讼法典》,中国政法大学出版社 1995 年版,第 10 页。

第九章　公诉标准的实践运行

第一节　公诉标准适用的普遍规则

一、公正：客观义务的履行

公诉活动是通过阐释个案实现社会正义的过程。自由裁量不是主观擅断或任意裁量，应严格把握犯罪构成和证据标准。自由裁量也不能用来谋求个人私利甚至于检察机关的部门利益。因此，公诉工作秉持客观公正的立场，对于正确、妥当地行使裁量权，保障当事人权利，实现刑法目的具有至关重要的作用，客观义务在刑事司法领域的影响日渐明显。第一，联合国《关于检察官作用的准则》在序言中开宗明义地表明，准则的作用就在于协助各国确保和促进检察官在刑事诉讼程序中发挥着有效、不偏不倚和公正无私的作用。在该准则的第 12 条、第 13 条和第 14 条进一步地明确了检察官的公正品性与客观义务，这些条款要求检察官："应始终一贯迅速而公平的依法行事，应不偏不倚的履行其职能，保护公众利益，按照客观标准行事，适当的考虑犯罪嫌疑人与受害人的立场，并注意到一切有关的情况，无论是对犯罪嫌疑人有利或者不利；如若一项不偏不倚的调查表明起诉缺乏证据，检察官不应提出或继续控告，或应竭力阻止诉讼程序。"控诉与辩护在诉讼中应当为平等的诉讼主体，享有同等的诉讼权利，拥有同等的诉讼地位。第二，《国际刑事法院罗马规约》第 54 条和第 81 条的规定也明确地体现了客观义务。第 54 条规定，检察官进行调查时，应同等地调查证明有罪与无罪的情节。第 81 条规定，检察官可以代表被定罪人的利益提起上诉。第三，《关于“检察官在刑事司法中的角色”的建议》规定，检察官在庭审程序中必须保持客观与公正，特别是要确保提供给法庭所有的相关的事实与观点以实现司法公正，在履行职务过程中检察官应当公正地、无偏私地、客观地行事。第四，《欧洲人权公约》也规定尊重和保障人权，并尽力确保司法程序尽可能迅速的进行，检察官应当尽力确保法律平等的适用，应当注意到所有对被追诉人产生影响的事实，无论这些事实是对被告人有利还是不利，当公正的侦查表明指控缺乏依据时，检察官不应提起指控或者终止诉讼；检察官使用有合理根据认为是违法取得的证据指控被追诉人，在对有关的证据有疑问时，应当请求法院对证据的合理性进行裁决，检察官应当尽力实现武器平等原则，特别是法律规定了证据开示制度的国家，应当开示自己持有的可能影响程序公正的所有的信息。①

虽然公正与效率都是公诉的价值目标，但公正与效率的主次关系不能颠倒，公正应永远放在刑事诉讼的第一位，只有在尊重被告人诉讼权利的基础上，才能强调效率，不能片面强调节省资源或提高效率而损害司法公正。公正是提高效率的前提与基础，效率与目标联为一体，脱离公正的效率，既损害国家利益，又损害被告人利益，毫无价值。进一步讲，公正和效率的衡量应当立足整个刑事诉讼流程，而不仅局限在审查起诉一个环节。如果案件能够在公诉环节终止、分流出诉讼程序，那也是对诉讼资源的节约，案件的迅速处理就是在节省司法资源，相反，在单个程序或在整个诉讼程序的久拖不决都是浪费诉讼资源。很多场合，法院为了平衡与检察机关的关系，对可能判处无罪的案件，多次延审、上诉后发回重审等方式，既是对诉讼资源的浪费，也是对被告人权益的侵害。因此，从国家整体利益考虑，为节省司法资源，能在公诉环节终止的诉讼要及时终止，减少法院的司法负担。

二、平衡：诉讼主体各司其职的关系维护

审查起诉工作位于刑事诉讼的中游，负责对侦查机关案件的审查，

---

① 参见程雷：《检察官的客观义务比较研究》，《国家检察官学院学报》2005 年第 4 期。

并将符合条件的案件诉至法院，将不符合起诉条件的案件予以终结。因此在公诉标准的运用中，需要考量与侦查、审判、当事人双方之间的关系，通过平衡各方利益需求，使公诉指控能够符合最大多数人的利益。公诉的目的是实现正义，恢复被损害的社会关系，维护社会公共利益。

（一）公诉标准的设定要考虑与警察的关系

虽然检察官可以行使裁量权决定如何处理案件，但是处理什么样的案件则是由警察决定的。由于大多数刑事案件的侦查都是由警察负责的，尤其是基层检察机关受理的刑事案件，大部分都是普通刑事案件，侦查活动更是由警察主导，检察官没有足够的侦查资源可以控制警察输入起诉阶段的案件类型。虽然检察官也可以通过退回补充侦查和不批准申请逮捕令而对警察的侦查活动进行监督，但最终还要负责对警察侦查终结的案件进行审查起诉。如果在审查起诉结束之后，检察官对大量案件都作出不起诉的处理，一方面将打击警察侦查犯罪的积极性，另一方面，警察所坚持的道德准则、纪律准则将受到质疑。所以，检察官的公诉标准行使，尤其是在行使不起诉裁量权时，要特别考虑对警察的影响。如美国地方检察院的助理检察官曾经对案件有完全的决定权，这种情况下，警察更愿意找一名能与自己观点一致的检察官代理案件，当时的地方检察院并没有制定统一的起诉政策以规范检察院对各类案件的起诉工作，因此，地方检察官是否接受警察移送的案件并决定审查起诉，更加依赖于警察能否找到一个与自己观点一致的检察官代理案件。即使是在地方检察院实行集中、统一管理的今天，警察仍然可以这么做，因为案件办理所需要的专业化程度越来越高，所以警察更愿意由专家型检察官代理并审查起诉。再如毒品等没有被害人的犯罪中，案件的侦破往往需要侦查机关利用各种技术措施，甚至需要发展线人才能够获得线索，而这些线人很大一部分是从那些因为违反毒品的有关规定而被行政处罚甚至刑事处罚的人中发展起来的。因为有了减轻指控甚至撤案的承诺，这些人才重新回到原来的社区为警察和检察官提供案件线索，毒品类案件的公诉标准就涉及打击与保障、警察与检察机关关系平衡的问题，将在后续予以展开。

（二）公诉标准的设定要考虑与法院的关系

如果将整个诉讼程序看成一个完整的国家资源，各个环节处理案件的多少，都影响到整体惩治犯罪的成本和力度，监狱羁押犯人的数量、检察官起诉的比例、缓刑机构的工作量都会受法院处理案件方式的影响。法院作出的判决将会给其他相关机构提供一个参照物，告诉他们今后应该如何处理案件。如，宣告缓刑是否意味着没有羁押的必要，审前的强制措施乃至不起诉的适用都可与之比较适用。甚至当监狱里的犯人数量达到极限，监狱看守就会向法院施压，要求法院减少输入到监狱的犯人数量，一些人因此将被假释、判处缓刑等。作为一种回应，检察院可能会作出不起诉决定或者增加被告人认罪的压力，减少输入到法院审查的案件数量。法院判决对检察官起诉决定的影响是真实存在的，每名法官以往作出的判决会为检察官或者其他执法官预测案件判决结果提供线索，从而影响公诉机关对公诉标准的把握，不能置无罪判决的可能于不顾。

（三）公诉标准的设定要考虑与律师的关系

律师在刑事诉讼中发挥着重要作用，可以说，没有律师帮助被告人行使辩护权，就没有以被告人人权保障为核心的现代刑事诉讼制度。虽然律师与检察官在刑事诉讼程序中处于相互对立的位置，但是他们也有共同的利益，那就是案件的公平、妥当处理。为了实现这个共同的目标，律师和检察官之间需要相互配合。具体而言，律师整理案件、提出争点、提出辩护意见的过程，实际上就是在帮助检察官理清思路，裁量决定以何种方式处理案件。通常情况下，检察官更愿意被告人有律师代理诉讼，否则在准备案件起诉时花费的时间要更多一些。正是基于与律师之间存在的这种特殊利益关系，检察官考虑公诉标准、是否提起公诉时，必须考虑律师这个群体的要求和利益。尤其是在以辩诉交易作为案件主要处理方式的国家，律师们公开承认他们更看重能否与检察官保持密切关系，这对他们能否成功代理案件至关重要。

（四）公诉标准的设定要考虑社会形势的因素

与国外通行的立法定性、司法定量的刑法规定不同，我国刑法采取了既定性又定量的立法模式。这不仅体现在总则对犯罪概念的规定中，将“情节显著轻微，危害不大”的情形直接排除在犯罪圈之外，在分则中也存在大量的以“数额较大”“情节严重”“情节恶劣”“违法所得巨大”“销售金额××元以上”等形式规定的犯罪。[①] 有学者对我国这种计量定罪处刑模式的渊源进行了论证，认为一方面，法学教育普及程度不高，由此产生对法官素质的不信任，同时司法体制上法院须接受上级法院的业务指导，不提倡法官个性，使法官没有养成独立思考的习惯，而依赖于上级法院的解释。另一方面，立法与司法相互促进，立法要求计量造成司法讲究计量，司法又通过判例、司法解释积淀成司法经验，立法吸收司法经验进一步促进刑事立法的计量模式。[②] 这种细则化、数量化的立法、司法模式，必然导致司法人员自由裁量权的缩小，而且法律越明确、越烦琐，就越可能丧失其普遍性，无法很好地调整犯罪圈、调节刑罚力度，从而造成法律适用的实质不平等。以盗窃罪为例，《刑法修正案（八）》对盗窃罪的罪状进行了较大修改，除原有的“数额较大”或“多次盗窃”两个条件外，又增加了携带凶器、入室、扒窃等几种情形，由于后几类行为是与“数额较大”条件并列的，也就产生了对新增罪状是否也要求具备一定的数额要求的问题。突出体现在扒窃犯罪的认定上，各地对扒窃的入罪标准并不统一，有的是在“扒窃”行为的认定上进行限定解释，有的是在扒窃犯罪数额上进行限定，目的都是为了防止犯罪圈过于扩大。应当肯定这种做法的合理性，但这种唯数额论的司法模式，很容易导致罪不当罚或者罚不当罪的情况。因此，检察官在作起诉决定的时候，经常要考虑公众的看法，如性侵女童案，由于被害人群体的特殊性，往往会引起公众的强烈愤慨，这种情况下，最安全的做法就是起诉。除了上面提到的奸淫幼女等影响恶劣的犯罪以外，赌博犯罪等涉及道德风尚的犯罪、毒品犯罪以及有关家庭暴力的犯罪等，在对这些犯罪的处理上，社区的观点也影响着检察官起诉政策的制定。如美国检察官在制定有关家庭暴力犯罪的起诉政策时，明显受妇女团体态度的影响。家庭暴力犯罪有一定的特殊性，因为被害人和被告人之间存在着特殊关系。时过境迁之后，被害人往往不愿意再与警方合作将被告人送上法庭。反复出现这种情况之后，警察就不愿意对家庭暴力犯罪进行侦查，接到报案后，也往往应付了事。检察官和警察的观点一样，也认为家庭暴力犯罪除非情节特别严重和恶劣，否则即使证据达

---

① 参见张勇:《犯罪数额研究》,中国方正出版社 2004 年版,第 56—58 页。

② 参见阮齐林:《新中国刑法传统与刑法解释》,《人民法院报》2005 年 3 月 30 日 B 版。

到了起诉标准，也不应该适用刑事诉讼程序进行处罚。20 世纪 70 年代，妇女运动在美国轰轰烈烈地开展起来。从保护妇女权益的角度出发，妇女组织提出家庭暴力犯罪不能再被法律所容忍，他们对整个司法系统施压，要求以法律手段解决家庭暴力问题。正是在这样的背景下，检察官改变了对家庭暴力犯罪的起诉政策。

三、经济：对诉讼资源的合理利用

在当代社会，除了公正以外，效率已成为衡量一国刑事诉讼是否科学与文明的又一重要尺度，司法资源是宝贵的财富和奢华的资源，其具有高耗性的特点，而国家的经济资源是有限的，因此，应当以最少的司法资源投入，获取最大的诉讼效益。起诉一旦启动，作为国家的公诉机关就将为此付出人力、物力和财力，而对被告人来说，就要为应诉耗费大量的财力和精力，同时还要承受精神压力，诉讼经济原则要求在确保公正的前提下提高诉讼效率，让被告人及时解除诉讼的拖累，让司法机关将有限的司法资源投入到更需要投入的地方。因而在起诉法定主义的原则下辅之以起诉便宜主义，既强调了效率，又兼顾了实体正义。正是在司法资源有限与社会需求无限矛盾的挤压下，才凸显出诉讼成本与诉讼效益的关系问题。台湾学者陈朴生认为：“刑事诉讼之机能，在维持公共福祉，保障基本人权，不计程序之烦琐，进行之迟缓，亦属于个人无益，于国家、社会有损。故诉讼经济于诉讼制度之建立实不可忽视。”[①]这就是为什么各国的立法机关和法律实践都要寻找如何减轻司法机关的负担的路径，因为刑事诉讼要受经济的制约。现在，诉讼经济原则已成为各国刑事诉讼最基本的刑事政策，甚至有的国家将其确定为法律原则。如美国《联邦刑事诉讼规则》第 2 条规定：“本规则旨在为正确处理每一起刑事诉讼提供规则，以保障简化诉讼，公正司法，避免不必要的费用与迟缓。”《日本刑事诉讼法》第 1 条也规定：“本法系以在刑事案件上，于维护公共福祉、保障个人之基本人权的同时，发现案件的事实真相，准确而迅速地适用刑罚法令为目的。”这其中的“程序之简洁”“除去不

① 陈朴生:《刑事经济学》,台湾正中书局 1975 年版,第 327 页。

合理的费用与延迟”“迅速”等，就是强调刑事诉讼程序的设计要符合诉讼效率的价值要求。

在经济分析法学家看来，“所有的法律活动，包括一切立法和司法以及整个法律制度，事实上都在发挥着分配稀缺资源的作用，所有的法律活动都要以资源的有效配置和利用，即效率的极大化为目标。效率是衡量一切法律乃至所有公共政策适当与否的根本标准。”① 刑事诉讼本身也是一个投入成本和耗费资源的过程，只有以尽量少的司法成本投入获得最大的诉讼效益才符合诉讼经济原则的要求。效率概念的提出使各国的刑事诉讼制度都发生了根本性的改变。“正义的第二种含义——也许是最普通的含义——是效率，”但是，“正义并不仅仅具有效率的含义”②。正是诉讼经济原则的确立使检察官自由裁量权获得了扩张的理论基础。诚如有的学者所言：“首先，法律的遵守不是理所当然的，一部分公共资源和私人资源通常用来防止犯罪和逮捕犯罪……其次，法律的执行需要作用于一定规模的资源和惩罚。”③

有学者将刑事诉讼中的效率价值概括为两个方面：一是刑事诉讼过程的经济合理性；二是刑事诉讼效果的合目的性。其中诉讼结果的合目的性要求刑事诉讼的结果达到质与量的统一，而诉讼过程的经济合理性评价标准主要包括诉讼周期的长短、诉讼程序的繁简、司法资源的合理配置，“要求人们在刑事诉讼过程中寻求最佳的方式来科学合理地利用诉讼资源。”④

除了公共利益标准之外，上面提到的证据标准也是检察官行使自由裁量权的重要依据，检察官行使自由裁量权的前提就是证据必须符合起诉的条件，只有在案件证据达到起诉标准时，检察官才能行使自由裁量权决定是否起诉以及如何起诉。由于证据标准本身是法定的，明确规定在各国刑事诉讼法、刑事诉讼规则中，所以当检察官以证据标准行使自由裁量权时，往往赋予相关当事人，特别是赋予被害人向法院申请对检

① 丁玉明：《刑事不起诉的经济学分析》，《经济师》2007 年第 9 期。

② ［美］理查德·A. 波斯纳：《法律的经济分析》（上），蒋兆康译，中国大百科全书出版社 1997 年版，第 31—32 页。

③ ［美］加里·贝克尔：《人类行为的经济分析》，上海三联书店 1993 年，第 55 页。

④ 汪海燕、张小玲：《刑事诉讼效率与刑事证据立法》，《安徽大学法律评论》2002 年第 2 期。

察官作出的不起诉决定进行司法审查的权利。比如德国的强制起诉程序就赋予被害人对检察官以证据不足为理由作出的不起诉决定申请法院进行司法审查的权利。与证据标准不同，公共利益标准不是法定的，它是基于刑事政策的考虑而为检察官设置的弹性执法标准，所以也就很难对检察官基于公共利益作出的起诉决定进行合法性或者合理性审查。司法实践中，诉讼参与人以检察官适用的公共利益标准不适当为理由申请法院司法审查的情况也很少发生。不过这也并非那么绝对。就检察官依据公共利益标准行使自由裁量权问题，有些国家就为相关当事人提供了司法救济手段。在美国，如果检察官依据不适当或者不合法的理由作出不起诉决定时，法院可以行使司法审查权予以推翻，只是这类上诉程序在实践中很少适用。这类情况包括：（1）检察官在裁量过程中存在腐败问题；（2）检察官在作出起诉决定时以种族和宗教为衡量标准；[①]（3）检察官违背了公众的信任，或者履行职责时存在违法行为，那么和其他官员一样也要被追诉。在刑事法院对检察官作出的起诉决定进行司法审查是最严厉的，但是也很少被采用，只有最严重的滥用裁量权的行为才适用。英国的起诉机构在作出终止案件的处理决定或者适用起诉的替代措施时保持很大的独立性，很少受到质疑，但即便如此，法院还是保留着司法审查的权利。20 世纪 90 年代，Wednesbury Principle[②] 开始适用于检察官依据自由裁量权作出的起诉或不起诉决定。无论是将检察官看成准司法官还是社会服务者，依据 Wednesbury Principle 进行的司法审查仍然是防止检察官滥用起诉裁量权的重要手段。对检察官起诉决定进行的司法审查要遵循三项原则：“第一，起诉不准有违公序良俗。第二，起诉不准有违合理性。这些都是行政法所设立的原则。第三，起诉决定必须在考虑和运用一贯政策之后作出。”[③] 法院依据 Wednesbury Principle 对检察官的起诉或不起诉决定进行司法审查后会得出检察官的起诉裁量不合法、不合

---

① 美国联邦最高法院在 Oyler v. Boles（1962）82 Sup. Crt. 501 一案中确立的原则。

② Wednesbury Principle 是 Associated Provincial Picture Houses Ltd. v. Wednesbury Corporation［1948］1 KB223 一案确立的原则，规定如果政府机关和司法官作出的决定不公平，任何讲公道的机关都不可能作出这样没道理的决定时，法院有权对该决定进行审查。

③ ［英］麦高伟、杰弗里·威尔逊主编：《英国刑事司法程序》，姚永吉等翻译，何家弘审校，法律出版社 2003 年版，第 151—152 页。

理、没有道理或者程序不合法等结论。[①] 在女王诉检察长（R. v. DPP）一案中，由于皇家检察官没有在作出起诉前考虑《王室皇家检察官条例》所规定的所有可能性，致使因公共利益原因而撤回对某人起诉的决定被成功地推翻。[②]

四、监督：去当事人化的构造

将公诉人在刑事诉讼中的地位等同于民事诉讼中的原告，是对公诉人角色的误读。从提出控告、发动诉讼的角度而言，检察官在刑事诉讼中自居于原告地位，构成与被告人相对应的一方当事人。但这不能意味着公诉人的地位等同于民事诉讼中的原告。检察机关作为国家追诉机关代表国家提起公诉，这一身份特征必然区别于代表个人起诉的民事原告。这表现在公诉人在刑事诉讼中除承担追诉义务外，还承担着客观公正的义务。前一项义务使检察官成为刑事诉讼中的一方，后一项则使检察官具有了司法官或准司法官的地位，尤其是在审前程序中，由于承担着诉讼分流的任务，公诉人的角色更不仅仅是单纯的控方。所谓客观公正义务，"指公诉人应当不偏袒，公正地进行诉讼，不应以谋求被告人的有罪判决为诉讼的唯一目的。检察官要客观公正地履行职务，就不能单纯从追诉者的立场出发，而应站在法律的立场上，切实保证法律得到正确实施；还必须着力于发现真实的案件事实，既注意对被告不利的方面，又注意对被告人有利的方面，而且在被告人的合法诉讼权利受到侵犯时，还应提出抗诉"[③]。即使在公诉人地位更加倾向于当事人的普通法系国家，多数也都规定了检察官应当负有客观公正义务。英国《律师行为守则》规定，控方律师不应当千方百计地试图获得定罪，不应当把自己视为一方当事人出庭。他应当公正无偏地向法庭展现构成控诉案件的全部事实，

① Julia Fionda, *Public Prosecutors and Discretion: A Comparative Study* (2003), Oxford: Clarendon Press · Oxford, p. 213.

② [英]麦高伟、杰弗里·威尔逊主编：《英国刑事司法程序》，姚永吉等翻译，何家弘审校，法律出版社 2003 年版，第 152 页。

③ 陈永生、瓮怡洁：《检察官客观义务理论的起源与发展》，《人民检察》2007 年第 9 期。

并应当在本案可能出现的作用法律问题上协助法庭。[①] 在加拿大，传统的观点认为检察官不是一个合伙律师而是一个“司法官员”，他因此负有确保刑事诉讼客观公正的义务。刑事诉讼的目的不是获得定罪，而是在陪审团面前提出检察官考虑的与被控为罪犯的内容相关的可信证据。检察官有责任保证所有因素的可获得性法律证据为提出；它应被施加其合法力量而被坚定地执行，但也必须被公平地执行。检察官的角色排除了任何赢和输的观点，其功能不是民事生活中可能带有较大个人责任性指控，而是一种公众责任。它应具有对司法程序正直、严肃和公正的牢固信念而被有效执行。[②] 因此必须维护检察官作为司法官员和有权对刑事诉讼活动实行监督的特殊地位，反对将其“当事人化”。

第二节　公诉标准在不同案件类型中适用规则

根据打击犯罪以及提高诉讼效率等多重刑事诉讼目标的不同，公诉标准在不同案件类型中也应有所侧重和取舍。恰如陈光中教授所言，有罪判决的证明标准也可以多层次化，有罪判决的最高标准为“确定无疑”，而在某些为了提高同犯罪作斗争效能的场合，可以采用“接近确定无疑”的证明标准，即在坚持确定无疑的证明标准的基础上，对某些案件以及犯罪构成的某些要件稍稍降低证明标准，只要达到接近确定无疑，相当于“排除合理怀疑”即可，还有一些场合可以允许推定的存在，在法律有明确规定的情况下，从已证实的事实直接认定另一事实的存在，除非被追诉者提出反证加以推翻，即“有确定证据的推定”。[③] 从世界范围看，各国多实行非刑事化策略，如非犯罪化、非刑罚化、非司法化、非监禁刑化等轻轻重重的刑事政策。其中，检察官行使自由裁量权，对

① 参见《英国刑事诉讼导言》，载中国政法大学刑事法律研究中心组织编译《英国刑事诉讼法（选编）》，中国政法大学出版社 2001 年版。

② 参见［加］柯特・T. 格雷弗斯，西蒙・N. 维登－琼斯：《当前刑事诉讼中存在的问题探讨》，载江礼华、杨诚主编《外国刑事诉讼制度探微》，法律出版社 2001 年版。

③ 参见陈光中：《构建层次性的刑事证明标准》，《检察日报》2002 年 3 月 26 日第 3 版。

于轻微案件中止诉讼程序或者对违法者适用非刑罚处罚方法进行程序分流，就是在衡量刑事政策上的得失之后作出的程序选择，是以非司法化的形式实现非刑事化的政策。该原则也在《联合国非拘禁措施最低限度标准规则》《联合国少年司法最低限度标准规则》等国际公约中得到确认。另一方面，对于重罪案件，事关公众的安全感以及国家安全、稳定等重大问题，对此类案件的公诉标准要严格把握，如对命案的公诉，由于可能会判处死刑，人命关天，对此类案件的有罪判决标准较高，由此也决定了提起公诉的证据标准也相应提高。不同类型的案件，在诉讼处理程序上的不同，对公正和效率的要求不同，都决定了对其适用的公诉标准不能完全相同。

一、认罪轻微刑事案件的公诉标准

（一）认罪轻微刑事案件的刚性标准

认罪轻微刑事案件通常是指案情简单，基本事实清楚，主要证据确实、充分，犯罪嫌疑人、被告人自愿认罪，辩护人对指控的犯罪事实没有异议，同意适用简易程序办理的，依法可能判处三年以下有期徒刑、拘役、管制或者单处罚金的案件。其中认罪是决定案件可以从宽从速处理的前提，也表明该案中控辩双方分歧不大，主要存在量刑方面的分歧。为了节约司法资源，鼓励轻微刑事案件犯罪嫌疑人自愿认罪，同时倡导有被害人的轻微刑事案件被害人与犯罪行为人之间相互协商，就民事赔偿达成书面协议或调解协议，妥善化解双方矛盾，并且作为从轻处理的理由和依据，中共十八届四中全会决定设立认罪案件从宽从速处理机制，并在多地开展试点，对于此类案件证据标准一般把握较宽，重点是审查嫌疑人认罪的“自愿性”，如果对案件事实不存疑、又确认嫌疑人自愿认罪的前提下，重要的是对弹性标准进行厘清，确保检察裁量权的顺畅行使。

对认罪轻微刑事案件的公诉证据标准要重点审查以下四个方面：一是犯罪嫌疑人有罪供述是否稳定，是否自愿认罪，主要通过阅卷和提讯来审查认罪的自愿性问题。二是审查是否存在刑讯逼供的行为，侦查机关侦查程序是否合法，调查收集的证据形式是否合法、是否存在明显瑕疵，通常而言，对轻微案件中的证据瑕疵问题重要性次于自愿性的审查，如果确认自愿认罪，只要不是程序严重违法获取的证据都可以通过补正或者说明的方式加以补强。三是犯罪嫌疑人的有罪供述是否孤证，是否有其他证据加以印证。四是对当事人双方签署和解协议、履行赔偿义务的情况进行适度审查，重点查明是否存在被害人借助公权力抬高赔偿要求的情形。

（二）认罪轻微刑事案件的弹性标准

1. 故意伤害、寻衅滋事类造成人身损害的案件

一般仅涉及公民个体之间的权利冲突，且往往发生在同事、同学、邻里、家庭成员之间，甚至有时被害人存在一定的过错，行为发生具有较大的突然性，行为人在案发后有及时到案、认罪等悔罪表现，此种情况下，应当将是否赔偿被害人、被害人是否谅解作为衡量是否有起诉必要的重要依据。

2. 盗窃、诈骗、侵占类侵财型案件

作为常见多发案件类型，适用不起诉条件在最高人民法院关于审理盗窃案件以及未成年人犯罪案件的司法解释中都有所体现，在具体实务中，如何把握盗窃案件的不起诉条件，司法实践中的把握一般是，对于盗窃公私财物虽已达到“数额较大”的起点，《刑法修正案（八）》将盗窃罪的罪状修改为“盗窃公私财物，数额较大的，或者多次盗窃、入户盗窃、携带凶器盗窃、扒窃的”，入罪条件进一步放宽，但数额较大标准与其他“多次盗窃、入户盗窃、携带凶器盗窃、扒窃”情形应当是并列，而非重合。实践中有部分地方对此理解不当，如苏州市公安局发布规定将扒窃入罪的门槛限定在扒窃数额500元以上。[①] 但具有未成年人、胁迫参加犯罪、分赃较少、自首、立功等情节的，对于适用不起诉具有决定性影响，而是否退赃、退赔也是从轻处罚的必要条件。

同时，对“数额较大”的理解不能限于2000元左右，《刑法修正案（八）》施行后，各地都对侵财犯罪的入罪标准进行了一定的提高，而且多采用幅度制的规定，如北京市规定盗窃数额较大的标准由原来的1000

---

① 参见游伟:《当心误入公安“倒逼”司法的陷阱》,《法制日报》2011年11月24日第7版。

元，提高到2000~20000元，提升幅度较大，[①] 如果全部退赃、退赔的，可以适用上述上限标准。

由于传统的亲亲相隐观念以及化解社会矛盾的现代司法观念，针对亲属之间的盗窃、抢劫、抢夺行为，司法解释和司法者都表示了相当的宽容。实践中如果存在“被害人不要求追究刑事责任”，一般都会作出不起诉决定，而且“退赃、退赔”的影响要大于“自首、未成年、认罪悔罪、在校学生”等法定、酌定情节。

对此类案件适用不起诉的一般应符合下列条件：（1）一次性犯罪；或者犯罪未遂；或者被胁迫参加犯罪活动，没有分赃或分赃较少的；（2）积极退赃退赔；或者赃物被及时追缴、未对被害人造成财产损失；（3）系初犯、偶犯且无前科；或者主动投案；（4）犯罪数额未达到数额巨大标准的；（5）认罪、悔罪的。以上条件一般应同时具备，如果综合全案有部分条件不具备，如赃物未被及时追缴，也没有赔偿能力的，可以在考量嫌疑人人身危险性的同时，决定适用附条件不起诉制度，此部分内容将在下面予以论述。

3. 交通肇事类过失犯罪

往往由于简单违章而导致车毁人亡的严重后果，嫌疑人的过失心态以及犯罪后的认罪悔罪、积极赔偿，都体现出主观恶性较小，在解决了民事赔偿、资格剥夺等问题后，是否要一概对嫌疑人适用监禁刑来达到威慑效果，司法人员对此也持有异议。例如，对于积极赔偿、被害人不要求追究刑事责任的，绝大多数案件中会对是否不起诉有重要影响，未成年人或在校学生因素以及认罪、悔罪态度也大大影响着适用的可能性。目前也有很多检察院对于交通肇事案件适用了相对不起诉处理，取得了很好的社会效果。对此类案件决定不起诉时，一般应具备如下条件：（1）积极赔偿、达成谅解的；或者与被害人存在亲友关系、被害人要求不予追究的；或者已经弥补损失或赔偿、被害人存在明显过错的；或者仅造成财产损失、负事故全部责任或者主要责任、立案时无能力赔偿数额未超过立案标准两倍或者起诉时已经全额赔偿的；（2）初犯、未成年

---

① 这一标准自2012年3月1日开始实行，参见北京市高级人民法院、北京市人民检察院、北京市公安局、北京市司法局联合会签的《关于盗窃等六种侵犯财产犯罪处罚标准的若干规定》。

人、老年人、[1] 怀孕的妇女或有严重身体疾病、残疾的；(3) 交通肇事后未逃逸，履行救助义务的；(4) 认罪、悔罪的。以上条件一般应同时具备，如果个别条件不具备，如未完全履行赔偿责任的，也可以酌情考虑适用附条件不起诉制度。

4. 职务犯罪案件

此类案件受形势因素影响较大，也容易受到社会舆论的关注。如何把握此类案件的宽严相济、正确适用不起诉裁量权，司法人员在适用时也存在一定的困惑，对于积极退赃、挽回损失以及有自首、立功等法定从轻情节的，绝大部分都认为会对适用不起诉有重要影响，另外一些影响职务犯罪不起诉的因素，如被害单位不要求追究、民情民愤、办理其他案件的需要以及形势因素影响等，甚至一些案件中存在领导、上级机关决定等因素，根据对各检察院不诉案件的统计来看，职务犯罪中上级领导机关指示不起诉的均有相当比例，在针对承办人的个别访谈中，部分承办人认为上级指示对于是否适用不起诉具有决定因素。

因此，有必要加强对职务犯罪案件不起诉的控制和标准统一，防止不起诉制度成为贪官逃避法网的避难所，同时也要保证不起诉适用的透明、公开，避免公众的无端猜疑，影响司法严肃性。对职务犯罪适用不起诉一般应具备下列条件：(1) 刚达立案标准，或者不超过立案标准的5倍，如果达到数额巨大标准的，原则上不应不起诉，但具备法定、酌定减轻情节或当期司法标准另有规定的除外；(2) 全部退赃退赔的；(3) 认罪悔罪态度较好的；(4) 有自首、立功等法定从轻情节或者被害单位要求不追究的；(5) 经过公开听证、人民监督员评议均无异议的。以上条件一般应同时具备，如果个别条件不具备（如未完全履行退赃义务或者行为人本人对单位的经济发展有重要影响的），必要时也可以酌情考虑适用附条件不起诉制度。

5. 未成年人犯罪案件

除了被告人不满18周岁的，还可以包括一部分刚满18周岁以及在校学生犯罪案件，需要对未成年人适用特殊司法政策，教育为主、惩罚为辅的指导方针导致对未成年人犯罪案件更容易非罪化、非刑罚化处理，

---

① 根据《刑法修正案（八）》的规定，老年人犯罪从宽处理已成为法定从轻情节，老年人犯罪的年龄界限是75岁。

但这并不意味着对未成年人犯罪要一概从宽，使刑罚丧失其惩罚、报应功能，也不利于未成年人汲取教训、健康成长，因此未成年人案件的处理，应是在宽严相济刑事政策指导下尽量避免刑罚的标签效应，但处断方式应当有利于违法少年的回归、犯罪心理的矫正，如附条件不起诉制度等。

二、重罪案件的公诉标准——以毒品类案件为例

重罪案件由于犯罪性质、危害后果的严重性，对公共利益的侵犯是显而易见的，把握重罪案件的公诉标准主要是刚性标准的把握，即公诉证据标准的把握。可能判处三年以上有期徒刑的案件一般被称为重罪案件，此类案件虽然只占全部审判案件的两成左右，但相对于轻微刑事案件，其社会危害性较大，后果更为严重，破坏的社会关系或者造成的社会影响更为恶劣，在诉讼繁简分流、确立审判中心主义的当下，重罪案件成为庭审的重点，因此，检察机关在对重罪案件提起公诉时，更应把握好刚性标准。从各国的刑事诉讼程序来看，对重罪和轻罪进行审理的法院不同，重罪法院的有罪判决率要远远高于轻罪法院的有罪判决率，如果肯定法院认定有罪判决的标准是统一的，那么也就意味着公诉机关对重罪案件的公诉标准要高于轻罪案件，甚至对重罪案件的公诉标准有趋近于有罪判决标准的趋势，这也是由于重罪案件的性质重大、最终量刑往往是长期刑甚至是生命刑，对此类案件公诉机关必须小心翼翼，防止出现错案，力防冤枉无辜，一旦此类案件出现无罪判决，社会影响更大，对公诉机关的负面影响更大，因此，公诉机关对重罪案件更倾向于保守，甚至采用审判有罪的标准来确定是否起诉。对于轻罪案件而言，由于案件事实简单、诉讼程序简易，会使公诉机关的公诉策略更多地关注诉讼效益的提升，有意无意地降低公诉标准。这是通常意义上的重罪、轻罪案件的公诉标准侧重，但在特定形势下，出于打击某类犯罪或者由于某些犯罪特点的需要，也可能采取相反的公诉策略，如对那些犯罪人主观恶性大、民愤强烈的案件，即使有罪证据并没有达到令人满意的程度，警察和检察官也不会放弃起诉，而是尽量提起公诉。美国华盛顿州国王郡（King County）的检察官举了这样一个例子：如果是一名 6 岁女

孩被谋杀并遭到性骚扰，即使是证据不足，在媒体的压力和孩子父母的压力之下，检察官也要起诉。[①]

毒品犯罪案件存在着退补率高、大量有罪证据是在审查起诉阶段再行调取或补正的，甚至有些案件由于程序违法导致不符合起诉条件，无法起诉至法院的不正常显现。笔者认为，出现这种现象的主要原因在于毒品犯罪案件没有细化、规范的证据标准，部分侦查人员仅以查获毒品、抓获犯罪嫌疑人为终极目标，对通过侦查取证使案件达到追究犯罪分子刑事责任的控方意识淡薄，侦查阶段的证据标准远远低于审查起诉、审判阶段的标准。长此以往，公安机关对毒品犯罪的侦查效果止于查获毒品，犯罪分子因证据不足被释放后更为肆意实施毒品犯罪，对毒品犯罪的打击进入这一恶性循环中，毒品犯罪只会愈演愈烈。因此进一步细化、规范毒品犯罪案件证据标准对严厉打击毒品犯罪具有至关重要的作用。

1. 毒品犯罪案件所应具备的共性证据

我国《刑法》第六章第七节对毒品犯罪进行了规定，共 11 个条文、12 个罪名，其中有死刑的 1 个条文、1 个罪名（即走私、贩卖、运输、制造毒品罪）。因毒品犯罪离不开毒品且均要求犯罪嫌疑人的主观明知，因此，有些证据系所有毒品犯罪案件定案均应具备的。

（1）证明抓获犯罪嫌疑人、起获毒品过程应当具备的证据

一是应当具有明确抓获时间、抓获地点、抓获方式的到案经过。

二是人赃俱获的案件，应当具有从犯罪嫌疑人身上、体内或随身携带物品中起获毒品的搜查笔录、详细记录起获位置的起获经过。

三是毒品在特定地点单独起获的案件，应当具有毒品地址的租住证明，调取特定地点所有人、管理人或同住人的证言，并要求上述人员对犯罪嫌疑人进行辨认。

四是对涉案物品、文件全面、及时予以扣押，对起获毒品、毒品外包装物等物证拍摄照片。

五是对有犯罪线索的物证及时查阅、送检。如对涉嫌运输的毒品的犯罪嫌罪嫌疑人所持有的 SIM 卡进行技术勘验，发现手机号码及通话记

---

① 参见蔡巍：《检察官自由裁量权比较研究》，博士学位论文，中国政法大学，2009 年，第 117 页。

录等，对犯罪事实加以印证。

六是抓获犯罪嫌疑人的民警的证人证言。

七是如果存在目睹抓获、起赃过程的其他证人也应当出具证人证言，并要求其对犯罪嫌疑人进行辨认。

八是尽可能对抓获、起赃过程进行全程录音、录像。

九是如实转化技术侦查证据。技术侦查在毒品案件的线索筛查、交易与行踪监听、嫌疑人抓获等方面广泛应用。但是，将技侦成果转化为刑事诉讼证据却存在问题。如将监听或特情人员举报发现的线索记述为“群众匿名举报”，将手机信号追踪记述为“尾随跟踪”。

（2）证明犯罪嫌疑人主观明知系毒品应当具备的证据

一是具有可推定明知情形的案件。我国相关毒品犯罪案件审理的座谈会纪要对毒品犯罪案件的主观明知认定问题进行了推定式的规定，即在有些情况下即使没有相应的证据证明犯罪嫌疑人主观明知是毒品，但在被告人不能作出合理解释，亦没有证据证明其确属被蒙骗的情况下，公安、司法机关可以认定其明知是毒品。上述可推定犯罪嫌疑人明知的毒品案件，虽然对证据的要求大大降低，但应当注意就座谈会纪要中所规定的具体情形依旧需要运用证据加以证明。如较为常见的采用高度隐蔽的方式携带、运输毒品，从中查获毒品的，应当具有以照片、录像等方式证实毒品采用何种方式高度隐蔽的证据。

二是无可推定明知情形的案件。在侦办案件的过程中，给犯罪嫌疑人的主观明知认定带来困难的，多是不存在座谈会纪要中所规定的可推定明知情形的案件。如一起妇女运输毒品罪案中，由于被抓获时装有毒品的拉杆箱并未在这两名妇女人手中，而是在一名已被取保候审现无法找到的怀孕妇女手中，两名在案嫌疑人均不供述其二人碰触过这个拉杆箱，并不明知其中是毒品。故只要提取到毒品外包装及旅行箱上指纹，与两名在案嫌疑人指纹进行比对，便可证实两名犯罪嫌疑人是否接触过该毒品，但附卷录像显示侦查人员检查盛装毒品箱子时未戴手套，导致比对指纹难度加大，无法鉴定，最终只能作出不起诉决定。这类案件证明犯罪嫌疑人主观明知应当具有证实犯罪嫌疑人与毒品有直接接触的证据：

Ⅰ. 藏匿毒品的箱子、纸盒等包装物内有犯罪嫌疑人个人物品的照片及起获经过。

Ⅱ. 对直接接触毒品的包装袋上是否有犯罪嫌疑人指纹、掌纹或脱落细胞进行鉴定。

Ⅲ. 犯罪嫌疑人是否系吸毒人员的检验报告。

Ⅳ. 犯罪嫌疑人对上述情节及是否明知是毒品的口供。

(3) 证明毒品克数、种类、含量应当具备的证据

一是根据起获毒品的不同位置、保持起获毒品时原始包装样态对毒品进行送检，出具送检流程表。

二是根据委托要求，出具委托检验鉴定书。

三是根据起获位置保持原始包装分别予以鉴定，出具毒品检验报告。对于一人涉嫌多笔多种毒品犯罪，或是多人涉嫌多起毒品犯罪案件至关重要。如一起多人涉嫌贩卖毒品案中，根据搜查笔录的记载，侦查人员从犯罪嫌疑人甲暂住处所在的两个房间的不同地点搜查出不同种类毒品，但毒品检验鉴定书的结论却是将不同地点搜出的毒品进行混合后归类作出的结果，如果可以确认在该处起获的全部毒品都属于犯罪嫌疑人甲，那么这样检验虽不应该但仍可以接受。但本案中，犯罪嫌疑人甲恰恰辩解称自己只在其中一个房间居住，另一房间有他人居住，其中的毒品情况自己完全不知情，如果没有其他证据推翻辩解，这份毒品鉴定结论便无法作为证据使用，而且经过混合后加以鉴定的毒品无法还原，这对于指控犯罪无疑增大了难度。

(4) 证明涉毒资金往来及执行财产刑应当具备的证据

由于毒品犯罪多具有金钱利益关系，且所涉及的罪名多为罚金刑和没收财产刑，故在毒品犯罪中查明犯罪嫌疑人资金情况应列入必须进行的侦查工作之一。

一是调取犯罪嫌疑人银行账户查询记录，特别是在犯罪嫌疑人身上或住所等地搜查扣押的银行卡必须到银行进行查询，如果发现可疑资金交易，应当将对方账户一并查询，以确定钱款来源及去向，深挖犯罪。

二是对于尚有余额的银行账户应当及时冻结，以便收缴赃款及今后财产刑的执行。

(5) 查明犯罪性质，深挖犯罪应当具备的证据

有些毒品案件抓获了犯罪嫌疑人、查获了毒品，但因犯罪嫌疑人拒

不供认其持有毒品的目的，又没有其他证据证明，往往仅能以非法持有毒品罪认定犯罪性质，大大降低了犯罪嫌疑人应受刑罚处罚的力度，因此抓住每一个线索开展工作是毒品犯罪侦查所必需的。

一是犯罪嫌疑人手机。手机作为现代化普及的通信工具，也成为毒贩实施毒品犯罪必不可少的作案工具，由于手机具有其内部信息可被恢复、通信运营商管理通话记录等特点，因此公安机关侦查人员在第一时间查阅犯罪嫌疑人手机、利用照相方式予以固定、调取犯罪嫌疑人手机通话清单、对手机进行鉴定应成为毒品犯罪案件硬性调取的证据材料。如一起运输毒品案中，民警虽然扣押了嫌疑人随身携带的两部手机，但未在第一时间及时调取相关通话清单，待公安机关再与嫌疑人原籍移动公司联系调取时，该公司答复两个号码停机后已重新投放市场销售，原信息无法恢复，故无法调取能够证明犯罪嫌疑人运毒轨迹这一关键证据。

二是交通、住宿记录。有些毒品犯罪案件，犯罪嫌疑人在购毒、接毒、运毒的过程中乘坐飞机或者火车，现阶段，飞机与火车均系实名购票，查询便捷，因此调取航班记录、乘车记录可以直接证实犯罪嫌疑人的运行轨迹，进一步查明案件性质，也有利于深挖犯罪。

（6）证明犯罪嫌疑人身份情况应当具备的证据

一是应当调取犯罪嫌疑人原籍所在地派出所出具的有犯罪嫌疑人照片的户籍证明。

二是从公安机关人口信息网上调取犯罪嫌疑人身份信息。

三是犯罪嫌疑人曾受行政、刑事处罚的书面材料，除了调取处罚决定书、判决书、裁定书外，还应调取相应的解除、释放证明。

2. 特殊毒品案件还需要补强的证据

（1）未抓到现形的贩卖毒品案件

有些以贩养吸的犯罪嫌疑人并非在贩卖毒品过程中被抓获，而是在其住所等地查获大量毒品，是否能够取到其曾有贩卖毒品行为、是否系以贩养吸人员的证据是其能否构成贩卖毒品罪的关键。

一是应当在其住所进行全面搜查，此类人员往往在贩毒时记账。特别是针对其电脑、笔记本等物品应当及时检验、查阅。

二是对与其同居人员展开询问。

三是查找可疑的购毒人员及时进行询问，固定言词证据。

（2）以快递方式运输毒品的案件

近年来，随着快递行业飞速发展，采用快递方式运毒也成为毒品犯罪分子选择的作案方式。这类案件的定罪难度主要集中在，对在外省市寄运毒品的犯罪嫌疑人的认定。因为与收货人往往和毒品同时被查获不同，寄运人被抓获时与毒品处于分离状态，有的甚至系在外省市被抓获，且均对寄运毒品的事实予以否认。而移送审查起诉时有罪证据往往仅有收件人对寄件人的指认这一单一且易发生变化的主观证据。如快递方式运输毒品案中，侦查人员没有及时到快递公司调取快递单原件，只是提取了复印件，导致原始单据丢失，而复印件不具备鉴定条件，无法作出笔迹鉴定结论，对寄运毒品人犯罪事实的认定带来了困难。因此，及时调取快递单原件，并对快递单上进行字迹鉴定，对认定寄运人构成犯罪具有重要意义。

（3）乘坐长途客车运输毒品案

由于长途客车运输业存在着运营过程中非实名购票、车站管理不规范等问题，长途客车往往成为犯罪嫌疑人携带毒品跨省运输的首选交通工具。

一是应当就犯罪嫌疑人是否乘坐该长途车、何时上车、随身携带何种物品等问题，第一时间询问司机、售票员、同车旅客，并让其辨认犯罪嫌疑人。二是应当调取该长途客车的始发站、终点站和运行轨迹。

（4）走私、制造毒品案

一是应当及时扣押作案工具。二是应当调取边防检查人员、犯罪工具提供者、房屋出租人等证人的证言，并要求其对犯罪嫌疑人进行辨认。三是及时调取犯罪嫌疑人的出入境记录。

三、死刑案件公诉标准

死刑作为刑罚体系中最为严厉的刑罚方法，又称极刑，[①] 对其的适用应当慎之又慎。死刑虽然是一个量刑问题，但由于检察机关享有量刑建

① 参见张明楷：《刑法学》（第三版），法律出版社 2007 年版，第 413 页。

议权，对可能判处死刑的案件应当如何把握公诉标准，尤其是死刑与死缓之间，存在生死之别，在严格控制和减少死刑适用的当下，如何引导死刑案件死缓化、无期化，也是检察机关对于控制死刑工作应尽的努力。死刑的存在，会使死刑错判很难纠正，“人们总是希望在人类力所能及的范围内，尽可能减少错判”①。检察机关在审查可能判处死刑的案件时，在证据标准的把握上除了对认定被告人犯罪事实的证据进行严格把握外，对认定其具备的加重量刑情节，尤其是可能涉及判处死刑立即执行的情节应当重点把握。对此可以参考联合国《保护死刑犯权利的保障措施》中的规定：“只有在被告人的罪行有明确和令人信服的证据为基础，对事实没有其他解释的余地的情况下，才能判处死刑。”这一规定也强调了死刑证明标准必须排除一切其他任何解释的可能性。因此，我们主张对于死刑案件的公诉证据标准可以高于普通刑事案件，应尽量与法院审判有罪的“排除合理怀疑”标准看齐。

（一）死刑案件的刚性标准

死刑案件中的公诉证据标准应当接近或者等同于法院有罪判决标准——“排除合理怀疑”。之所以对死刑案件的公诉证据标准加以提升，主要是基于案件的重大性以及刑罚后果的不可避免性，检察官有义务审慎对待。对死刑案件的审查，更应强调客观公正义务的履行，不仅要重视指控证据，对无罪证据、辩护证据也不能忽视，尽可能地避免错误追诉带来的负面影响。要准确适用排除合理怀疑的证明标准，应从以下三个方面来理解和把握这一标准的含义。

第一，排除合理怀疑并非绝对确定。排除合理怀疑并不要求达到绝对确定的程度。刑事案件事实是一种“过去的事实”，只可能运用证据来推断、再现，而难以使用自然科学的实验方法加以检验。这种证明属于一种典型的“回溯性认识”，而基于回溯性认识的自身特点，无论裁判者确信程度多高，所认定的事实都不可能必然正确，只能是一种盖然性或者高度盖然性。② 与2010年《关于办理死刑案件审查判断证据若干问题的规定》中

① 孙长永、黄维智、赖早兴：《刑事证明责任制度研究》，中国法制出版社2009年版，第270页。

② 参见樊崇义、张中：《排除合理怀疑：刑事证明的新标准》，《检察日报》2012年5月16日第3版。

有关“证据确实、充分”的规定相比较,[①] 新《刑事诉讼法》在修改后对《规定》前两项的内容予以完全的吸收，对于后三项的内容则归纳表述为“综合全案证据，对所认定事实已排除合理怀疑”。从“唯一结论”的表述变为“排除合理怀疑”，说明立法者已经意识到如果使用“结论唯一”的表述可能在实践中导致再次陷入对事实认定要求“绝对确定”的认识误区。

第二，排除合理怀疑并非排除一切怀疑。排除合理怀疑，从字面上说，排除的是“合理”的怀疑，而非所有的一切怀疑。这种怀疑，应当是一种有理由、有根据的怀疑，而不是任何幻想的怀疑，不是吹毛求疵的怀疑，不是强词夺理的怀疑。英美判例中先后将合理怀疑界定为“在日常生活中足以使人在决定重要事务时产生犹豫的不确定性”“一种有理由的怀疑，不能是一种推测或猜疑”“一种建立在共同意识基础上的怀疑”等。[②] 值得注意的是，合理怀疑中的疑点除了那些影响案件事实认定的具有根本冲突的疑点或者重大疑点，如被害人身上的伤口与致害工具不相符、被告人口供与物证不能相互印证等，还应包括具体的一般疑点，如共犯就具体的犯罪时间表述不一致，因为在有些案件中，往往是无视那些不起眼的疑点而最终造成冤假错案。[③]

第三，什么是“合理的”怀疑，要由检察官运用逻辑理性、根据经验法则来予以判断。什么是“合理的”怀疑？“合理”的标准是什么？这并不是一个确定性的标准，其本身就具有模糊性，要由检察官在实践中根据个案的具体情况和经验法则来进行判断。排除合理怀疑标准的模糊性符合法律语言的模糊性特征，也正是这种模糊性，赋予了检察官一定程度的自由裁量权，但这种裁量权要受逻辑理性和经验法则的制约，而不能是任意的。合理怀疑的判断标准是理智正常且不带偏见的一般人的认识，因此，需要检察官根据一般人的理念、不带偏见的作出判断排除合理怀疑，既是定罪标准，也是检察官指控被告人有罪的证据标准，即必须将犯罪事实证明到可以使得法官对被告人有罪

---

① 第五条规定:(一)定罪量刑的事实都有证据证明;(二)每一个定案的证据均已经法定程序查证属实;(三)证据与证据之间、证据与案件事实之间不存在矛盾或者矛盾得以合理排除;(四)共同犯罪案件中,被告人的地位、作用均已查清;(五)根据证据认定案件事实的过程符合逻辑和经验规则,由证据得出的结论为唯一结论。

② 参见陈永生:《排除合理怀疑及其在西方面临的挑战》,《中国法学》2003 年第 2 期。

③ 参见樊崇义、张中:《排除合理怀疑:刑事证明的新标准》,《检察日报》2012 年 5 月 16 日第 3 版。

排除合理怀疑的程度。如若达不到，被告人就应作存疑不起诉处理。根据刑事诉讼中证明责任的分配原理，被告人无须提出证据证明自己无罪，至于罪轻或罪重，在逻辑上首先应当确认有罪，然后才有罪轻或重的问题，且轻重的衡量标准是犯罪的主观恶性、造成的犯罪后果和社会危害程度，而非是否存在合理怀疑。因此，只要达不到“排除合理怀疑”的标准，即应作出无罪认定，不能出于维稳和被害人、舆情的压力，被动作出起诉决定。

（二）死刑案件的弹性标准

根据我国刑事政策，死刑的量刑标准需达到无其他解释的余地，即依据法律规定只能判处犯罪嫌疑人死刑。通常犯罪嫌疑人没有其他法定从轻或者酌情从轻的情节，但具有法定的从重或者酌情从重情节，一般属于无其他解释余地。由于邻里纠纷或者因社会矛盾引起的可能判处死刑的案件，一般属于留有余地，可以不判处死刑。因此，死刑案件，除定罪达到法规规定的条件外，量刑方面也不存在留有余地的解释空间，才能适用死刑。另外，《刑法修正案（八）》中增设了死缓限制减刑制度，可以视为立法层面为减少死刑适用的重大努力，而且为统一死缓限制减刑的适用，最高人民法院连续发布两个指导性案例涉及死缓限制减刑的适用问题。[①] 鉴于死缓限制减刑作为缩减死刑适用范围的替代产物，对死缓限制减刑适用情形进行分析，可以整理出法院死刑适用的弹性标准，检察机关也可以参考适用作为自己量刑建议的参照物。在这两个指导性案例中，王某才案存在赔偿（但被害人家属未谅解）从宽情节，李某案存在累犯，被告人家属协助抓捕、赔偿（但被害人家属未谅解）等从重、从宽情节，也反映出不同类型案件均存在适用死缓限制减刑的可能。但需要考虑的是，当根据犯罪情节将被告人判决为死刑不立即执行后，如何根据剩余的情节决定对被告人是否限制减刑。整个量刑过程可以表述为：（死刑 + 从宽情节 = 死缓） + 从重情节 = 死缓限制减刑，其中死刑可不立即执行需要考虑哪些从宽因素与死缓后考虑哪些从重因素导致适用限制减刑，是一个硬币的两个面，需要兼及，才能将该问题探讨清楚。

---

① 分别为第 4 号王某才故意杀人案、第 12 号李某故意杀人案。

表 9-1　两个指导性案例裁判理由、裁判要点对照表

对比	4 号指导性案例（王某才案）	12 号指导性案例（李某案）
裁判理由（限制减刑理由）	王某才故意杀人手段特别残忍，被害人亲属不予谅解，要求依法从严惩处，为有效化解社会矛盾……	鉴于其故意杀人手段残忍，又系累犯，且被害人亲属不予谅解
裁判要点	因恋爱、婚姻矛盾激化引发的故意杀人案件，被告人犯罪手段残忍，论罪应当判处死刑，但被告人具有坦白悔罪、积极赔偿等从轻处罚情节，同时被害人亲属要求严惩的	对于因民间矛盾引发的故意杀人案件，被告人犯罪手段残忍，且系累犯，论罪应当判处死刑，但被告人亲属主动协助公安机关将其抓捕归案，并积极赔偿的，人民法院根据案件具体情节，从尽量化解社会矛盾角度考虑

1. 死缓适用的条件

《刑法》第 48 条第 1 款规定："死刑只适用于罪行极其严重的犯罪分子。对于应当判处死刑的犯罪分子，如果不是必须立即执行的，可以判处死刑同时宣告缓期二年执行。"该款规定了死刑的两种执行方式——立即执行和缓期二年执行。虽然适用前提都是"罪行极其严重"，但是否"必须立即执行"这一概括、模糊的描述，就划分了生死之别。根据学者考证，虽然同为死刑的执行方式，但死缓二年之后因故意犯罪被执行死刑的微乎其微，从执行死刑的概率上讲，死缓实际上已经演变为与无期徒刑没有实质区别的自由刑。[①] 由此，如何认定"不需立即执行"则是一个实践和理论难题。第一种方法是采用归纳法进行解读，即不正面阐释"不是必须立即执行"的内涵，而是列举其具体情形，如具有下列情形之一的，可以视为"不是必须立即执行的"犯罪分子：犯罪后自首、立功或者有其他法定从轻情节的；在共同犯罪中罪行不是最严重的或者在同一或同类案件中罪行不是最严重的；因被害人的过错导致犯罪分子激愤犯罪的；犯罪分子有令人怜悯情形的；有其他应当留有余地情形的，等等。[②] 第二种方法是采用演绎法，即直接阐释"不是必须立即执行"的内涵，认为"死刑的适用条

① 参见林维：《论死刑缓期两年执行制度的异化》，《河北法学》2005 年第 7 期。

② 参见高铭暄、马克昌主编：《刑法学》，北京大学出版社、高等教育出版社 2007 年版，第 260 页。

件并非传统刑法理论所说的‘罪大恶极’，而是客观上的‘罪大’即‘罪行极其严重’。以‘罪行极其严重’为基点，当行为人‘恶极’即主观恶性极大、人身危险性极为深重时，就要对其判处死刑立即执行；与之相反，当行为人‘恶不极’即主观恶性不是很大、人身危险性不是极重时，对其就只能判处死刑缓期二年执行”①。新近更有论者，从生命至上、保障人权的角度，提出了“被害人宽恕论”，即将被害人宽恕作为适用死缓的实质条件，在加害人应当被判处死刑的前提下，如果存在被害人宽恕的因素，那么可以对加害人适用死刑缓期二年执行；但是，如果加害人犯下了震撼人类良知的罪行，那么即使其得到被害人的宽恕，法官仍得基于普遍正义的考量依法决定对其不适用死刑缓期二年执行。②

应当说，死缓的适用条件——何为“不必立即执行”具有相当的概括性和模糊性，而这恰恰是刑事政策能够渗透、影响刑事司法走向的一个绝好范例，用之得当，就能起到控制、减少死刑适用兼之保持死刑适度威慑力、一般预防的双重作用；用之不当，要么会给疑罪从轻、不能把持证据标准的司法者作“留有余地”判决的空间，要么会给重刑主义者、集体民意的鼓动者祭出“杀无赦”大旗的机会。因此从刑事政策的角度，看待死缓适用标准问题，就不单纯是一个法律问题，不单纯是通过对法条进行归纳、演绎分析可以得出清晰结论的，需要通过结合时代背景、法治要求甚至是司法潮流等因素，对其进行不纯粹司法性的解读，才能更好地实现其效用。在此，笔者认为叶良芳教授提出的“被害人宽恕论”虽然具有一定的可取之处，但刑罚权的行使毕竟是国家垄断，而且该观点也不能与《刑法修正案（八）》创设的死缓限制减刑制度进行有效衔接，因为按照其观点，如果被害人对被告人进行了宽恕，虽罪已致死，但还是可以适用死缓，而死缓限制减刑的两个指导性案例恰恰是在被害人不予宽恕的情况下，未判处死刑立即执行，而判处了死缓限制减刑，说明被害人是否宽恕并非死缓和死刑立即执行区别适用的条件，而是死缓和死缓限制减刑区分的一个重要因素。但对死缓和死缓限制减刑的区分，显然并不能取决于这个单一因素。

---

① 黎宏:《死刑缓期执行制度新解》,《法商研究》2009 年第 4 期。

② 参见叶良芳:《死缓适用之实质标准新探》,《法商研究》2012 年第 5 期。

2. 判处死缓后，会根据哪些因素而被适用限制减刑

限制减刑作为延长被告人服刑时间、加大对被告人处罚力度，同时也减低其人身危险性的一种手段，既有报应的色彩，也带有特殊预防的味道，因此适用时需要对其“犯罪情节、人身危险性等决定其具有的再犯可能性及其程度”① 进行判断分析，按照最高人民法院司法解释起草者的观点，同时还“应当坚持有利于严格执行死刑政策的原则”②。由于被告人所犯罪行的性质、造成的实际危害结果、犯罪手段等决定犯罪社会危害性程度等客观情节，已经在适用死缓刑罚时进行了考量，因此，人身危险性程度分析应该是决定是否适用限制减刑的决定因素，即充分考虑“犯罪前后及犯罪过程中被告人犯罪的动机、一贯表现、刑罚宣告时的年龄、犯罪的意志、犯罪后的悔罪态度等决定其人身危险性程度的情节”③。另外民众由于“一命抵一命”的朴素报应思想普遍存在，在对被告人是否适用限制减刑的问题上，往往还要考虑被害人家属的接受程度，如果被害人坚持要判决死刑、对被告人不予谅解或者被告人恶习较深，对家庭、社区安全有较大影响，也需要考虑这些案外因素，评价是否需要适用限制减刑。

因此死缓限制减刑一般适用为两种场合：其一，被告人罪不至死，但主观恶性较重，直接适用死缓稍显罪刑责不相适应的；其二，被告人罪不至死，但适用死缓后会遭到被害人及其家属反对，有可能激化社会矛盾的。除此两种，其他场合出现死缓限制减刑适用的就可能存在滥用嫌疑，往往直接判处无期徒刑或者死缓即可。这也是最高人民法院司法解释起草者的初衷，“对于判处死刑缓期执行不需限制减刑，就能做到有效制裁犯罪的案件，不应当对被告人限制减刑。工作中遇到是否需限制减刑把握不准的案件，宜采取保守的做法，不适用限制减刑。”④

---

① 刘德法:《论我国刑法中的限制减刑》,《政法论丛》2012 年第 1 期。

② 高贵君、马岩、方文军:《〈关于死刑缓期执行限制减刑案件审理程序若干问题的规定〉的理解与适用》,《人民司法》2011 年第 11 期。

③ 同上。

④ 同上。

结　论

一是，从公诉权运行的实际状况出发，发现积极公诉观、消极公诉观的表象及内因。

本书对北京乃至全国的公诉权行使现状进行调研，从社会发展的大背景下剖析我国公诉权行使中的问题，提出公诉标准实践把握不当问题是造成一系列社会问题的核心。一方面，是司法实践中较为突出的过度追诉的积极公诉观，在制造了大量轻刑案件（包括定罪免刑、缓刑、拘役、管制以及三年以下有期徒刑）的同时，也在为冤错案件的产生推波助澜。这种强调构罪即诉、追求公诉成功率的积极公诉观，与检察裁量权适用范围窄、适用程序复杂有关，也与流水作业、互相配合的三机关关系有关，同时司法的非独立性，检察权行使不能摆脱地方利益，更加固化了积极公诉观。另一方面，消极公诉的做法也大有市场，表现为多次的退回补充侦查、高比例的存疑不诉，虽然最终的无罪判决率很低，但大量的准无罪案件被以撤回起诉的方式予以消解。这种动辄“不诉了之”的消极公诉观，与指控责任不合理扩张、夸大无罪判决的负面作用，只关注公诉风险，忽视了被害人权益保护、怠于行使公诉权密切相关。法学研究一定不能脱离中国的实际，简单地照搬照抄国外经验，很可能药不对症或者水土不服，只有对国情有着深刻的洞察，对司法实践有清醒的认识，能够反省司法实践运行中大家都习以为常的做法有何违背人情、法理之处，是本书的一个创新之处，即密切联系司法实践。

二是，结合域外法治，对我国公诉标准进行科学的界定。

法学研究要有一定的学习和传承，在构建中国特色的公诉标准时，我们需要借鉴域外法治经验，如参考英美法系和大陆法系主要国家的法律规定，审查其公诉提起的能与不能。如在公诉的证据标准上，各国对刑事证明的程度普遍低于我国，几乎没有国家像我国一样将公诉标准设置到“犯罪事实已经查清，证据确实、充分”的程度；在公诉的弹性标准上，各国普遍从公共利益的角度出发，规定了大量不起诉的情形，赋予检察官较大的自由裁量权，根据一定的考量标准处理公诉案件，而且出于节约诉讼资源的考虑，各国检察官均将大量的轻罪案件予以分流，同时，为了避免简单不起诉所带来的个别预防失范问题，各国更加重视刑罚替代措施的适用。

三是，提出了公诉标准的维度概念。

认为公诉标准应当是刚性标准与弹性标准的综合，在不同案件中有不同的侧重。实践中存在问题较多的是，公诉刚性标准中被设置了过高的证明要求或者出现了迁就利益主体的倾向，对公诉证明标准与审判标准的区分争议较大。如何进行科学界定，合理划分证明标准的层次性是一个深刻的理论问题。同时也涉及公诉人的定位问题，如果将公诉人界定为完全的客观公正，等同于法官，那么公诉的标准就要等同于审判标准，但这并不符合诉讼原理，也不符合刑事程序设置的目的，因此在审判标准之外结合公诉权的属性界定公诉证明标准，是本书重点论述的问题。另一方面，由于公诉弹性标准欠缺、不被遵守，缺乏公共利益进行衡量、不当诉而诉的现象屡见不鲜，如何正确界定公诉的裁量权，妥当行使不起诉权，也是设定公诉弹性标准的主要问题。刚性标准与弹性标准的结合应当根据不同的案件类型（如重罪轻罪、认罪案件与不认罪案件等）有不同的侧重。

四是，构建出可以指导司法实践的公诉标准通用法则。

本书将公诉标准划分为刚性标准和弹性标准，其中刚性标准的关键就是证明标准，借鉴了各国证明标准的规定，提出了以有罪判决证明标准为参照、主客观相结合的公诉证明标准：“检察官认为证据基本充分，有极大定罪可能。”弹性标准中的公诉裁量标准，主要是公诉权的分流功能，借鉴了英美法系的辩诉交易、大陆法系的公诉裁量权以及公共利益原则等，提出了公诉裁量的一般规则及具体案件中的裁量规则。

综上，报告采用实证分析兼以理论研究的方式，从问题意识出发，寻找公诉权不当行使现象背后的原因，并参考域外法治经验和国际司法趋势，结合诉讼法原理，提出公诉标准划定的合理、合法限度，对今后全国公诉制度改革、公诉理念变更起到引领、启发作用。

参考文献

一、中文文献

1. 冀祥德:《域外辩诉交易的发展及其启示》,《当代法学》2007 年第 3 期。

2. 宋英辉、吴宏耀:《不起诉裁量权研究》,《政法论坛》2000 年第 5 期。

3. 宋英辉:《检察机关刑事诉讼职权之比较》,《国家检察官学院学报》2004 年第 3 期。

4. 卞建林:《论起诉监督》,《中国法学》1991 年第 3 期。

5. 卞建林、魏晓娜:《起诉效力与审判范围》,《人民检察》2000 年第 7 期。

6. 卞建林、孙锐:《诉审关系论辩——兼论对诉审关系异化的程序性抑制》,《环球法律评论》2006 年第 5 期。

7. 陈瑞华:《刑事诉讼中的证明标准》,《苏州大学学报》2013 年第 3 期。

8. 陈瑞华:《刑事证明标准中的主客观要素的关系》,《中国法学》2014 年第 3 期。

9. 陈卫东:《提起公诉的证据标准问题研究》,《河南社会科学》2010 年第 1 期。

10. 陈卫东:《我国检察权的反思与重构——以公诉权为核心的分析》,《法学研究》2002 年第 2 期。

11. 陈卫东、郝银钟:《我国公诉方式的结构性缺陷及其矫正》,《法学研究》2000 年第 4 期。

12. 陈卫东、刘计划:《公诉的价值冲突与衡平论略》,《国家检察官学院学报》2001 年第 3 期。

13. 陈卫东:《我国刑事证明标准之重塑》,载《诉讼法论丛》第 7 卷,法律出版社 2002 年版。

14. 陈卫东、李洪江:《论不起诉制度》,《中国法学》1997 年第 1 期。

15. 陈卫东、胡之芳:《关于刑事诉讼当事人处分权的思考》,《政治与法律》2004 年第 4 期。

16. 陈卫东、陆而启:《检察官的角色——从组织法和诉讼法角度分析》,《法学论坛》2005 年第 4 期。

17. 汪建成:《论起诉法定主义与起诉便宜主义的调和》,《中国人民大学学报》2000 年第 2 期。

18. 汪建成、祁建建:《论诉权理论在刑事诉讼中的导入》,《中国法学》2002 年第 6 期。

19. 汪建成、姜远亮:《宽严相济刑事政策与刑事起诉制度》,《东方法学》2008 年第 6 期。

20. 孙长永:《提起公诉的证据标准及其司法审查比较研究》,《中国法学》2001 年第 4 期。

21. 孙长永:《日本的起诉犹豫制度及其借鉴意义》,《中外法学》1992 年第 6 期。

22. 张智辉:《公诉权论》,《中国法学》2006 年第 12 期。

23. 龙宗智:《观察、分析法治实践的学术立场和方法》,《法学研究》2011 年第 6 期。

24. 龙宗智:《中国法语境中的检察官客观义务》,《法学研究》2009 年第 4 期。

25. 龙宗智:《印证与自由心证——我国刑事诉讼证明模式》,《法学研究》2004 年第 2 期。

26. 龙宗智:《再论提起公诉的证据标准》,《人民检察》2002 年第 3 期。

27. 龙宗智:《我国刑事诉讼的证明标准》,《法学研究》1996 年第 6 期。

28. 龙宗智：《试论检察官的定位》，《人民检察》1999 年第 7 期。

29. 龙宗智：《刑事公诉权与条件说》，《人民检察》1999 年第 3 期。

30. 龙宗智：《论公诉变更》，《现代法学》2004 年第 6 期。

31. 龙宗智：《论刑事证据标准及起诉方针》，《人民检察》1996 年第 11 期。

32. 龙宗智：《论建立以一审庭审为中心的事实认定机制》，《中国法学》2010 年第 2 期。

33. 向泽选：《司法规律与检察改革》，《政法论坛》2009 年第 9 期。

34. 向泽选：《国家刑罚权与检察职能的关系》，《当代法学》2009 年第 3 期。

35. 张保生：《刑事错案及其纠错制度的证据分析》，《中国法学》2013 年第 2 期。

36. 张保生、张晃榕：《检察业务考评与错案责任追究机制的完善》，《中国刑事法杂志》2014 年第 4 期。

37. 徐鹤喃：《英国皇家检控准则评介——兼谈中国刑事公诉政策的制定》，《中国法学》2001 年第 12 期。

38. 徐鹤喃：《公诉权的理论解构》，《政法论坛》2002 年第 3 期。

39. 周长军：《公诉权滥用论》，《法学家》2011 年第 6 期。

40. 何家弘：《刑事证据的采纳标准和采信标准》，《人民检察》2001 年第 10 期。

41. 熊秋红：《错判的纠正与再审》，《环球法律评论》2006 年第 5 期。

42. 熊秋红：《对刑事证明标准的思考》，《法商研究》2003 年第 1 期。

43. 左卫民：《实践法学：中国刑事诉讼法学研究的新方向》，《法学研究》2012 年第 5 期。

44. 左卫民：《范式转型与中国刑事诉讼制度改革——基于实证研究的讨论》，《中国法学》2009 年第 2 期。

45. 左卫民、周光权：《刑事证明责任分配机制的法理学分析》，《现代法学》1993 年第 3 期。

46. 左卫民：《公诉运行机制的缺陷及其完善》，《中外法学》1993

年第 1 期。

47. 左卫民、周长军：《公诉运行机制的比较研究》，《法学评论》1994 年第 2 期。

48. 左卫民、周洪波：《证明标准与刑事政策》，《比较法研究》2006 年第 2 期。

49. 顾永忠：《刑事案件繁简分流的新视角 论附条件不起诉和被告人认罪案件程序的立法建构》，《中外法学》2007 年第 6 期。

50. 顾永忠：《检察官在刑事诉讼中的客观义务》，《人民检察》2005 年第 5 期。

51. 顾永忠、刘莹：《论撤回公诉的司法误区与立法重构》，《法律科学》2007 年第 2 期。

52. 顾永忠：《1997—2008 年我国刑事诉讼整体运行情况的考察分析》，《人民检察》2010 年第 8 期。

53. 顾永忠：《当前刑事公诉中存在的若干问题探究》，《河南社会科学》2010 年第 1 期。

54. 陈光中、张建伟：《附条件不起诉：检察裁量权的新发展》，《人民检察》2006 年第 4 期。

55. 张建伟：《认识相对主义与诉讼的竞技化》，《法学研究》2004 年第 4 期。

56. 张建伟：《证明标准研究中的模糊视阈》，《政法论坛》2005 年第 6 期。

57. 张建伟：《论公诉之撤回及其效力》，《国家检察官学院学报》2012 年第 8 期。

58. 张建伟：《辩诉交易的历史溯源及现实分析》，《国家检察官学院学报》2008 年第 5 期。

59. 谢佑平：《试论公诉条件及其审查程序》，《杭州商学院学报》2002 年第 12 期。

60. 万毅、谢佑平：《撤回公诉初论》，《云南法学》1999 年第 3 期。

61. 谢佑平、万毅：《刑事公诉变更制度论纲》，《国家检察官学院学报》2002 年第 1 期。

62. 谢佑平、万毅：《检察官当事人化与客观公正义务——对我国检察制度改革的一点反思》,《人民检察》2002 年第 5 期。

63. 谢佑平、宋远升:《检察官角色的冲突衡平与定位》,《国家检察官学院学报》2010 年第 4 期。

64. 谢佑平、胡超:《试论公诉条件及其审查程序》,《杭州商学院学报》2002 年第 6 期。

65. 谢小剑:《刑事公诉:无法弥补的"伤害"——论对公诉权滥用的程序性制裁》,《法治研究》2008 年第 11 期。

66. 谢小剑:《司法平等理念下的公诉制度》,《河北法学》2008 年第 9 期。

67. 谢小剑:《我国防止起诉权滥用的内在结构》,《法治研究》2009 年第 3 期。

68. 汪海燕、张小玲:《刑事诉讼效率与刑事证据立法》,《安徽大学法律评论》2002 年第 2 期。

69. 李学宽:《论刑事证明标准及其层次性》,《中国法学》2001 年第 10 期。

70. 王斐弘:《我国刑事诉讼证明标准之重构》,《中国刑事法杂志》2002 年第 12 期。

71. 李建明:《刑事证据相互印证的合理性与合理限度》,《法学研究》2005 年第 6 期。

72. 李建明:《宽严相济政策对犯罪控制效率的兼顾》,《现代法学》2007 年第 4 期。

73. 李建明:《刑事错案的深层次原因》,《中国法学》2007 年第 3 期。

74. 崔敏、王乐龙:《刑事错案概念的深层次分析》,《法治研究》2009 年第 1 期。

75. 林则奘:《台湾地区检察官制度面临的几个问题》,《国家检察官学院学报》2008 年第 1 期。

76. 程雷:《检察官的客观义务比较研究》,《国家检察官学院学报》2005 年第 4 期。

77. 刘蕾:《美国合理根据证明标准及对我国证据法的启示》,《北京理工大学学报(社会科学版)》2006 年第 3 期。

78. 魏武：《美国刑事证据法中“盖然理由”标准研究》，《河北法学》2008年第10期。

79. 王禄生、张昕：《转型中的美国大陪审团制度——由弗格森枪击案谈起》，《中国党政干部论坛》2015年第1期。

80. 刘兰秋：《日本检察制度简介》，《国家检察官学院学报》2006年第5期。

81. 丁相顺：《日本检察审查会制度的理念、实施与改革》，《国家检察官学院学报》2005年第3期。

82. 韩红兴：《我国刑事公诉审查程序的反思与重构》，《法学家》2011年第2期。

83. 黄达亮：《我国刑事证据标准之不足》，《人民检察》2001年第3期。

84. 段明学：《刑事审前程序探析》，《重庆交通大学学报（社会科学版）》2013年第2期。

85. 谭世贵：《处罚权：检察制度改革的新视野》，《法学研究动态》1990年第4期。

86. 丁玉明：《刑事不起诉的经济学分析》，《经济师》2007年第9期。

87. 林维：《论死刑缓期两年执行制度的异化》，《河北法学》2005年第7期。

88. 黎宏：《死刑缓期执行制度新解》，《法商研究》2009年第4期。

89. 叶良芳：《死缓适用之实质标准新探》，《法商研究》2012年第5期。

90. 刘德法：《论我国刑法中的限制减刑》，《政法论丛》2012年第1期。

91. 高贵君、马岩、方文军：《〈关于死刑缓期执行限制减刑案件审理程序若干问题的规定〉的理解与适用》，《人民司法》2011年第11期。

92. 闫召华：《公诉不端：美国的实践及其启示——基于判例与规则的双重分析》，《中国刑事法杂志》2010年第7期。

93. 林钰雄：《检察官在诉讼法上之任务与义务》，《法令月刊》1998年第49卷。

94. 吕宁莉：《日本检察制度之介绍及与我国之比较》，《检察新论》2008年第3期。

95. 吴冠霆：《我国起诉审查制度之检讨》，《刑事法杂志》2006年第50卷第6期。

96. 王兆鹏：《当事人进行主义之刑事诉讼》，台湾元照出版公司2004年版。

97. 叶青、张少林：《关于疑罪案件不应起诉的法理分析》，《华东政法学院学报》1999年第2期。

98. 胡浩明：《刑事案件公诉证明标准的缺陷及重构》，《公安学刊》2008年第2期。

99. 聂文峰：《我国刑事证明标准层次性探讨和重构》，《河北法学》2009年第11期。

100. 杨娟：《论我国刑事不起诉“三分法”的失败及重构——以淮北市起诉裁量实践为实证分析对象》，《政治与法律》2012年第1期。

101. 李美蓉：《从检察制度的历史与比较论我国检察官之定位与保障》，《法学杂志》2012年第1期。

102. 陈银珠：《论犯罪构成要件的逻辑顺序——以程序法与实体法的功能区分为视角》，《法律科学》2012年第5期。

103. 靳国胜：《公诉原则的变迁与起诉裁量权的运用》，《黑龙江省政法管理干部学院学报》2012年第5期。

104. 房国宾：《刑事证明标准之探微》，《贵州警官职业学院学报》2009年第1期。

105. 吴卫军：《提起公诉证明标准之比较研究》，《河南省政法管理干部学院学报》2002年第6期。

106. 史笑晓：《价值冲突与协调：构建我国公诉裁量权制度的多维探索》，《陕西理工学院学报（社会科学版）》2009年第8期。

107. 韩红兴：《论我国新刑事诉讼法下的公诉方式变革》，《中国刑事法杂志》2013年第4期。

108. 高通：《论美国报复性起诉规则及其对我国的借鉴》，《山东警察学院学报》2011年第1期。

109. 许乐：《比较法视野下西方国家检察机关提起公诉证明标准考

察——以完善我国检察机关提起公诉证明标准为视角》，《唐都学刊》2011 年第 3 期。

110. 闵春雷：《证据裁判原则的新展开》，《法学论坛》2010 年第 7 期。

111. 郭松：《大陆法系刑事诉讼条件理论探微——兼及我国的借鉴价值》，《黑龙江省政法管理干部学院学报》2003 年第 11 期。

112. 李忠民：《试论两大法系刑事证明标准之异同》，《江西师范大学学报》2004 年第 10 期。

113. 巩富文：《现代西方国家提起公诉证明标准之考察与比较——兼及我国提起公诉证明标准之现状与改革》，《西北大学学报（哲学社会科学版）》2005 年第 2 期。

114. 邓中文：《公诉案件撤诉的若干问题探讨》，《中央检察官管理学院学报》1998 年第 8 期。

115. 聂立泽：《主客观相统一原则与刑事证明标准的层次性研究》，《法学评论》2011 年第 3 期。

116. 刘莉芬：《我国防止起诉权滥用的内在结构》，《中国刑事法杂志》2009 年第 8 期。

117. 吴常青：《美国刑事诉讼中撤回起诉及其借鉴意义》，《中国刑事法杂志》2010 年第 4 期。

118. 吴笑晓：《冲突价值协调中的公诉裁量权探究》，《唯实》2009 年第 5 期。

119. 吕端胜：《公诉权与其他诉讼权能关系之调适》，《中国刑事法杂志》2010 年第 6 期。

120. 黄维智：《法律真实——证明标准的实然状态》，《人民检察》2002 年第 10 期。

121. 王昕、黄维智、廖耘平：《从撤回起诉的实际状态透视公诉条件的形成》，《人民检察》2010 年第 1 期。

122. 苗生明：《起诉必要性审查之内涵与立论根据》，《人民检察》2011 年第 4 期。

123. 李永鹏：《构筑立体式的证明标准结构——对我国刑事诉讼证明标准的思考》，《河北理工学院学报（社会科学版）》2005 年第 3 期。

124. 刘根：《提起公诉的证明标准新释》，《江西科技师范学院学报》2004 年第 1 期。

125. 黄豹：《刑事诉讼中公诉权之滥用及其规制》，《武汉科技学院学报》2010 年第 12 期。

126. 左宁：《试论我国的公诉标准》，《法治研究》2008 年第 1 期。

127. 左宁：《再论我国刑事诉讼公诉标准》，《黑龙江省政法管理干部学院学报》2008 年第 3 期。

128. 田中臣：《对我国公诉证明标准的重构与完善》，《内蒙古社会科学（汉文版）》2004 年第 7 期。

129. 陈新生、金石：《存疑不起诉规范适用的思考》，《西部法学评论》2008 年第 3 期。

130. 郝忠、叶萍、李晓娟：《从存疑不起诉案件谈证据的正确把握》，《北京政法职业学院学报》2012 年第 3 期。

131. 潘远斌：《我国公诉标准质疑》，《中国—东盟博览》2013 年第 10 期。

132. 陈光中主编：《21 世纪域外刑事诉讼立法最新发展》，中国政法大学出版社 2004 年版。

133. 陈光中主编：《诉讼法论丛》（第 3 卷），法律出版社 1999 年版。

134. 陈光中主编：《诉讼法论丛》（第 5 卷），法律出版社 2000 年版。

135. 樊崇义、陈卫东、种松志：《现代公诉制度研究》，中国人民公安大学出版社 2005 年版。

136. 樊崇义、吴宏耀、种松志：《域外检察制度研究》，中国人民公安大学出版社 2008 年版。

137. 樊崇义主编：《诉讼法学研究》（第二卷），中国检察出版社 2002 年版。

138. 王敏远：《一个谬误、两句废话、三种学说——对案件事实及证据的哲学、历史学分析》，中国政法大学出版社 2013 年版。

139. 周光权：《刑法客观主义与方法论》，法律出版社 2013 年版。

140. 石晓波：《公诉裁量权研究》，知识产权出版社 2013 年版。

141. 马秀卿：《公诉权的法律社会学研究》，法律出版社 2012 年版。

142. 王新环：《公诉权原论》，公安大学出版社 2006 年版。

143. 李玉华：《诉讼证明标准研究》中国政法大学出版社2010年版。

144. 刘金友：《证明标准研究》，中国政法大学出版社2009年版。

145. 郭志远：《证明标准研究——以刑事诉讼为视角》，中国人民公安大学出版社2010年版。

146. 邱福军：《刑事证明标准研究》，中国人民公安大学出版社2012年版。

147. 王圣扬：《诉讼证明责任与证明标准研究》，中国人民公安大学出版社2012年版。

148. 苗生明、崔阳主编：《宽严相济刑事政策司法化与公诉裁量权的适用》，法律出版社2008年版。

149. 徐军：《检察监督与公诉职能关系论》，中国人民公安大学出版社2010年版。

150. 谢小剑：《公诉权制约制度研究》，法律出版社2009年版。

151. 陈瑞华、田文昌：《刑事辩护的中国经验　陈瑞华、田文昌对话录》，北京大学出版社2012年版。

152. 刘金友主编：《证明标准研究》，中国政法大学2009年版。

153. 宋英辉：《法律实证研究本土化探索》，北京大学出版社2012年版。

154. 左卫民等：《刑事诉讼的中国图景》，生活·读书·新知三联书店2010年版。

155. 左卫民：《现实与理想：关于中国刑事诉讼的思考》，北京大学出版社2013年版。

156. 左卫民等：《中国刑事诉讼运行机制实证分析》（1—5），法律出版社2007—2012年版。

157. 陈瑞华：《刑事证据法学》，北京大学出版社2012年版。

158. 刘品新：《刑事错案的原因与对策》，中国法制出版社2009年版。

159. 张忠斌、郭园园、赵慧、熊永明、黄勇：《刑事诉讼价值取向》，武汉大学出版社2005年版。

160. 吴宗宪等：《非监禁刑研究》，中国人民公安大学出版社2003年版。

161. 李昌珂译：《德国刑事诉讼法典》，中国政法大学出版社 1995 年版。

162. 魏武：《法德检察制度》，中国检察出版社 2008 年版。

163. 何家弘主编：《外国证据法》，法律出版社 2003 年版。

164. 郝银钟：《刑事公诉权原理》，人民法院出版社 2004 年版。

165. 金邦贵：《法国司法制度》，法律出版社 2008 年版。

166. 孙长永主编：《刑事诉讼证据与程序》，中国检察出版社 2003 年版。

167. 卞建林：《刑事起诉制度的理论与实践》，中国检察出版社 1993 年版。

168. 余叔通、谢朝华译：《法国刑事诉讼法典》，中国政法大学出版社 1997 年版。

169. 罗结珍译：《法国刑事诉讼法典》，中国法制出版社 2006 年版。

170. 孙长永：《日本刑事诉讼法导论》，重庆大学出版社 1993 年版。

171. 彭勃：《日本刑事诉讼法通论》，中国政法大学出版社 2002 年版。

172. 杨诚、单民主编：《中外刑事公诉制度》，法律出版社 2000 年版。

173. 何家弘主编：《美国刑事诉讼规则》，中国检察出版社 2003 年版。

174. 孔璋：《中美公诉制度比较研究》，中国检察出版社 2003 年版。

175. 宋英辉译：《日本刑事诉讼法》，中国政法大学 2000 年版。

176. 徐静村主编：《刑事诉讼前沿研究》（第七卷），中国检察出版社 2008 年版。

177. 何家弘主编：《证据学论坛》（第七卷），中国检察出版社 2004 年版。

178. 中国社会科学院语言研究所词典编辑室编：《现代汉语词典》，商务印书馆 1996 年版。

179. 卞建林主编：《刑事证明理论》，中国人民公安大学出版社 2004 年版。

180. 张文显：《二十世纪西方法哲学思潮研究》，法律出版社 1996

年版。

181. 陈光中主编：《刑事诉讼法》（第二版），高等教育出版社、北京大学出版社 2005 年版。

182. 陈光中主编：《诉讼法理论与实践——刑事诉讼卷》，人民法院出版社 2001 年版。

183. 龙宗智、杨建广主编：《刑事诉讼法》，高等教育出版社 2007 年版。

184. 龙宗智：《相对合理主义》，中国政法大学出版社 1999 年版。

185. 陈卫东：《程序正义之路（第二卷）》，法律出版社 2005 年版。

186. 杨诚、单民：《中外刑事公诉制度》，法律出版社 2000 年版。

187. 汪建成、刘广三：《刑事证据学》，群众出版社 2000 年版。

188. 张穹主编：《公诉问题研究》，中国人民公安大学出版社 2000 年版。

189. 冀祥德：《建立中国控辩协商制度研究》，北京大学出版社 2006 年版。

190. 周长军：《刑事裁量论———在划一性与个别化之间》，中国人民公安大学出版社 2006 年版。

191. 张勇：《犯罪数额研究》，中国方正出版社 2004 年版。

192. 张明楷：《刑法学》（第三版），法律出版社 2007 年版。

193. 孙长永、黄维智、赖早兴：《刑事证明责任制度研究》，中国法制出版社 2009 年版。

194. 高铭暄、马克昌主编：《刑法学》，北京大学出版社、高等教育出版社 2007 年版。

195. 郭志远：《刑事证明标准层次性研究》，中国公安大学出版社 2010 年版。

196. 《中国法律年鉴》2003—2017 年，中国法律年鉴编辑部编辑，中国法律年鉴社 2003—2017 年版。

197. 黄东熊：《刑事诉讼法论》，台北三民书局 1991 年版。

198. 林钰雄：《刑法与刑诉法之交错适用》，中国人民大学出版社 2009 年版。

199. 林钰雄：《刑事诉讼法》，中国人民大学出版社 2005 年版。

200. 林钰雄：《严格证明与刑事证据》，法律出版社 2008 年版。

201. 陈朴生：《刑事经济学》，台湾正中书局 1975 年版。

202. ［德］Clause Roxin：《德国刑事诉讼法》，吴丽琪译，台湾三民书局 1998 年版。

203. ［德］K·茨威格特、［德］H·克茨：《比较法总论》，潘汉典等译，法律出版社 2003 年版。

204. ［德］约阿希姆·赫尔曼：《〈德国刑事诉讼法典〉中译本引言》，载李昌珂译《德国刑事诉讼法典》，中国政法大学出版社 1995 年版。

205. ［日］松尾浩也：《日本刑事诉讼法（上卷）》，丁相顺译，中国人民大学出版社 2005 年版。

206. ［日］田口守一：《刑事诉讼法》，刘迪等译，法律出版社 2000 年版。

207. 日本法务省刑事局：《日本检察讲义》，杨磊、张仁等译，中国检察出版社 1990 年版。

208. ［日］西原春夫主编：《日本刑事法的形成与特色》，李海东等译，法律出版社 1997 年版。

209. ［日］土本武司：《日本刑事诉讼法要义》，董璠舆、宋英辉译，五南图书出版社 1997 年版。

210. ［日］藤永幸治：《战后检察制度形成今后检察像》，《刑法杂志》1997 年第 1 期。

211. ［日］谷口安平：《程序公正》，载宋冰编《程序、正义与现代化——外国法学家在华演讲录》，中国政法大学出版社 1998 年版。

212. ［美］肯尼斯·沃伦：《政治体制中的行政法》，王从虎等译，中国人民大学出版社 2005 年版。

213. ［美］安吉娜·J. 戴维斯：《专横的正义》，李昌林译，中国法制出版社 2012 年版。

214. ［美］爱伦·豪切斯泰勒·斯黛丽、南希·弗兰克：《美国刑事法院诉讼程序》，陈卫东、徐美君译，何家弘校，中国人民大学出版社 2002 年版。

215. ［美］H·W. 埃尔曼：《比较法律文化》，贺卫方、高鸿钧译，清华大学出版社 2002 年版。

216. ［美］理查德·A. 波斯纳：《法律的经济分析》（上），蒋兆康译，中国大百科全书出版社 1997 年版。

217［美］加里·贝克尔：《人类行为的经济分析》，王业宇、陈琪译，上海三联书店出版社 1993 年版。

218. ［美］博登海默：《法理学——法哲学和方法》，邓正来译，华夏出版社 1987 年版。

219. ［英］麦高伟、杰弗里·威尔逊主编：《英国刑事司法程序》，姚永吉等翻译，何家弘审校，法律出版社 2003 年版。

220. ［加］柯特·T. 格雷弗斯，西蒙·N. 维登－琼斯：《当前刑事诉讼中存在的问题探讨》，载江礼华、杨诚主编《外国刑事诉讼制度探微》，法律出版社 2001 年版。

221. 李玉华：《刑事证明标准研究》，中国政法大学博士学位论文，2005 年。

222. 梁玉霞：《论刑事诉讼方式的正当性》，西南政法大学博士学位论文，2002 年。

223. 范树魁：《公诉证据标准研究》，西南政法大学硕士学位论文，2006 年。

224. 吕卫华 ：《诉讼认识、证明与真实》，中国政法大学博士学位论文，2007 年。

225. 王雄飞：《检察官证明责任研究》，西南政法大学博士学位论文，2008 年。

226. 姜涛：《刑事程序分流研究》，中国政法大学博士学位论文，2004 年。

227. 赵琳琳：《论刑事诉讼条件》，中国政法大学硕士学位论文，2005 年。

228. 聂文峰：《刑事证明标准研究》，复旦大学硕士学位论文，2008 年。

229. 岳鹭：《刑事诉讼证明标准的经济学分析》，中国政法大学硕士学位论文，2009 年。

230. 符蕊：《论我国提起公诉的证据标准》，中国政法大学硕士学位论文，2010 年。

231. 刘阳：《日本起诉犹豫制度研究》，中国政法大学硕士学位论文，2010 年。

232. 方雪：《公诉证据标准研究》，湖南大学硕士学位论文，2010 年。

233. 常克：《刑事诉讼证明标准再探讨》，太原科技大学硕士学位论文，2013 年。

234. 岳洋：《公诉权自由裁量研究》，沈阳师范大学硕士学位论文，2013 年。

235. 郭玉：《公诉标准问题研究》，中山大学硕士学位论文，2010 年。

236. 蔡巍：《检察官自由裁量权比较研究》，中国政法大学博士学位论文，2009 年。

二、外文文献

1. Ken Armstrong & Maurice Possley, TheVerdict: Dishonor, ChicagoTribune, 10Jan. 1999, A1.

2. Löwe – Rosenberg, Die Strafprozessordnung und das Gerichtsverfassungsgesetz Groβkommentar, De Gruyter Recht 2004, 25. Auflage, Band 3, § 170, Rn. 21, 23.

3. Löwe – Rosenberg, Die Strafprozessordnung und das Gerichtsverfassungsgesetz Groβkommentar, De Gruyter Recht 2004, 25. Auflage, Band 3, § 170, Rn. 31.

4. Löwe – Rosenberg, Die Strafprozessordnung und das Gerichtsverfassungsgesetz Groβkommentar, De Gruyter Recht 2004, 25. Auflage, Band 3, § 153, Rn. 23.

5. Löwe – Rosenberg, Die Strafprozessordnung und das Gerichtsverfassungsgesetz Groβkommentar, De Gruyter Recht 2004, 25. Auflage, Band 3, § 153, Rn. 40.

6. Löwe – Rosenberg, Die Strafprozessordnung und das Gerichtsverfassungsgesetz Groβkommentar, De Gruyter Recht 2004, 25. Auflage, Band 3, § 153a, Rn. 3 – 4.

7. Justizgeschafts statistik, Geshaftsentwicklung bei Gerichten und Staatsanwaltschaften seit 1995; Rechtspflege, Staatsanwaltschaften 2012、2013, www.destatis.de.

8. Julia Fionda, Public Prosecutors and Discretion: A Comparative Study (2003), Clarendon Press Oxford, p. 213.

9. Brandon L. Garrett, Innocence, Harmless Error, and Federal Wrongful Conviction Law, in 2005 Wis. L. Rev. (2005), p. 57.

10. Bennett L. Gershman, Mental Culpability and Prosecutorial Misconduct, in 26 Am. J. Crim. L. (1998), p. 126.

11. Kerala Thie Coward, On Responsible Prosecutorial Discretion, in 44 Harv. C. R. – C. L. L. Rev. (2009), p. 598.

12. Michael D. Cicchini, Prosecutorial Misconductat Trial: A New Perspective Rooted in Confrontation Clause Jurisprudence, in 37 Seton Hall L. Rev. (2006), p. 335.

13. Lyn M. Morton, Seeking the Elusive Remedy for Prosecutorial Misconduct: Suppression, Dismissal, or Discipline, in 7 Geo. J. Legal Ethics (1994), p. 1102.

14. Smith v. Phillips, 455 U. S. 209, 218 (1982).

15. Addison M. Bowman, Standards of Conduct for Prosecution and Defense Personnel. – An Attorney's Viewpoint, in 5 AM. Clu M. L. Q. (1966), p. 28.

16. U. S. DEPT OF JUSTICE, United States Attorneys' Manual (2003), http://www.usdoj.gov/usao/eousa/foia – readingroom/usam/index.html. lastvisitedNov. 11, 2009.

17. United States v. Isgro, 751 F. Supp. 846 (S. D. Cal. 1990).

18. Peter A. Joy, the Relationship between Prosecutorial Misconduct and Wrongful Conviction: Shaping Remedies for a Broken System, in 399 Wis. L. Rev. (2006), p. 401.

19. Adam M. Gershowitz, Prosecutorial Shaming: Naming Attorneys to Reduce Prosecutorial Misconduct, in 42 U. C. Davis L. Rev. (2008), p. 1105.

20. David T. Johnson , the Japanese Way of Justice : Prosecuting Crime in Japan , Oxford University Press 2002,p112.

21. Ellen S. Podgor. Department of Justice Guidelines: Balancing "Discretionary Justice", 13 Cornell J. L. & Pub. Pol'y 167,(2004).

22. Julia Fionda , Public Prosecutors and Discretion : A Comparative Study (2003) , Clarendon Press Oxford , p. 213.

23. http://hakusyo1. moj. go. jp/jp/61/nfm/n61_2_2_2_3_0. html#h2 - 2 - 3 - 01.

24. http://www. kensatsu. go. jp/hanzai_gaiyou/keihou. htm.

25. http://www. rjsd. moj. gov. tw/RJSDWEB/book/Book_Detail. aspx? book_id = 81.

26. 蔡金龙:《不起诉处分案件统计分析》,http://www. rjsd. moj. gov. tw/RJSDWEB/common/WebListFile. ashx? list_id = 931。

27. 曾慧青:《缓起诉处分统计分析》,http://www. rjsd. moj. gov. tw/RJSDWEB/common/WebListFile. ashx? list_id = 1293。

28. He Code for Crown Prosecutors,2013 年 1 月, http://www. cps. gov. uk/publications/docs/code_2013_accessible_english. pdf.

29. http://www. rjsd. moj. gov. tw/RJSDWEB/common/WebList3 _ Report. aspx? list_id = 832.

30. http://www. rjsd. moj. gov. tw/RJSDWEB/common/WebList3 _ Report. aspx? list_id = 806.

31. Crown Prosecution Service 2013 - 2014, p. 87, http://www. cps. gov. uk/publications/docs/annual_report_2013_14. pdf.

32. Id. at 131cmt. (www. ndaa - apri. org).

33. The Changing Nature of Prosecution, http://www. ndaa. org/pdf/changing_nature_of_prosecution. pdf.

34. Nina Totenberg, High Court Expands Defendants Plea Bargain Rights, NPR News, March21, 2012. http://www. npr. org/2012/03/21/149093334/high - court - throws - out - conviction - in - bad - lawyer - case,2014 年 8 月 28 日。

35. David G. Savage, Supreme Court expands defendant's right sinple

adeals, LA Times, March 21,2012. http://articles. latimes. com/2012/mar/21/nation/la - na - court - plea - 20120322,2014 年 8 月 28 日。

36. See United States Attorney's Annual Statistical Report ,http://www. justice. gov/usao/reading _ room/reports/asr2013/13statrpt. pdf, 2014 年 8 月28 日。

37. http://www. doj. gov. hk/publications/doj2012/sc/text/t _ prosecutions. html#1.

38. http://www. doj. gov. hk/sc/about/stat. html.

39. http://www. doj. gov. hk/chi/public/pdf/2014/pdcode1314c. pdf.

40. http://www. chinanews. com/ga/2014/04 - 15/6064168. shtml.

41. http://www. doj. gov. hk/sc/public/pr/20131016_pr. html.

索　引

后　记

机缘巧合，结识了冀祥德教授，出于对其学识的敬仰，也是出于对刑事司法制度的浓厚兴趣，我于 2013 年进入中国社会科学院法学研究所（以下简称社科院法学所）从事博士后研究。短短三年的时间里，经历了指导硕士开题、参与课题研究、参加学术论坛等多种学术活动，同时与社科院法学所各位师长的互动交流也使我受益匪浅。从最初定题到中期考核、进展汇报、出站答辩，肖贤富、陈泽宪、王敏远、宋英辉、陈卫东、顾永忠、刘仁文、熊秋红、徐卉等多名老师给予我细致、专业的指导，导师冀祥德教授更是从题目、提纲，到内容、语言措辞等给予了全方位的指引。如果说本课题能有闪光点的话，那一定是他们的智慧光芒，文中的各种不足，都是本人为学空疏粗漏之过。

本课题也得到了第 56 批博士后面上资金、北京市人民检察院人才资助计划的资助，对于课题取得详尽的材料、开展充分的实证调研给予了充分的物质支持，在此表示感谢。

在课题撰写过程中，最高人民法院的方文军博士、最高人民检察院的李莹博士提供了最新的司法数据，华东师范大学钱叶六教授给予了准确的日文翻译，北京市人民检察院办公室的王志坤副主任提供了翔实的德国实证材料，北京市人民检察院第二分院田申检察官提供了大量的素材和实证材料，为课题的完整性提供了重要帮助，在此表示感谢。还要感谢我的各位领导、同事，无论是北京市东城区人民检察院的各位领导、同事，还是北京市人民检察院第二分院的各位领导、同事，以及社科院法学所的缪树蕾等老师，都对我的工作和生活给予了莫大的关心和帮助，使我能够在工作之余，还有余力进行学术探索。

我的博士后合作导师冀祥德教授，我的硕士、博士导师阮齐林教授，他们在为人为文方面的以身作则、言传身教，使我受到严格的学术训练，使我得以将刑法原理与诉讼法原理融会贯通，更好地理解中国法治现状、认识中国司法问题，在此对二位名师表示深深感谢！

最后要感谢一直支持我、鼓励我的爱人闫铁塔先生，他对家庭的无私奉献，分担了大部分的养育任务，使我能够分身有术，徜徉在知识的海洋，完成自己的学术夙愿。我的两位母亲张玉平女士、邢焕英女士，更是对我们这个小家庭的和睦友爱起到关键作用，两位父亲李申祥先生、闫乐民先生，虽然远在千里之外，但声声叮咛一直温暖心间。我的一双稚子闫梓琛先生、李爻之先生，谢谢你们能够原谅妈妈不能时时陪伴，你们的甜甜笑容，是深夜中我的秉烛明灯。

第七批《中国社会科学博士后文库》专家推荐表1

推荐专家姓名	冀祥德	行政职务	研究员
研究专长	刑事司法	电　话	—
工作单位	中国社会科学院	邮　编	—
推荐成果名称	公诉标准研究		
成果作者姓名	李斌		

该课题所提出的积极公诉观、消极公诉观的现象，在司法实践中较为多见，但学术界一直对此缺乏深入、系统、直指问题要害的研究，而公诉标准问题是关乎公诉权发动的正当性、妥当性与否的一个关键问题，是进入刑事审判程序案件的闸口、阀门，对公诉标准控制的过高或者过低，都不利于刑事诉讼、刑事审判的运行，长远看，对刑罚实施效果、刑法作用发挥都有很大的影响。因此，研究公诉标准问题，是当下落实司法体制改革、实现依法治国的一项重要内容，很有必要。

申请人对该问题的把握较为准确，而且从实证分析的角度出发，也能够很好的减少理论研究缺乏针对性的不足，增加选题、论证的准确性和实效性，申请人可以充分利用在司法机关工作的优势，对公诉标准运行中的症结进行梳理，在此基础上利用其刑事法的理论背景，从问题意识出发，对公诉标准的合理建构提出了刚性标准与弹性标准统一的观点，这也是以往对该问题的一次全面、深入的论证，设计了一个立体的、多层次的、互为补充的有机结构，可以对公诉标准问题进行完整的透视。

申请人在检察机关工作多年，有着深厚的公诉工作经历，同时又长期从事检察制度、刑事法研究，对司法实践中的问题具有较强的洞察力和分析研判能力。

其已经出版了《能动司法与公诉工作改革》一书，并在知名期刊上发表多篇有关公诉工作、公诉标准、公诉权行使的文章，对此问题研究较为深入，同时由于其深谙公诉的实践运行情况，对实务中存在的问题有着学者所不具有的亲历性以及实务人员缺乏的外在视角，其能够很好地将理论和实践相结合，并发挥自身从事刑事诉讼研究的优势，对公诉标准问题进行实证研究，在此基础上可以发现问题，查明原因，从而提出解决方案。

鉴于上述情况，我认为申请成果具备出版水平，推荐其入选博士后文库。

签字：

2018 年 4 月 23 日

说明：该推荐表由具有正高职称的同行专家填写。一旦推荐书稿入选《博士后文库》，推荐专家姓名及推荐意见将印入著作。

第七批《中国社会科学博士后文库》专家推荐表2

推荐专家姓名	阮齐林	行政职务	教授
研究专长	刑事司法	电　话	—
工作单位	中国政法大学	邮　编	—
推荐成果名称	论公诉标准研究		
成果作者姓名	李斌		

申请人在博士、硕士期间就发表了大量的有关公诉问题的高质量学术论文，并参与了高检院、法学会等高级别单位的学术课题，这些课题均顺利结题，并有一些获得业界专家的好评，如其提出的“从积极公诉到降格指控”的观点，就是对司法实践趋势的一种反思和重构。申请人不仅长期从事检察实务工作，现在又进行刑事诉讼法博士后研究，在中国法学研究的重要阵地——中国社会科学院深造，这些物质条件有助于其对该问题的研究和解决。

公诉标准问题听上去不是问题，但以本人在检察机关多年挂职的经验来看，以何种标准决定案件是否应当提起公诉，在疑难、复杂案件中的往往难以抉择，而以申请人的角度，长期以来公诉标准过高或过低，都引发了一定的社会问题，如不起诉权适用较窄导致案件未能及时分流，轻刑案件比例较高；过于强调诉讼风险，导致很多疑案未能进入审判流程，被害人权益未能得到保障。申请人通过对司法实践的深入实证调研，能够敏锐地发现公诉标准的阙如是制约公诉职能发挥，乃至影响整个刑事诉讼运行的关键性问题，选题好，问题论证深入，掌握的实践素材也相当丰富，对公诉标准的构建能够提出一个完整的、立体式的模型，并能对每一个层面拟要解决的问题、与其他方面之间的关系进行充分的论证、说明，也体现出申请人对该问题的把控能力、研究水平已经具备。

鉴于上述情况，我认为申请成果具备出版水平，推荐其入选博士后文库。

签字：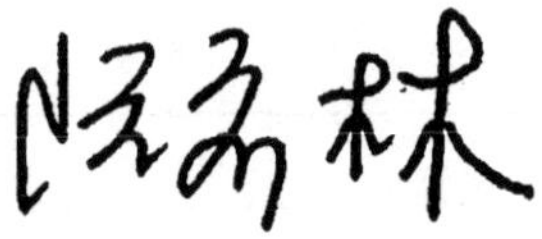

2018 年 1 月 14 日

说明：该推荐表由具有正高职称的同行专家填写。一旦推荐书稿入选《博士后文库》，推荐专家姓名及推荐意见将印入著作。